新版
ソフトテニス指導教本

SOFT TENNIS

財団法人 日本ソフトテニス連盟編

大修館書店

◆まえがき

財団法人　日本ソフトテニス連盟
専務理事　笠井達夫

　長い間、多くの人たちに「軟式庭球」とか「軟式テニス」という名称で親しまれ、さらなる競技の普及と国際化を目指して1992年（平成4年）4月1日から名称を変更したソフトテニスは、すでに120年の歴史を持ち、今や国内だけでなく世界の40数ヶ国（地域）でプレーされるまでになってきた。これは、この競技に魅力があり、多くのプレーヤーに愛され、支えられ、普及されてきたからに他ならない。日本で生まれ育ち、世界に普及した数少ないスポーツのひとつになったが、これも、広く世界への普及に目を向けた関係者たちの努力によるものである。

　こうした努力によって、海外における競技人口も増え、1990年には北京のアジア大会で公開競技に採択され、続く1994年10月の広島アジア大会で正式種目として実施されて以来、バンコク、釜山でも着実に実施され、2006年カタールも内定、そして2005年にマカオで開催される第4回東アジア大会も釜山、大阪に続き3大会連続実施競技として決定されている。このように他の競技と共に公式総合競技大会に参加し、2003年11月の広島での世界選手権大会には、世界五大陸から30ヶ国（地域）が参加し盛大に開催されたことは、ソフトテニスの競技性が認められたものと確信している。

　戦後、ソフトテニスの繁栄ぶりには目を見張るものがあった。そのひとつの要因に早い時期からの「指導員制度」の確立があったと考えられる。そして、この制度の発展的なものとして日本体育協会公認の「スポーツ指導者制度」が生れたわけである。

　この指導教本は、そのスポーツ指導者制度に基づき、学校や職場、地域のスポーツ活動の中でソフトテニスを普及発展させる公認の指導者養成を行い、加えてその資質向上を目指す目的で編集したものである。もちろん、指導者だけでなく多くのソフトテニス愛好者の技術向上にも大変役立つ内容になっている。本書が幅広く活用され、ソフトテニスの普及と発展に役立つなら幸いである。

　また、生涯スポーツ社会の実現に向けた方策としての総合型地域スポーツクラブの育成は、当連盟にとっても重要課題であり、その推進にあたって本書が多いに活用されることを願っている。

　本書の編集は、1995年に主に「日本ソフトテニス連盟の指導委員会」のメンバーに分担執筆をお願いしたもので委員の方々に深甚の敬意を表したい。特に、石井源信先生には今回のルール改訂に伴う新版の作製にあたっても大変な作業をお引き受けいただき心から感謝を申し上げたい。

　また、本書の出版には大修館書店編集部の平井啓允氏、高山真紀氏、中村あゆみ氏のご指導・ご尽力によるところが大きい。この場を借りてお礼を申し上げたい。

2004年春

◆ ソフトテニス指導教本／編集委員・執筆者一覧

《教本編集委員兼執筆者》

石井源信	東京工業大学
西田豊明	日本体育大学
小原信幸	日本ソフトテニス連盟顧問
水野哲也	東京医科歯科大学
楠堀誠司	県立広島大学
井田博史	神奈川工科大学

《執筆者》

笠井達夫	日本ソフトテニス連盟専務理事	中島幸則	帝京大学
西村信寛	日本ソフトテニス連盟副会長	斉藤孝弘	日本ソフトテニス連盟顧問
林 敏弘	日本ソフトテニス連盟副会長	熊田章甫	岐阜県ソフトテニス連盟
表 孟宏	日本ソフトテニス連盟副会長	高原隆一	新潟大学名誉教授
藤善尚憲	天理大学名誉教授	時安 繁	元全日本男子監督
石川 孝	元全日本女子監督	横江忠志	高知県立高知南高等学校
渡部政治	広島翔洋高等学校	金治義昭	東芝姫路
北本英幸	小松市立高等学校	川上晃司	スポーツインテリジェンス
小野寺剛	学校法人巣鴨学園	楠 征洋	元大和高田市立高田商業高等学校
神崎公宏	三重高等学校	小山 哲	中京大学
岡村勝幸	山梨県甲斐市立双葉中学校	岡田 明	甲南女子大学
榎並紳吉	佼成学園中学・高等学校	坂岡与夫	大阪社会体育専門学校
福林 徹	早稲田大学	浜田久志	関西外国語大学
永井博典	なこそ病院	宮崎正巳	早稲田大学
井筒 敬	金沢学院大学	木曽 功	大阪市立新北島中学校
山本裕二	名古屋大学	畠山孝子	北海道女子短期大学
工藤敏巳	宮城学院女子大学	水野紅美	㈱アルファー
杉山貴義	くらしき作陽大学		

● 写真提供

ベースボール・マガジン社『ソフトテニス』編集部

◆もくじ

第1章●ソフトテニスの歴史と現状 —— 9

1．ソフトテニスの歴史 …………………… 9
- ❶前史時代／9
- ❷ソフトテニスの発生／9
- ❸日本語の最初のテニスルール
  『戸外遊戯法』／10
- ❹普及と発展／10
- ❺「テニス」と「庭球」／10
- ❻東京高等師範と東京高等商業の日本最初
  のテニス対抗試合／11
- ❼連合テニス大会／11
- ❽4校対立の中で生まれた最初のルール／11
- ❾陣型の変化／12
- ❿ルールの変遷／12
- ⓫慶応大学硬式テニス転向への波紋／14
- ⓬ソフトテニスの衰退／14
- ⓭準硬球の誕生／14
- ⓮明治神宮ルールと2協会の対立／14
- ⓯戦争で衰退／15
- ⓰復興と隆盛／15

2．ソフトテニスとはどんなスポーツか …………15
- ❶ソフトテニスとは／15
- ❷ソフトテニスの特性／15

3．ソフトテニス界の現状 …………………15
- ❶競技スポーツとしての現状／16
- ❷学校スポーツとしての現状／17
- ❸ジュニアスポーツとしての現状／18
- ❹生涯スポーツとしての現状／18

第2章●ソフトテニスと指導者 —— 19

1．指導者の現状と課題 ……………………19
- ❶ソフトテニス指導者の現状／19
- ❷ソフトテニス指導者の課題／20

2．指導者に必要な心得 ……………………21
- ❶ソフトテニス指導者の役割と任務／21
- ❷ソフトテニス指導者に必要な知識／22
- ❸ソフトテニス指導者に求められる能力／24

第3章●ソフトテニスの技術 —— 30

1．技術体系とそのしくみ …………………30
2．現行国際ルールの特徴 …………………30
3．ラケットの握り方 ………………………35
4．グラウンドストローク …………………35
- ❶グラウンドストロークの種類／35
- ❷グラウンドストロークの要素／36
  〈写真資料〉
  フォアハンドのアンダーストローク／38
  フォアハンドのストレートロブ／38
  バックハンドのアンダーストローク／40
  フォアハンドのサイドストローク／40
  バックハンドのサイドストローク／40
  フォアハンドのトップストローク／42
  バックハンドのトップストローク／43
  ＊グラウンドストロークの
  技術ポイント／46

5．レシーブ ……………………………………52
- ❶右サイドのレシーブ／52
- ❷左サイドのレシーブ／53

〈写真資料〉
ファーストサービスに対するバックハンドレシーブ／52

6．現行国際ルールでの戦術 ……………54
　❶ソフトテニスの陣型／54
　❷陣型の組み合わせ／54
　❸雁行陣型をとる方法／54

7．サービス ………………………………58
　❶サービスの条件／58
　❷サービスの種類／58
　❸サービスの技術的要素／58
　❹サービスの要領と特徴／59
　〈写真資料〉
　フラットサービス／58
　トップスライスサービス／60
　リバースサービス／62
　ショルダーカットサービス／62
　アンダーカットサービス／64
　＊サービスの技術ポイント／66

8．ボレー …………………………………67
　❶ボレーの種類／67
　❷ボレーの要素／67
　❸ボレーの要領／68
　〈写真資料〉
　フォアハンドのクロスボレー／70
　フォアハンドのストレートボレー／72
　バックハンドのクロスボレー／72
　バックハンドのストレートボレー／74
　フォアハンドのハイボレー／76
　バックハンドのハイボレー／76
　フォアハンドのローボレー／78
　＊ボレーの技術ポイント／80

9．スマッシュ ……………………………80
　❶スマッシュの要素／80
　❷バックハンドスマッシュ／84
　〈写真資料〉
　スマッシュ／82
　ジャンプスマッシュ／84

10．段階的技術向上の実際と指導について ……84
　❶初心者／84
　❷初級者／85

第4章●ソフトテニス指導に必要な 実践技術 ──────88

1．年齢・性を考慮した指導法 …………88
　❶一般的な指導方法／88
　❷年齢による指導の留意点／88
　❸性差による指導の留意点／89
2．体育の授業における指導法 …………89
3．課外活動における指導法 ……………90
4．初心者の指導法 ………………………92
5．ジュニアを対象とした指導法 ………96
6．レディースを対象とした指導法 ……98
7．シニアを対象とした指導法 …………100
8．実践技術のテクニック ………………102

第5章●ソフトテニスの科学 ──────113

1．ソフトテニスの力学 …………………113
　❶スイング動作の力学／113
　❷ボールインパクトの力学／114

❸用具と力学／115
2．ソフトテニスの生理学 ……………………116
　❶ソフトテニスにおける姿勢／116
　❷ソフトテニスにおける呼吸調節／116
　❸ソフトテニスにおける運動制御と
　　習熟過程／117
　❹ソフトテニスにおけるエネルギー
　　供給機構／118
　❺ソフトテニスにおける心拍反応／119
3．ソフトテニスの栄養学 ……………………122
　❶ソフトテニスに適合した体づくり／122
　❷ソフトテニスプレーヤーの
　　栄養補給／123

第6章●ソフトテニスのトレーニング────129

1．体力トレーニング ……………………………129
　❶ソフトテニスに必要な体力／129
　❷具体的なトレーニング法／130
　❸発育・発達を考えたトレーニング計画／138
　❹トレーニングの原則／138
　❺楽しいトレーニング計画／141
2．メンタルトレーニング ……………………143
　❶ソフトテニスに必要な心理的適性／143
　❷ダブルスの心理／143
　❸ゲームの心理／144
　❹セルフコントロールの養成／146
3．イメージトレーニング法 …………………148
　❖イメージトレーニングの導入／148

第7章●ソフトテニス指導における
　　　　健康管理と安全対策────151

1．スポーツ障害と安全対策 …………………151
　❶疲労と環境／151
　❷メディカルチェック／151
2．スポーツ障害とその予防 …………………152
　❶スポーツ障害／153
　❷外傷／155
　❸熱中症／157
3．コートでの救急処置 ………………………158
　❶RICE(S)療法／158
　❷出血性の外傷／159
　❸蘇生法／159
　❹救急箱／161
4．コンディショニング ………………………163
　❶リハビリテーション／163
　❷コンディショニング／163
　❸温冷交代療法／163
　❹スポーツマッサージ／163
　❺テーピング／163
　❻その他の装具／164
5．ドーピング・コントロール ………………164
　❶ドーピングとは／164
　❷なぜ国体でドーピング検査か／164
　❸ドーピングに関する薬の知識／165

第8章 ● ソフトテニスのルールと審判法 ―― 166

1．ルールの本質 …………………… 166
　❶ルールとは／166
　❷スポーツ・ルールのもつ役割／166
2．競技規則 ………………………… 168
3．審判規則 ………………………… 180
4．用語の意義 ……………………… 189
5．判定及びカウントのコール …… 190
6．公認審判員規程 ………………… 194
7．公認審判員規程施行細則 ……… 196

第1章 ソフトテニスの歴史と現状

Chapter 1

1. ソフトテニスの歴史

1 前史時代

[1868(明治元)年～1882(明治15)年頃]

　日本で最初にテニスが行われたのは明治の初め頃と考えられ、それは外国の公使館員や宣教師などによるもので、1868（明治元）年とも1870年ともいわれ、場所は神戸の東遊園地、横浜の山手公園、東京の築地の外人居留地などの諸説がある。

　当時の話に、「明治初年、東京の築地に外人の居留地ができた時分、そこに住んでいる外国人がときどき亀の子笊(かめのこざる)（亀の子のような格好をしたざる）のようなもので球を打ち合って面白そうに遊んでいるのを見た」というのがある。

　また、1873～74年頃に、海外遊学の日本人たちがこれを持ち帰って試みたという話や、安部磯雄が岡山へ初めて伝導師として赴任した際に、自ら試みて人にも教えたとか、生糸の商人が習ってこれを甲府で試みたとかいわれている。

　近代テニスは、1874（明治7）年にウインフィールド少佐によって発表されたが、当時はコートの形は長方形ではなく砂時計の形をしており、ネットのところでくびれていた。コートが長方形になったのは、ヘンリー・ジョーンズが全英クラブにローンテニス（硬式）を追加採用した1877（明治10）年である。

　世界のローンテニスの発生（1874年）が日本の年号では明治7年にあたり、長方形のコートの採用が明治10年ということになるので、どう考えても明治10年以前に日本でローンテニスが行われていたとは考えられない。たぶん、ローンテニスの前身であるフィールドテニスか、それに近い種類のものがラケットによってプレーされていたと考えるのが正しいようである。

2 ソフトテニスの発生

[1884(明治17)年～1887(明治20)年頃]

　1878（明治11）年、日本政府の招きで来日したアメリカ人のG・A・リーランド博士が、翌年開設された体操伝習所のために、後年わざわざアメリカから用具を取り寄せて受講者に教えた。そのボールはローンテニスで、ボールを紛失したり破損したりしたとき、輸入品なので入手しにくく、国内で製造するのにも技術的に無理であった。し

かも経済的にも問題があったので、その代用品として、比較的入手しやすい女の子の手まり用のゴム球を使用したのだが、これがソフトテニスの発生となった。

日本にいつごろからゴム球があったのかについては、明確ではないが、日本の最初のゴム工場は、土谷秀三が1886（明治19）年12月に創立した、三田土ゴム会社である。これが、現在のソフトテニスの公認球の１つである「赤M」を製造している昭和ゴム株式会社の前身である。ソフトテニスの発生は、このゴム会社の創立よりも前ということになるが、この間は輸入されていたゴム球でプレーされており、輸入品はドイツ製で、青色の馬印のマークがついていたということである。

❸ 日本語の最初のテニスルール　『戸外遊戯法』

1885（明治18）年に坪井玄道・田中盛業編集の『戸外遊戯法』という本が出版されているが、これが日本語によるテニスのルールの最初のものであろう。

ただし、このルールは、1883（明治16）年にF・W・ストレンジの出版した英文の『アウトドア・ゲームズ』を翻訳したものと推測できる。

❹ 普及と発展

[1887（明治20）年〜1897（明治30）年頃]

ローンテニスと呼ばれてはいるが、ゴム球のテニスがだんだん行われだした1886（明治19）年、体操伝習所が廃止になって高等師範学校に体操専修科が置かれた。前述の『戸外遊戯法』の編者坪井玄道がその教師になったためで、ローンテニスを指導する一方、1890（明治23）年に三田土ゴム会社に委嘱してゴム球の製造をさせた。

当時、製造するのならなぜ硬球にしなかったのだろうと思われるが、幸い女の子のつく手まり用のゴム球なら入手しやすく、しかも３〜４銭と価格も安かった。使ってみると結構まにあう。そんなこともあって、東京高等師範学校がわざわざ三田土ゴム会社に注文してつくらせるころは、もうすでに庭球は日本化されて、ゴム球になりきっていたのではないかと考えられる。

明治20年代には、輸入されたゴム球によってテニスが行われ、学生間に流行するにしたがって、その需要が日々に増加していった。明治30年頃までにはゴム球を製造している会社が２社になり、明治40年頃までには７社にもなっている。

三田土ゴム会社も1890（明治23）年に製造を開始し、どうにか国産球を完成したのが1900（明治33）年、特許をとったのが1908（明治41）年と、長い年月を費やしている。1887（明治20）年頃から、東京高等師範の卒業生は地方に教員として赴任したが、それとともにゴム球のテニスも日本全国に普及していった。

❺ 「テニス」と「庭球」

[1894（明治27）年]

「テニス」という外来語も「庭球」という日本語も、現在は何気なく使われているが、「テニス」にピッタリの日本語の「庭球」がよくも生まれたものだと感心できる。「ベースボール」を「野球」といっているが、本来「ベース」とは「基底・土台」の意であることから、「底球」であってもよいはずであるが、音読みで「テイキュウ」となって混同してしまう。

事実、ベースボールを「塁球」「基球」「底球」といっていたころもあり、「テイキュウ」といえば「テニス」か「ベースボール」かをはっきり区別することができなかった。「テニス」が「庭球」という日本語に定まったのは、1894（明治27）年10月28日である。

これは、ベースボールの育ての親の１人である中馬庚が、『一高校友会雑誌』の号外を同日付で出し、テニスを「庭球」、ベースボールを「野球」にと提唱したことによるものである。

6 東京高等師範と東京高等商業の
日本最初のテニス対抗試合

[1898（明治31）年]

　1898（明治31）年末、東京高等師範と東京高等商業の間で対抗テニス試合が行われた。これは日本における対抗戦としては最初のものである。

　東京高等師範に庭球部が生まれたのは1888（明治21）年頃で、1896（明治29）年頃にはテニスは校技と称せられるほど盛んで、全生徒はほとんどラケットを手にし、その費用も運動会の全経費の3分の1以上を支出したとある。

　当時の東京高等師範はお茶の水にあり、東京高等商業が神田一橋にあった。東京高等師範の付属中学からは東京高等商業へ進む者も毎年何人かあったことから、東京高等師範で行われていたテニスは、明治20年頃から30年頃までの間にだんだん東京高等商業でも行われるようになり、対抗的な意識が芽ばえるようになってきた。

　1898（明治31）年11月、双方10組ずつの選手を出して5回ゲームで試合が行われたが、東京高等師範が段違いの差で楽勝した。その後の10年間の対戦成績は、東京高等師範が8勝2敗で勝ち越している。

　当時のコートの大きさは現在と同様であるが、ラインは石灰やラインテープではなく、木を埋めたり、じょろなわを張って釘で止めたりしていた。試合方法も、このときはじめて両校協議の結果できあがったものであるが、5回勝負2組勝抜優退という方法である。

　これは、両校から10組ずつの選手を順番を決めて出し、5回ゲームをやって、3ゲームを先取したほうを勝ちとする試合である。もしその最初に勝った組が次の相手の組にも勝ったときは、優退と称していったん引き下がって、ひととおり全部の試合がすむまで休んでいる。

　そして10組が最後まで戦ったあと、一方に優退した組がなければその優退組を出した学校の勝利、もし両校に優退組があるとその優退組をふたたび決戦させて、結局残った側を優勝校とする方法である。

7 連合テニス大会

[1902（明治35）年]

　1898（明治31）年に対抗試合が行われてから4年後の1902年5月18日、東京高等師範の主催で東京12校の連合テニス大会が開かれた。ということは、東京でテニスが各大学に急速に普及していったことがうかがえる。

　この各学校連合テニス大会は、東京高等師範の沿革史によると、「これ恐らく我が国に於ける総合テニス会の濫觴（らんしょう）（ものごとの始まり）であろう。都下12校の選手を招待し、お茶の水校舎運動場の中央に新設せられたコートで行われた」（番組省略）とあり、現在隆盛になっている各種大会の発生といえるだろう。

8 4校対立の中で生まれた
最初のルール

[1904（明治37）年]

　東京高等師範と東京高等商業に続いて、1899〜1900年頃から早稲田・慶応もテニスが盛んになり、猛練習の結果、1904（明治37）年には早くも4校が全く互角の勢いを示した。そしてルールも、今までのような翻訳的な申し合わせでは満足できなくなってきた。

　そこで4校の代表委員が集まって、初めて純日本式のソフトテニス規則を制定したが、できあがったものはまだまだ不備な点が多く、コートの大きさ、ボールの重さや大きさ、その他重要なことに厳格な規定がなく、不文律として習慣に委ねられていた。

　これは、当時としては無理もないことであろう。ただし、この4校で制定したルールがソフトテニスとしての最初のルールであった。

9 陣形の変化

現在、ソフトテニスで一般化されている陣形は、雁行陣といって後衛と前衛が専業の陣形であるが、この陣形もいろいろの変化を経て現在に至っている。

まず鶴翼陣法と魚鱗陣法とに分けることができる。

鶴翼陣法とは、「蓋しこの場合に於て中央線の右に落つる球は右方競技者、その左に落つる球は背部競技者に一任するを可とす。この鶴翼陣法は容易かつ適当なる配備にして、最も普通一般の例なり。併しここに他の異れる陣法を張る人あり。即ちサーブ線の前方に落下する球は一人にて総て受合ひ、他の一人はむしろネットより遠く距りて落つる球のみを打ち返へす。若し競技者の一人が『バウーレイ』を得意とする時はむしろこの魚鱗陣法に依るを良策とする」とあり、前者が並行陣で後者が雁行陣といえるであろう。

古い時代にはシュートボールが少なく、ロビング並行陣が主であったので、このように優雅な名称をもつ新しい戦法もあったようである。また、底部並行陣、小雁行陣、大雁行陣、中部並行陣、単縦陣などの名称の分け方もある。

底部並行陣は、2人ともベースラインにいて打ち合うもので、1903（明治36）年ぐらいまではこの陣形が普通の陣形となっていた。

小雁行陣は、1人がベースラインに、そして他の1人はサービスラインぐらいに進んで戦う陣形であり、大雁行陣は現在の陣形で、中部並行陣は2人ともサービスラインぐらいまで前進してプレーすることをいう。

また、単縦陣は最も変形的なもので、コートを縦に半分にしたその一方に2人とも陣取って打ち合う陣法である。

雁行陣といっても、現在のようにサービスやレシーブのときから前・後衛に分かれているのではなく、当時はラリー（打ち合い）中に、チャンスをみてベースラインからネットに前進してノーバウンドでボレーをしたり、スマッシングをしたりしたのである。

10 ルールの変遷

1885（明治18）年に、『戸外遊戯法』という日本語のルールが初めてつくられてから、4校対立の1904（明治37）年にいたる約20年間にも、ルールにいろいろの変遷がみられる。その後のルールの変遷も含めて、とくに現在のルールと著しく異なっている点について取り上げてみた。

(1) いろいろな名称

1897（明治30）年以前は、ボールをプレーしはじめる方法をサービングと呼んでいる。もっと古く1887（明治20）年頃はサルブともいっており、日本語では打出人ともいう。そして、サービスを受け返す相手の人、つまりレシーバーをストライカー・アウトといい、打返人といっている。

また、デュースとしてアドバンテージの際にも、サービスサイドが有利であればアドバンテージイン、レシーブサイドが有利であればアドバンテージアウトといっている。アドバンテージのことを「先手許容」などという難しい日本語で説明しているテニスの指導書もあり、「利益」ともいっている。また、デュースのことを「対立」といっている。

(2) サービスの行い方

審判がポイントカウントを宣言することによってサービスを始めるのであるが、明治30年代にはサービスを行う際は、サーバーが相手に対して「ノーティス（通報）」と宣言して、相手に準備をさせてからサービスをしたようである。また、「ノーティス」と宣する代わりに「プレー」といったり、日本語で「用意」といったこともある。

また、審判が「始め」といってからサービスをしたこともあり、発言はしないけれど、サーバーがラケットで相手に合図をしてサービスした時期

もあった。

(3) ネットの張り方

ソフトテニスでネットを一直線に張ることは、たび重なるルールの変更にもかかわらず、案外明治期から採用されていたのかもしれない。

「網の張り方には二様あり、一つは上線を地面に並行ならしむる張り方にして、他の一つは両端を高く中央部を低くする張り方なり。何れを採用するも戯友の自由なれども四十呎（フィート）内外のものを地面と並行に張ることは困難なるべけれど、かくの如き場合は中頃を三呎両端を三呎六吋(インチ)の高さに張るを便とす。両端の支柱は長さ五呎内外細くして強き棒を用ひ、上部に二条の細紐を結び地中に打ち付け、網の位置を固定するなり」

というルールがある。

(4) ネットの判定

1902（明治35）年頃までは、ネットに触れて相手のコート内に入ったボール（サービスのレットも、打ち合いの場合でも）はすべて有効であったようである。

「甲は庭の外境線に沿へる或一定の位置よりサーブを為せり、そのサーブ球は飄々として網の上部に軽く触れ、網に近き端に落ちたり。この時この球を返へす位置を占めし丙は突進し、辛くもその球を受け止めしが、その球は余り強きに過ぎ……球は正に庭外に落ちぬ。すなわちここに第一戦は終りを告げ、丙丁の組は敵に一点を輸せしなり」

とある。

また、「旧来の規則に拠れば、このサーブ（レットインのサービスのこと）は適良なりといへども、その後この規則を改めてかくの如き球をレットと唱へぬ」ともあり、サービスだけがレットとなり、現在のようなルールに変わったことを示している。

そのほかにも、サービスであっても打ち合いであっても、すべてノーカウントになっているルールもある。

「一軍の一将が球をネットに打ちつけるか、或は適当なる敵の球庭以外に入るまでは中止することなし。ネットの頂上に触れて敵の適法なる球庭内に落下する場合、即ち『レット』の場合は、今日に於いては、再びやり返すまでにて、勝敗の計算に別段の影響なし」

とあり、すべてノーカウントである。

(5) サービスをする場所

現在のルールでは、「サービスは、サイドラインの延長線からセンターマークの延長線までの間においてベースラインの外で行わなければならない」となっているが、明治・大正期のサービスの位置については、「サーブを為すに当りては少くとも一脚をベースライン外に置くべきものとす」とある。現在からみると妙なルールで奇怪な感がするが、当時のテニスの指導書をみると、全部そのようになっている。

それでは、もう一方の足はどうなっていたかということであるが、1907（明治40）年頃までは、一脚はベースライン上において行ったといわれている。

また、ソフトテニス最初のルールともいわれている1904（明治37）年のルールの第6条には、「サーヴァーがサーヴセントスル時ハ、ソノ一脚ニテラインヲ踏ミ、他ノ一脚ヲラインノ外ニ置クモノトス」とあり、1907（明治40）年の改正によって、第19条に「サーヴヲ為スニ当ツテ少クトモ一脚ヲベース線外ニ置クベキモノトス」と変更されている。

現在のように両脚ともライン外に置くように変更されたのは、1923（大正12）年の改正によったものである。

ボールがネットまたはネットポストに触れたあとに相手方のサービスコートに入った場合はレッ

トであるが、古いテニスルールでは、サービスのセンターライン上にボールが落下した場合もノーカウントで、やり直しとなっている。つまり、サービスボックスが2つあり、そのセンターのラインは互いに他と共用しているものとの判断から、ライン上に落ちたボールがノーカウントになったと考えられている。

このルールは、1908（明治41）年の改正から大正時代にかけてのルールであり、それ以前のルールはサービスのオンラインや、イレギュラーバウンドもノーカウントであったりしている。

11 慶応大学硬式テニス転向への波紋

[1913（大正2）年]

1913（大正2）年2月、慶応大学庭球部は硬式に転向した。当時は先見の明に賛成する人もいたが、ソフトテニス界からはあまり好ましいとは思われなかった。慶応大学は転向したが、ソフトテニスは依然として隆盛をきわめ、全国津々浦々まで普及し、対抗試合には応援団も観衆も熱狂した。

12 ソフトテニスの衰退

[1920（大正9）年〜]

1913（大正2）年に硬式に転向したのは慶応大学であったが、1920（大正9）年に至って東京高等師範、東京高等商業、早稲田大学、明治大学、東京大学と、主たる大学が一斉に硬球を採用した。関西でも1921（大正10）年、京都大学、神戸高等商業、関西学院が硬式に転向したために、ソフトテニスは凋落してしまった。

当時の庭球誌にはまさに日本のテニスが本来の硬式（レギュレーションボール）になり、ソフトテニス（ゴム球）は消滅するような文面が多く見られる。しかし一方、社会人クラブはソフトテニスを採用し、また、大学でも東京医専、東洋大学、国学院大学、中央大学などが関東学生軟式庭球連盟を結成し、女子生徒のソフトテニスも盛んとなり、社会人クラブと女子によってソフトテニスは発展していた。

13 準硬球の誕生

1920（大正9）年に登場した準硬球は、1924（大正13）年に至ってその役目を果たすようになった。

このボールを考案したのは鳥山隆夫で、軟球の打球法では硬式は打てないということと、硬式のボールが高価であるという2つの理由からである。

準硬球によって硬球の打法を会得し、安価で硬球と同じプレーができる、というキャッチフレーズで、1926（大正15）年には、大阪毎日新聞社主催の全国中等学校庭球（ソフトテニス）大会シングル、ダブルスの大会が開かれるくらいに発展した。しかし、全国的に普及されるには至らず、昭和初期には姿を消してしまった。

14 明治神宮ルールと2協会の対立

1924（大正13）年10月に第1回明治神宮大会が開催されたが、ソフトテニスはちょっとした行き違いから競技種目に加えられず、第2回大会から参加することになった。この第2回大会に参加する際に、現今のルールは改正の必要ありということになり、7月下旬から8月下旬まで約1カ月の長期間を費やして神宮ルールの制定をみた。

この神宮ルールが制定されたことをめぐって、日本軟球協会から選出された委員と、その他の委員とで意見の食い違いが生じ、軟式庭球界に2つの統轄機関が生まれる結果になってしまった。

神宮ルールの改正の際には、従前のルールの改正点は10数カ所であったが、全日本軟式庭球連盟が設立されて対立したときに、ルールで相違した点は、「各プレーヤーが交互にサービスする」ことに反対であることと、「シングルゲーム」を認めないという2点であった。

しかし、この2統轄機関も1928（昭和3）年4月7日に日本軟球連盟として統一され、そしてまた、昭和6年に至って神宮ルールが再度論議され

はしたものの、1933（昭和8）年に日本軟式庭球連盟の創立をみた。

⑮ 戦争で衰退

1933（昭和8）年以降、ソフトテニスはまた隆盛をきわめるが、1938～1939年を境にして、第二次世界大戦の影響下、ゴムは軍需物資となってボールそのものも配給制となった。また、テニスコートも戦時農園として、多くがいも畑になってしまった。

⑯ 復興と隆盛

最近はジュニア層からシニア層まで幅広い各種大会が行われている。特に、全日本シニア大会は45歳から5歳きざみで行われており、平成15年度大会の参加者は2000組を超えた。また、国際大会もアジア選手権、東アジア競技大会、アジア競技大会、世界選手権の順で毎年実施されている。その他各地域ごとの国際大会も開催されている。

2. ソフトテニスとはどんなスポーツか

1 ソフトテニスとは

(1) ソフトテニスは、見て楽しむこともできるが、やはりその人自身がプレーすることによってより楽しいスポーツになるものといえる。日本中で約700万人がソフトテニスをしているといわれており、スキー、バレーボール、ゴルフ、軟式野球、硬式野球などとともに、最も競技人口の多い種目の1つである。

(2) ソフトテニスは、老若男女を問わず幅広い年齢に適応できる、生涯スポーツとしての価値が高く評価されている。

(3) ソフトテニスは、非常に安全性の高いスポーツである。ボールがゴム球であることから、近距離からスピードボールが体にあたらない限りけがなどありえないし、プレーする相手ともネットをはさんで対戦しているので、人間同士の接触もほとんどない。(練習などでラケットを振る際には気をつける)

(4) ソフトテニスのボールはゴム球であるが、1つずつ人の手で張り合わせてつくられたもので、精美に緻密につくられている。手づくりの味を楽しもう。(最近では一部機械でつくるものもある)

2 ソフトテニスの特性

(1) 明治時代の初期に日本に伝わってきたテニスは、ローンテニスといって硬球であったことは確かであるが、硬球の入手が困難であったり、経済的にも高価だったので、日本人の体格や体力にあうように工夫されてきたのがソフトテニスである。

(2) 日本で発生したスポーツで現在行われているスポーツを調べてみると、10世紀までに日本で発生したスポーツ5種目のうち、「すもう」だけが現存している。

　11世紀以降では日本で発生したスポーツが17種目あり、そのうち現存しているのは「剣道」「柔道」「薙刀」「軟式野球」、そして「ソフトテニス」の5種目である。

(3) ソフトテニスをすることによって、パートナーとの人間関係、とくにペアー（1対）による友情とかチームワークが会得できて、日常社会生活に役立つ。

(4) ソフトテニスをすることによって、決断力、意志力が養われて、身体の柔軟性、敏捷性も養われる。

3. ソフトテニス界の現状

ソフトテニスは、1884（明治17）年以来100年余の歴史をもち、現在では、53万人を超える競技人

口と700万人余と推定される愛好者とをもつ、日本有数の大衆的競技スポーツになっている。

一方、近年国際普及への努力が結実して、国際ソフトテニス連盟、アジアソフトテニス連盟などの組織が整備され、世界の多くの国々（地域）がこれらに加盟するに至っている。

この結果、世界ソフトテニス選手権大会、アジアソフトテニス選手権大会が盛大に開催されるようになり、1990年には、北京アジア競技大会に、公開種目としてではあったが参加できた。アジア競技大会に関しては、1994年の広島大会で正式種目として採用され、1998年バンコク大会、2002年釜山大会が実施された。2003年には世界大会が広島で5大陸から30カ国参加のもとで盛大に行われた。

このような国際的発展とともに、日本国内においても確実に発展しつつある。

㈶日本ソフトテニス連盟（以下連盟という）では、ソフトテニスの大衆的競技スポーツという面を基盤としながらも、メジャースポーツとしてマスコミから評価されるようなソフトテニスづくりを目標に、種々の施策を企画・実行してきている。

連盟の事業は、必ずしもすべてが満足できるような成果をあげているとは言えないが、1歩1歩前進し、それなりの実績をあげているといえよう。

以下、いくつかの部門別に、ソフトテニス界の現状と目標とを紹介してみる。

1 競技スポーツとしての現状

連盟が主催（含共催）している大会は27におよんでおり、それぞれの大会が歴史と特色をもち、多くの選手が参加して成果をあげている。

競技スポーツの中でも、学生やジュニアなど、学体スポーツとして行われるものは後述することにして、ここでは社会人を対象とした大会について紹介する。

個人選手権大会として行われているものは、全日本選手権大会、全日本社会人選手権大会、全日本インドア選手権大会、全日本レディース大会、全日本シニア大会があり、団体戦として行われているものには、全日本実業団選手権大会、日本リーグ、日本実業団リーグ、全日本クラブ選手権大会、国民体育大会ソフトテニス競技会（含少年の部）がある。

また、個人戦には、東・西日本連盟と共同主催の東・西日本選手権大会も行われている。

個人戦では天皇賜杯、皇后賜杯の選手権大会が、日本ソフトテニス界のナンバーワンを決定する大会として最も権威づけられている。

社会人選手権大会は、一般男女、成年男女の4

種別があり、1990年大会では867組もが参加し、大衆的競技スポーツにふさわしい大会となっている。

インドア選手権、ジャパンカップは、ともに観客が多数集まり、見て楽しい大会として人気がある。

団体戦では、実業団選手権、日本リーグ、日本実業団リーグがあり、いずれも実業団のための大会で、実業団（企業）におけるソフトテニスを振興することによって、ソフトテニスというスポーツを一層発展させるという、連盟の重点事業として力を入れている大会でもある。企業内での認識も高まり、実業団の大会は参加チームも多く、盛りあがりのある大会が実現している。

現在行われている大会は、いずれも参加組数が多く（参加制限のある大会もある）、ソフトテニスの特色をよく表しているとはいうものの、その反面、運営面での苦労も多く、運営上の限界にきていることも事実であり、今後は、現行の週末だけの大会開催などの点についても、検討すべき時期にきている。

また、国際性が増進するにつれ、真の国際的競技スポーツとして評価されるためには、競技方法、競技規則などをはじめとして、指導方法、トレーニング理論、コートマナー、インターネットを使った啓蒙活動など、現状以上に厳しく、スマートな方法を導入するような検討が必要となろう。

2 学校スポーツとしての現状

ソフトテニスが大衆的競技スポーツの代表的存在となっているのは、学校、とくに中学校、高等学校における隆盛に支えられているといえよう。

100年余の歴史においても、ソフトテニスを支えてきたものは学校スポーツ（体育）であった。さらに近年では、小学生（連盟ではジュニアと呼んでいる）層にも浸透しており、今後さらに発展していくであろう。

学校スポーツとしての大会としては、全日本中学校選抜大会、都道府県対抗全日本中学生大会、全日本高等学校選手権大会、全日本高等学校団体選抜大会、全日本学生選手権大会がある。

中学生の大会としては、全国中体連との共同主催で毎年8月に開催される中学校選抜大会（個人戦および団体学校対抗戦）と、連盟の単独主催で毎年3月に社会体育として行われる都道府県対抗大会（団体戦）があり、特に選抜大会は中学生の日本一を決める大会として、1970年から開催されている。

高校生の大会は、全国高体連との共同主催である高等学校選手権（個人戦と団体学校対抗戦）、連盟単独主催で社会体育として実施されている団体選抜大会（団体学校対抗戦）、北海道連盟との共同主催であるハイスクールジャパンカップ（個人戦）がある。高等学校選手権は、1946（昭和21）年以降継続して開催されており、多くの高校生プレーヤーを育てた大会でもある。現在は夏の選手権、春（3月）の選抜が2本柱として定着している。

大学生は独自の大会も行っているが、学生選手権は、日本学生ソフトテニス連盟と日本ソフトテニス連盟とが共同主催する大会で参加人数がきわめて多い（2001年大会では、学校対抗男子103校、女子62校、選手権男子682組、女子362組）マンモス大会になっている。

1970年以降、硬式テニスとの比較で、ソフトテニスの若い層の競技人口の減少が憂慮されたこともあるが、連盟の人口調査によれば、中学、高校の競技人口は減少しているとは言えず、2002年の登録数は、中学生約37万人、高校生約8万7千人で、10年前と比較すると微増であった。しかし、社会人になってからの競技人口は減少する傾向にあったので、学生時代にソフトテニスをプレーしていた人々が、社会人となってからも企業内でプレーを続けてもらうため、前述したように、実業団の振興に配慮している。

3 ジュニアスポーツとしての現状

　将来のソフトテニスをより発展させるためには、若いジュニア層を養成していくことが必要であり、連盟では、こうした認識のもとで1970年代からジュニア養成事業に着手してきた。

　連盟のジュニア養成事業の柱は、大別すると全国大会の開催と指導者の育成である。

　ジュニアに正しいソフトテニスの指導をするためには、指導者の質の向上が必要である。そのため、1970年代以降毎年、全国10地区において「小・中学生指導者研修講習会」を開催し、ジュニアの指導者に、ソフトテニスの指導法、トレーニング理論、ルールの理解と審判のあり方などの研修をしてもらっている。この研修講習会への参加によって、多くの指導者がさらに積極的にジュニア養成に協力してくれている。

　また、連盟からジュニア養成費という補助金を支給することによって、都道府県連盟の指導のもとに、各地で養成事業を実施してもらっている。

　一方、1984年から、全日本小学生選手権大会を開催し、若いジュニア選手にも全国大会に参加する夢をもってもらっている。

　この小学生大会は、社会体育として連盟が独自に開催しているものであり、原則として5・6年生に限り、個人戦と都道府県対抗の団体戦とがあり、指導者や父母を加え、多数の参加者があって盛況である。

　今後は、スポーツ少年団へのアプローチなども積極的に行う方針であり、21世紀のソフトテニスの振興のためにも、連盟はジュニア養成に本腰を入れて取り組んでいく方針である。

4 生涯スポーツとしての現状

　地域のクラブにおいては、ジュニア、レディース、シニアまで年齢を問わず、生涯スポーツとして多くの人たちから愛好されている。ウイークデイにはレディースやシニアの男性たちが「健康のため」にいい汗を流し、また日曜日にはクラブの主催するジュニア教室や指導者のための講習会、研修会などが各地で行われており、益々高齢化社会が進むなかで、ソフトテニスの果たす役割が重要になってくるであろう。

第2章 ソフトテニスと指導者

Chapter 2

1. 指導者の現状と課題

1 ソフトテニス指導者の現状

ここで取り上げる指導者の対象としては、ジュニア・中学・高校・レディースなどの初級者から中級者程度を基本において考えている。したがって、選手強化を目的としたものについては除くこととし、健康スポーツとして青少年の育成にあたったり、生涯スポーツとしてソフトテニスを楽しもうとする人たちを指導する指導者である。

さて、これらの指導にあたる指導者は、1971（昭和46）年4月より実施されている都道府県体育協会と、その傘下にある各都道府県ソフトテニス連盟が共催する「日本体育協会公認スポーツ指導者制度」の講習を受講し、「スポーツ指導員」の資格を取得している人がより望ましい。この制度は、1989（平成元）年度より移行して、文部大臣認定「社会体育指導者知識・技能審査認定事業（C級、B級、A級）」のうち、「地域スポーツ指導者」となっている。

そこでは、ソフトテニスに対する専門科目（各都道府県ソフトテニス連盟が共催指導）と共通科目（各都道府県体育協会主催）とを開講し、地域スポーツ指導者に必要な一般教養と、ソフトテニスに対する知識・技能を習得した者に対して日本体育協会が審査し、文部科学省が認定してその資格を付与するものである。

すなわち、現代のスポーツ医・科学的基礎に立脚した適切なスポーツ指導ができることはもちろんであるが、ただ単に知識・技能だけではなく、指導者は人間の心と体を扱うわけであるから、教育者としての人間的信頼が受けられる人でなければならないということである。

というのは、「スポーツ振興」・「ソフトテニス振興」で大切なことは、指導者・施設・組織であるといわれているが、その中でも中心的役割を果たすのは指導者である、といっても過言ではないからである。

このように、現代におけるソフトテニス指導者は、過去に受けた指導体験や自己の経験した技能習得過程における知識だけではなく、より効果的・科学的指導が望まれているのである。したがって、指導者たる者はその対象者（練習者）に対する教育者としての責任も含めて、自己研修・研

讃を忘れてはならないであろう。

　前述の通り、「公認スポーツ指導者」の資格を持って指導にあたることが望ましいが、もし未習得者が指導にあたる場合には、各都道府県体育協会に連絡のうえ共通科目としての「テキスト」や、専門科目としての「ソフトテニス指導教本」（本書）をぜひ一読してから、指導に参画してほしいものである。

2 ソフトテニス指導者の課題

　あらゆるスポーツにおいて、そのスポーツを習得したり、楽しんだりするためには、そのスポーツに応じた技術や技能をマスターするということにほかならない。

　技術や技能を習得するためには、例えば、ソフトテニスではソフトテニスをプレーするのに必要な内容を、自分勝手に練習するよりも、指導者を通して学んだほうがより早く、より正確に、より楽しく身につけられることはいうまでもない。

　指導とは、「練習者（対象者）の個性や能力を引き出し、それに助力を与え、育成すること」である。ソフトテニス指導者の課題は、ソフトテニスの技術を練習者個人個人に技能としていかに身につけさせ、それと並行してルールやマナー、ソフトテニスに関する知識などを、ソフトテニスを楽しませながら、どのようにして学ばせるかということである。

　そして最終的には、ソフトテニスを通してより社会人としての好ましい人づくりをし、ひいては、人生をより豊かで生きがいのあるものとするための、生涯スポーツとしてのソフトテニスに導くわけである。そのためには、練習者に対して、ソフトテニスに関するできる限りの最適な練習の条件を整え、最大の効果をあげ得るような指導をすることであろう。この指導には、まずソフトテニス技術の特性をよく理解させるとともに、ソフトテニス技術を練習する対象者の特徴や状況に合わせて、その技術がどのような過程で身につけられるか、そこにはどのような条件が働くか、また、より効果的に身につけさせるためにはどのようにすればよいかなどについて検討する必要がある。

　ところで、ソフトテニス指導の具体的な姿は、定期的に行われる行政主導型（都道府県・市町村レベル）の「市民のためのソフトテニス講座または講習会や教室」や、クラブスポーツとしての指導である。ここでは、練習者がソフトテニス技術およびそれをめぐる内容を習得し、指導者が練習者の目標を達成するために、その過程に即して指導するというものである。

　ふつうソフトテニスの技術は、テニスコートやクラブハウスといった施設・用具などの物的環境の中で、指導者の助けを借りて習得されるものである。

　指導者は、はっきりとした目標をもち、何をどのように学ばせるのか、その指導内容を明確に把握するとともに、練習者をよく掌握し、それに応じた施設や用具を用意して、その目標を達成するために指導する。この場合の目標や指導内容は、練習者が個人かグループか、そして何を習得したいのかという要求と、指導者のカリキュラム（計画）に基づいて決められるのである。

　もちろん、それぞれの構成要因は複雑な内容をもち、複雑な背景の中で機能している。しかし、実際のソフトテニスの指導においては、あくまで指導者が中心にあって各種の条件（要因）を調整しながら、ソフトテニスをめぐる練習者の活動を方向づけたり、助言したり、指導したりしているのである。

2．指導者に必要な心得

❶ ソフトテニス指導者の役割と任務

　指導者たるものは、少なくとも自分が托された、また、自分が指導する練習者たちに対し、正しい技術を効果的に指導するとともに、ソフトテニスの種目的特性を通した楽しさを、けがなく安全に（できる限り障害をなくすこと）指導する責任と義務を負わされているのである。

　すなわち、安全で、楽しく、正しいソフトテニスを指導しなければならない。そのための留意事項について考えてみたい。

(1)　正しい技術の指導について
① 　指導に際しては、本書のほかに「ソフトテニスコーチ教本」日本ソフトテニス連盟発行の機関誌「ソフトテニス」と「ソフトテニスマガジン」（ベースボールマガジン社発行）は、その指導のベースとして熟読しておきたいものである。

　そこでは、ソフトテニスに対する技術はいうにおよばず、ルール（競技規則）、審判法、マナーなどについてもできるだけ多くの知識をもつことが大切である。
② 　基礎技術をマスターしていることは当然であるが、同時にそれらの応用、総合としてのマッチにいたるまでの練習法（指導法）を習得しておく必要がある。

　そのためには、それに応じるソフトテニスの専門書が市販されているので、せめて目を通してバラエティに富んだ指導内容を用意することが望まれる。
③ 　練習者の技術レベル、年齢構成、心身の状態（体力の内容）、男女の構成状態によって指導内容を考慮すべきであろう。
④ 　練習者の目的意識や練習期間と時間、コート面数（施設）や用具などによって、カリキュラム（指導計画や系列）の構成を考える必要がある。
⑤ 　技術指導では、当面の目標を明確にするとともに、班別指導や役割分担を決めて、能率的に練習ができるようにするとよい。

(2)　楽しい練習の指導について
① 　楽しく練習しながら技能の上達を望むためには、指導者は練習者をよく掌握し、管理する必要がある。個々人が勝手なことをしていたのでは楽しい練習にはなり得ない。したがって、約束ごとをして決めたことはお互いに忠実に守り、実行する習慣をつけることが望ましい。
② 　楽しい練習とは、練習者が積極的に練習に取り組んでくれることであろう。そのためには、練習者の希望・願望を把握するとともに、練習者を意欲づけるような指導法を駆使すべきであろう。例えば、長所をほめたうえで、短所を指摘してやるような指導が望ましい。
③ 　指導者の情熱・熱意は伝わるものである。そのためには、まず指導者自身がソフトテニスそのものが好きであり、そしてソフトテニスそのものに打ち込む気持ちが大切である。練習者に迎合したり、甘やかすのもよくないが、指導は親切に、ていねいに、温かく、骨おしみしないで、よく相手を理解したうえで行うべきである。
④ 　練習後のミーティングを励行するとよい。ミーティングは、その日の練習の確認に役立つのみでなく、次の練習への楽しみにつながる。そしてまた、お互いのよい人間関係づくりにも役立つものである。

(3)　健康管理の指導について
① 　まず練習前には準備運動をすること。とくに早朝などは、神経・筋肉ともに目覚めない状態にあるので、十分にウォーミングアップをしたほうがよい。また、練習後は使った筋肉をほぐ

す意味においても、クーリングダウン（整理運動）を欠かさないようにしたいものである。
② 人間の身体は、千差万別である。ソフトテニスは軽スポーツと考えられやすいが、やり方によってはかなりハードな運動である。練習者の体力の状況を判断して、少し早目に休憩や休息を入れるべきであろう。
③ コート整備や練習に使用する用具はいつも点検して、気持ちのよいコートで気持ちのよい用具を使用して、気持ちよく練習すべきである。そのようにすれば、練習効果があがるのみならず、障害の予防にも役立つものである。

どんな立派な指導でも、障害を起こさせては何の意味もない。細心の注意をはらっていてもスポーツという体を使う運動においては、障害の起こる可能性がある。しかしながら、指導者はそれを最少限度にくいとめる責任と義務があることも忘れてはならないであろう。

❷ ソフトテニス指導者に必要な知識

指導者は常に対象者（練習者）に対して、効果的・能率的な指導が望まれる。練習者が「ソフトテニスをすることが楽しい」、「ソフトテニスがおもしろい」、「プレーが上手になってきて、さらにその上の技術に挑戦したい」というような気持ちを抱かせる指導が必要であるし、また、それにこたえることも大切である。

このような要望に対応するためには、どのような知識や技能が求められ、必要なのであろうか。ここでは、その課題について考えてみることにしたい。

(1) ソフトテニスの歴史と現状に対する知識

まず何をおいても、ソフトテニスの起源にはじまって現状までの歴史的過程、技術の変遷のアウトラインについては常識として知っておいてほしい。と同時に、現在のソフトテニスをとりまく国内・国際情勢や、今後の方向性についての一般的知識をもつべきである。（第1章参照）

(2) ソフトテニスに対する専門的知識

本書を参考として、練習者の技能レベルの水準に合わせた技術内容がよりよく伝達できるような準備が必要である。と同時に、ルールや審判法、マナーなどについての知識も欠くべからざるものであろう。

(3) ソフトテニスの指導プログラムに対する知識

講習会や練習会の目的や内容に応じて、指導プログラムを計画する必要がある。すなわち、どのような内容をどのくらいの期間をかけて指導していくかというプログラムである。

通常プログラム作成にあたっては、練習者の人数と水準、コート数、技術指導の時間割（全体計画と1日の細案）などについて考える必要がある。また、1回の内容についても導入、展開、整理、次回の予定など、できるだけ相手をよく理解した綿密な計画を立てることが望まれる。

(4) ソフトテニスの指導法に対する知識

指導者がどんなに素晴らしい技能や情報をもっていても、練習者にそれを理解させる伝達能力がなければ、その指導が生かされずに未消化に終わってしまうことはいうまでもない。

したがって、練習者あるいは対象グループのレベルに合わせて、次のような伝達技能を適切に使い分け、あるいは組み合わせて活用すべきであろう。
① 能力に応じたわかりやすい説明をする。とくに技術の要点について、相手のもっている知識、経験、情報に関連させて話すようにする。また、あまり専門用語を用いずに、実質的な部位を通して説明するように心がけるとよい。
② 技術の形や型（フォーム）については、示範をしながら説明するとよい。その内容は単一の技術のときもあれば、応用的に組み合わせの技

術の場合もある。いずれの場合でも、練習者が示された技術を目で見てから自分の身体の動きとしてとらえられるようにしてやることが必要である。また、大切なポイントについては動きをこまぎれにして注意深く指導してやるとよい。さらに個人に注目して、誤った形で受けとる場合もあるので、お互いに観察させ合ったり、直接に指摘してやるようにするとよい。

③ 次に実際のボールを打って、プレーの中で示範してやる。プレーをしながらのポイントの指摘は、相手にプレーの内容を吟味させるのに役立つだろう。自分の示範するプレーの場合には失敗することもあるが、その場合には悪い見本としてはっきりと「これはよくない」と示す態度が望ましい。それがまた相手の信頼を増すことにもつながるものと思われる。

　また、ときにはグループのプレーヤー同士に示範させて長所や矯正点などを指摘してやることは、対象者全体だけでなくプレーヤー自身の指導にも効果を発揮するものと思われる。

④ 単なる言葉の説明や示範だけではなく、ときには黒板や用紙、地面などに実際の図やポイントとなる事項を書いて説明することも効果がある。さらに、よいプレーをビデオを通してみせることは、イメージトレーニングとしても有効である。ときには練習者自身のビデオをとって、その技能の内容を指摘してやることも効果のある方法であろう。

(5) **ソフトテニスの指導に対する全般的留意事項**

ソフトテニス技術の指導の方法には、直接的指導と間接的指導がある。

直接的指導とは、従来からの伝統的な示範、診断、方向づけによる指導である。間接的指導とは、練習者に指示や方向づけを与えるよりも、むしろ質問や問題を投げかけて考えさせる指導である。しかしながら両指導法とも、主体はあくまで練習者であるという、練習者の自己学習能力を尊重する考え方が必要であろう。

それでここでは、ソフトテニスの指導にあたっての全般的な留意事項についてまとめてみることにしたい。

① すべての指導は、指導者と練習者のよい人間関係（出会いと信頼）から出発する。指導は意思の伝達であるから、導入の雰囲気は温かく、友好的でなければならない。

② すべての練習者の欲求、関心、目標は大切にすべきである。指導者は、あらかじめ立てた指導計画をはっきりと示し、また、練習者の状況をよく把握してから、目標のレベルや指導内容を決定する必要がある。

③ すべての練習の長さや内容は、練習者の技能や体力や疲労の程度によって異なるべきであり、計画変更は柔軟に行う。

④ すべての練習は、練習者が主人公であって、いかに実践的なプレーに結びつくかによって興味も増し、身につくものである。

⑤ すべての練習は、その練習そのものが楽しく、興奮したりスリルがあるときに、急速に進歩す

るものである。したがって、練習者個人個人に合わせて、そのような場を提供することが大切である。
⑥ 練習者は、練習する発達上の準備（レディネス）ができているときにのみ、効果的な練習が可能である。レディネスとは、練習することのできる心身の発達に対する準備状態や潮時のことである。
⑦ 練習者は、周りの刺激に敏感に対応する。指導者は練習者の精神集中の妨げになるようなものを少なくしたり、排除したりするように努力すべきである。
⑧ 指導者は、ある技術の部分練習をする前に、その技術に含まれる全体像やその部分技術の意味を明確にさせるべきである。
⑨ 練習者は、個人指導の場合は別として、集団指導の際には社会的存在としてのグループの一員であり、同時に個人的存在でもある。指導者は、その個人のユニークさや長所を大切にして伸ばすべきである。
⑩ 練習者にとって、評価は重要なものであり、ある技術ができるようになった喜びは他にかえ難いものである。評価と上達は表裏一体であるから、指導者は個人に応じてより適切な課題を提示して、その結果を評価したり、練習者自身あるいは相互に評価させ合ったりするのが望ましい。

3 ソフトテニス指導者に求められる能力

ここでは、ソフトテニス指導者に求められる能力という観点から、大切と思われる8つの項目について検討を加えることにしたい。

なお、全体の構成やその内容をよりわかりやすくするために、できるだけそのポイントを箇条的に取り上げることにしたので、それぞれの項目について指導上の参考としたり、実際の指導において役立ててほしいものである。

(1) 期待される指導者像

指導者に求められるのは、まず指導者その人の人格である。練習者に求められ、期待される指導者とは、おおよそ次のような人たちであろう。
① ソフトテニスをこよなく愛し、人間好きであること。
② 情熱と信念をもって、個人個人の特徴を把握し、公平な態度で根気よく指導できること。
③ 人間的に信頼かつ尊敬されるような態度・行動・品位を備えていること。
④ 人を引っ張っていける率先力と協調性を発揮できる人。
⑤ 身体的にも精神的にも健康であること。
⑥ 技術指導ができる人。

(2) 指導する際の心構え

指導者は練習に際して、練習者により望ましく、より効果的な指導をする必要がある。
そのためには、次のような心構えが必要であろう。
① マナーを大切にし、スポーツマンシップを身につけさせる。
② 時間や約束を守る習慣をつくらせる。
③ 仲間づくりを大切にし、和のある楽しい雰囲気づくりを心がける。
④ 教えるだけの指導ではなく、運動することの喜びや楽しさを感じさせる。
⑤ 勝利志向に走らないように、メンバーの特徴や考え方などを認めてあげ、よさを伸ばすように心がける。
⑥ 基本に忠実な指導内容とその計画を立てる。
⑦ メンバーの自主性を重んじ、それぞれ目標を立てさせる。
⑧ みんなを楽しく活動させるとともに、能力別指導を導入する。
⑨ 公平・平等の精神を大切にし、メンバーの名前を早く覚え、あだ名でよべる雰囲気づくりをする。

⑩ 指導にあたる位置を大切にし、全体が把握でき、声が届く範囲で指導する。
⑪ 言葉だけで指導するのではなく、具体的に模範を示したり、上げボールをすすんでする。
⑫ 基本的には、「ほめる」ことに重点をおいた指導をめざす。
⑬ コートを離れても、なんでも相談できる雰囲気をつくってあげる。

(3) プログラム作成能力

指導者は、その対象（年齢、性、能力）、目的、状況（能力、人数、コート面数）などに応じていつでも的確なプログラムを用意できなければならない。

とくに次のような点を考慮したプログラムを作成し、マニュアルとして用意しておくことが必要である。

① 年齢、性を考慮したプログラム
② 発育・発達差を考慮したプログラム
③ 人数、コート面数を考慮したプログラム
④ 講習会・研修会・スポーツ教室用プログラム
⑤ 合宿用のプログラム
⑥ 雨天時のプログラム
⑦ 冬季のプログラム

(4) プログラム実行能力

実際に作成したプログラムを、コートで展開していく能力も大切な条件である。

① 集合のさせ方
② 練習方法の的確な説明
③ 練習のポイントの説明
④ 練習形態の説明
⑤ 練習中の雰囲気の盛り上げ
⑥ 練習中の的確なアドバイス
⑦ 練習後の反省

以上のような導入・展開・しめくくりをよりスムーズに行うことが必要である。とくに練習内容の説明をする際には、ボードを利用してすぐに練習者がイメージできるように配慮することも大切である。

練習のポイントの説明では、指導者がデモンストレーションで示すことができればなおよい。

(5) 技術伝達能力

指導者は、正しい技術をうまく練習者に伝達できる能力を磨かなければならない。経験で身につけている技術や、講習会で勉強した技術をいかに正確に伝達するかというテクニックを覚える。

具体的には次のような方法があろう。

① 対象者のレベルに応じて、よりわかりやすい言葉でポイントをおさえて説明する。
② 目で見て模倣して覚えさせることが大切であり、正しいフォームをビデオでみせたり、指導者が模範を示す。
③ 模範を示す場合、動作をより単純化してスローモーションでこまぎれにして、大切なポイントを指摘しながら示していく。
④ 真似をする場合、かっこいい部分だけが目に入り、そこだけを真似ようとする傾向があるの

で、大事な部分が忘れられることのないように、真似るポイントを的確に示す。
⑤ 手とり足とり指導（ガイダンス指導）で、体で理解させる。

これらは、指導者としてもかなり経験を積むことが必要であり、試行錯誤でよりよいものを指導の際のよりどころとすべきである。とくに気をつけておかなければならないことは、初期の段階で間違った技術や悪い癖をもった技術を身につけてしまうと上達もままならないし、手首や肘や肩の故障にもつながってしまうということである。

(6) チーム管理・運営能力

地域社会のスポーツ少年団やママさんクラブなどの指導にあたっては、もちろん技術的な指導は重要であるが、みんながいかに楽しく、なごやかな雰囲気のもとで活動できるかという環境条件を整備する必要がある。とくに人間関係をいかにうまく調整するかが重要である。指導者の指導でみんながぎくしゃくしたり、ダブルスのペアの関係でつまらなくなったり、能力差の大きい集団だと練習内容の調整でつまずいたりすることが往々にしてある。

役割分担をしっかりして、お互いの役割を尊重しつつ、指導者を中心とした組織づくりに力を注ぐ必要がある。

(7) 指導テクニック（指導実践技術）

指導者が指導技術を身につけるためには経験が必要であり、教えられる人の立場にたって考える姿勢が必要である。自分で技術を覚えるよりも人に技術を教えることのほうがはるかに難しいことを理解しておくことが大切である。「こんなことができないのか」という人も結構多いと思うが辛抱強く、かつていねいに指導にあたるべきである。人間はひとつのことができるようになると、「どうしてできないのだろう」と悩んでいたことを忘れる傾向がある。できない人の気持ちをいつも配慮できる指導者でありたいものである。

具体的には、次のようなことを心がけたい。
① 能力に応じた「上げボール」が出せるように研修を積む。
② 「なぜうまくできないか」。そのつまずきの原因を発見し、修正のしかたを工夫する。
③ うまくできないプレーに対しては気長に、温かく見守り、少しでもうまくいったものには賞賛を表情・言葉であらわす。
④ 効果的なアドバイス用語をたくさん用意しておく。

また、一般的ではあるが、やる気を起こさせる動機づけの方法を下記にいくつかあげて、それに簡単な説明を加えた。

① 目標設定

やる気を起こさせる基本的な方法として目標設定があげられる。つまり、目標をどの程度のところに設定するのか、どのような目標を立てればよいのか、誰が目標を立てればよいのかといったことが問題となる。

まず目標設定をする場合の目標のレベルについてであるが、一般的には現在の能力の120％程度のところがよいとされている。つまり当然のことながら、現在の能力レベルと同じところに目標を設定したのでは、今でも「できる」のであるからやる気は起きない。逆に高すぎる目標設定も練習者自身が「がんばってもできそうにない」とあきらめてしまう結果になり、やる気は起きない。練習者自身が「がんばればできそう」だと考える程度の目標設定が望ましいということである。

次に目標を設定する場合に留意すべき点として、練習者のもつ性格特性による個人差があげられる。高い目標を設定したほうががんばれる選手もいれば、逆にほんの少し現在のレベルよりも上に目標を設定したほうががんばれる選手もいる。こうした違いは練習者の性格特性、とくに達成動機と呼ばれるものに関係している。達成動機とは困難に打ち勝とうとする性格特性のことをいうも

ので、この達成動機の高い人は成功と失敗の確率が半々ぐらいのときに最もがんばることができる。

逆に達成動機の低い人は、失敗の確率が成功の確率よりもかなり低いときのほうががんばることができる。したがって、指導者が目標設定について指導する場合には、達成動機の高い練習者に対しては、達成動機の低い練習者よりも高い目標設定をすることが望ましい。その点で、マーティン (Martens, R)の「目標設定の原則」は参考となろう（表2-1）。

また、目標設定に関して留意すべき点としては、その目標設定を誰が行ったのかという、目標設定

●表2-1／目標設定の原則

・結果でなく、内容を重視した目標を設定する。
・やさしいものではなく、挑戦的な目標を設定する。
・非現実的ではなく、現実的な目標を設定する。
・一般的でない、具体的目標を設定する。
・長期的でなく、短期的な目標を設定する。
・チームの目標よりも、個人的目標を重視する。

「コーチングマニュアルメンタルトレーニング」
　Martens, R.（猪俣公宏監訳）大修館書店、1991

の主体者の問題がある。他人から押しつけられた目標に対しては、どうしてもやる気が持続しない。それに反して自分自身で立てた目標に関しては、自分しか責任をとることができないためにやる気が持続しやすい。

したがって、指導者が目標設定をする場合にでも、最終的な決断は練習者自身が行うようにしたほうがよい。つまり、指導者は目標を練習者にもたすこと、また、その際にどのような目標を設定するのが最も望ましいかを指導・助言するような形をとることが望ましい。

② フィードバック

目標設定とも関連することで、練習者のやる気を起こさせるために重要なものとして、フィードバックがあげられる。

フィードバックとは、練習者が実施した内容について、練習者自身にその情報を還元することである。目標をもって練習をしても、その成果がわからなければやる気は起きない。しかしながら、スポーツの場合には結果（ボールの飛んでいった方向や勢いなど）については練習者自身も理解しやすいが、その過程（どのようにボールを打ったとかテイクバックの位置など）に関しては非常に理解しにくい。また、ゲームにおいても勝敗や相手にとられたことなどはよくわかるが、どんな状況でどのようにしていたかなどはほとんどわからない。

そこで指導者としては、こうした練習者自身が自分ではわかりにくい点について、練習者にその情報をフィードバックすることが重要な役割となる。

こうした意味から最近では、ビデオによるフィードバックも有効な方法である。練習中のフォームや試合の様子などをビデオによって練習者に提示することができる。この場合に注意が必要なのは、ビデオに収めたものの中からどの部分を練習者に注目させて見せるかということである。言い

換えればビデオによるフィードバックの際には、その視点の提示がポイントとなる。したがって、どういった角度から何に焦点を当ててビデオを撮るかといったことも問題となる。

指導者の役割としてこのフィードバックに関する役割は重要なものである。したがって、いかに練習者に理解しやすい形で、練習者に必要な情報をフィードバックするかについて常に考える必要がある。

③ 練習のバリエーション

やる気を起こさせるための指導方法として、練習にバリエーション（変化）をもたせる必要がある。練習者は同じ練習では飽きてしまうことがある。こうした集中力を欠いているような状態を心理的飽和状態と呼ぶが、こうした状態では、せっかくの練習内容も身につかないし、ましてやけがの原因となることすらある。そこで指導者としては、練習者が練習内容に飽きはじめていないか、集中力が低下していないかどうかを観察しながら練習を進める必要がある。そして、練習内容に飽きはじめているようならば、練習内容を変更する、あるいは、同じ練習内容でも何か新しい内容を付加することが必要である。

したがって、同じ目的の練習にしても練習方法に数多くのバリエーションをもたせる工夫をすることが大切である。

とくに、練習者が興味をもちやすいような内容（例えば、標的にボールを当てるようにするとか、カウントを設定して行うなど）をふだんから指導者として数多く用意しておく必要がある。

しかしながらこうした方法は、練習者の意欲をリフレッシュするにすぎず、「練習のための練習」にならないようにすることをねらいとしたものである。練習者のやる気が十分であれば、こうした方法は必要ない。

また、練習のねらいが正確になっており、それを練習者が十分に理解している場合にはやる気の低下は起きないはずである。そこで、必ず練習に入る前にその練習の意味を練習者に説明し、練習者が理解したうえで練習をはじめるのが望ましい。

④ 人的環境整備

最後にやる気を起こさせるうえで問題となる対人関係について触れておく。

「すこし前までやる気があったと思ったのに、急にやる気をなくしたようだ」といったことは現実的にはよく起こる。

こうしたことの背景にあるのが対人関係に関するトラブルであることが多い。つまり、練習仲間や家庭の問題、あるいは練習者と指導者との問題など、人間関係に関することが原因となり、やる気が低下する場合がある。

このような場合には、こうした対人関係や人間関係の問題を解決しない限り、やる気は起きない。解決方法として考えられるのは、誰かが相談相手となって、その問題を本人から聞くことである。そして、人間関係を改善するにはまず自分自身をよく理解し、自分自身を柔軟に変えていくことが先決であることを理解させることである。しかしながら、この場合決して相談にのっているほうが説得的な方法で話をしないことである。問題を抱えている本人に気づかせるような方法で話を聞き、方向づけることである。

また、このような人間関係に起因するやる気の低下は、コミュニケーションの不足からくる場合が多い。

例えば、一方的なコミュニケーションや絶対的なコミュニケーション量の不足がみられる人間関係には問題がある。したがって、なんらかの形でお互いのコミュニケーション量を多くしていく努力が必要である。そのために、ミーティングなどを利用することもできるし、また、そのミーティングの中で一種のロールプレイングゲームを行ってみるのもよい。

これはある集団で役割が決まっている場合（例えば、キャプテン、マネージャーなど）、実際の役割

とは異なる立場にその場だけなってみて、その役割としてなんらかのテーマでディスカッションをする方法である。

ふだんはキャプテンでない人がキャプテン役になり、「夏休みの練習計画」とか「練習への無断欠席について」といったテーマでみんなで話し合うというものである。こうしたゲームを行うとお互いの立場がよく理解できるとともに、ふだんの自分の行動に関しての理解も深まり、それ以後の人間関係が変わってくるはずである。

(8) 評価分析能力

指導者は、教える人の技術やゲームの中でのプレーを客観的に正しく評価する目をもつことが必要である。そのためには、より高いレベルの選手の技術の特徴をビデオに収めて分析してみたり、ゲームのなかでどのようなプレーが現れているか、効果的な戦法は何なのかといったことの研修も必要である。同時に、初心者・初級者・中級者といった段階的な基準をもちながらの指導が大切である。正しく、その人の力を評価する目をもつことは、すなわち現在どこに目標をおけばよいのかがはっきりしてくるのである。

第3章 ソフトテニスの技術

Chapter 3

1. 技術体系とそのしくみ

　ソフトテニスは、ダブルスゲームを主体とし、基本的にはベースラインあたりに位置して打ち合うプレーヤーと、ネットの近くに位置して妨害するプレーヤーが、それぞれに必要な技術を磨き、ダブルスのコンビネーションを発揮して勝敗を競い合うスポーツである。

　ゲームのしくみを図式で表すと、図3-1のように、サービスから始まり、グラウンドストロークを用いてレシーブ返球し、ワンバウンド（グラウンドストローク）もしくはノーバウンド（ボレー、スマッシュ）で打ち合い、ポイントを競い合う。

　各技術の体系を示すと、図3-2（p.32）のようにあらわすことができる。

2. 現行国際ルールの特徴

　2004年に競技規則、審判規則、大会運営規則を含む「ソフトテニスハンドブック」が作成された。本書では正式には競技規則であるが今までのものを旧国際ルール、改定されたものを現行国際ルールとして使うこととする。

　現行国際ルールにおいては、旧国際ルールの最も大きな特徴であった「ダブルスの2人が2本ずつ交代しながらサービスをすること」はそのまま継続され、「サービスが打たれるまではレシーバーを除いた3人のプレーヤーはベースラインに位置すること」に関してはそのポジションの制約がはずれて、コートのどこにポジションをとってもよいことになった。またファイナルゲームに関しては、そのまま7ポイント先取のタイブレーク方式が採用される。その際、1ゲームの中でサービスもしくはレシーブはどちらから行ってもよいが、ファイナルゲームの時、1・2ポイントのサービス（レシーブ）をしたプレーヤーが3ポイント目のレシーブ（サービス）を行うことになっていたのが、3・4ポイント目のサービス（レシーブ）は、サービス（レシーブ）する組のいずれかのプレーヤーが行うものとし、以後のサービス（レシーブ）の順序は、そのゲーム中変えることはできないという変更である。改定された現行国際ルールのゲームの進め方については図3-3と図3-4に示す。

　旧国際ルールが定着して、すべてのプレーヤー

2. 現行国際ルールの特徴

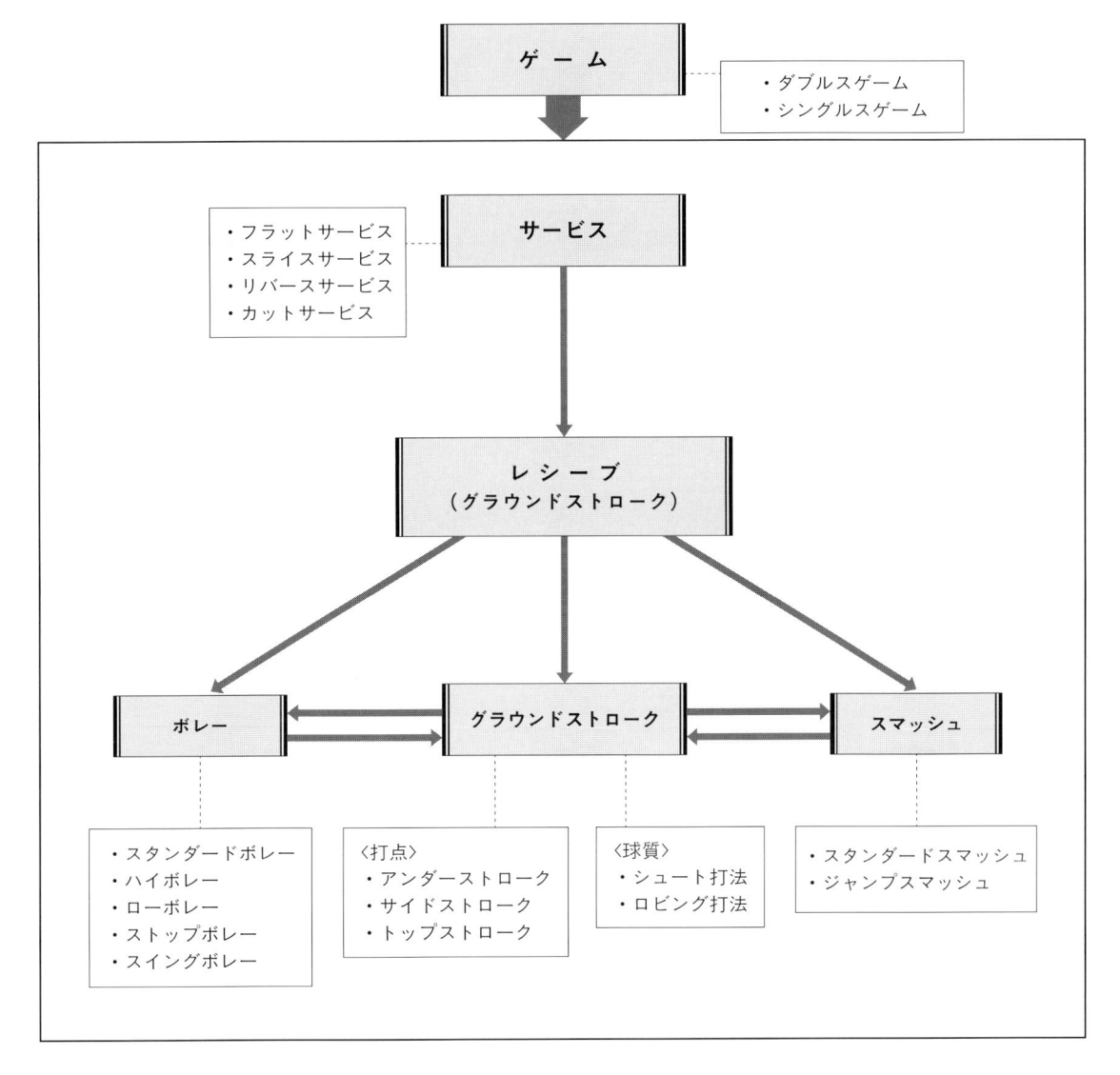

```
                    ┌─────────┐
                    │  ゲーム  │──── ・ダブルスゲーム
                    └─────────┘     ・シングルスゲーム
                         ↓
┌──────────────────────────────────────────────────────────┐
│  ・フラットサービス                                      │
│  ・スライスサービス ─── ┌─────────┐                     │
│  ・リバースサービス     │ サービス │                     │
│  ・カットサービス       └─────────┘                     │
│                             ↓                            │
│                    ┌──────────────┐                     │
│                    │  レシーブ    │                     │
│                    │(グラウンドストローク)│             │
│                    └──────────────┘                     │
│                   ↙       ↓       ↘                     │
│            ┌──────┐ ┌──────────────┐ ┌──────┐          │
│            │ボレー│⇄│グラウンドストローク│⇄│スマッシュ│  │
│            └──────┘ └──────────────┘ └──────┘          │
│                                                          │
│  ・スタンダードボレー  〈打点〉      〈球質〉  ・スタンダードスマッシュ│
│  ・ハイボレー       ・アンダーストローク ・シュート打法 ・ジャンプスマッシュ│
│  ・ローボレー       ・サイドストローク  ・ロビング打法               │
│  ・ストップボレー    ・トップストローク                              │
│  ・スイングボレー                                                    │
└──────────────────────────────────────────────────────────┘
```

●図3-1／ソフトテニスのゲームのしくみ

がサービスをすることによって、サービス力が上達し、後陣でも前陣でも自由に選択できる平等性が確保され、オールラウンドのプレーをめざすことによって各個人の技術の幅が広がった。またダブルスのペアの特徴を考慮して、後陣の並行陣でプレーしたり、また積極的に前陣の並行陣でプレーする場面も多くなってきた。

なかでも特に注目されるのは、旧国際ルールではレシーブ時にネットプレーヤーが後ろにいたためにレシーブをより厳しく返球しなければという意識が薄らぎ、レシーブ力が低下している傾向が、現行国際ルールでは、最初からネットに位置するプレーヤーの存在で、レシーブ時の緊張感が増し、今後レシーブ力の強化が重点課題となるであろう。勿論サービスも更なる強化が必要であり、サービスサイドのファーストでの3球目攻撃およ

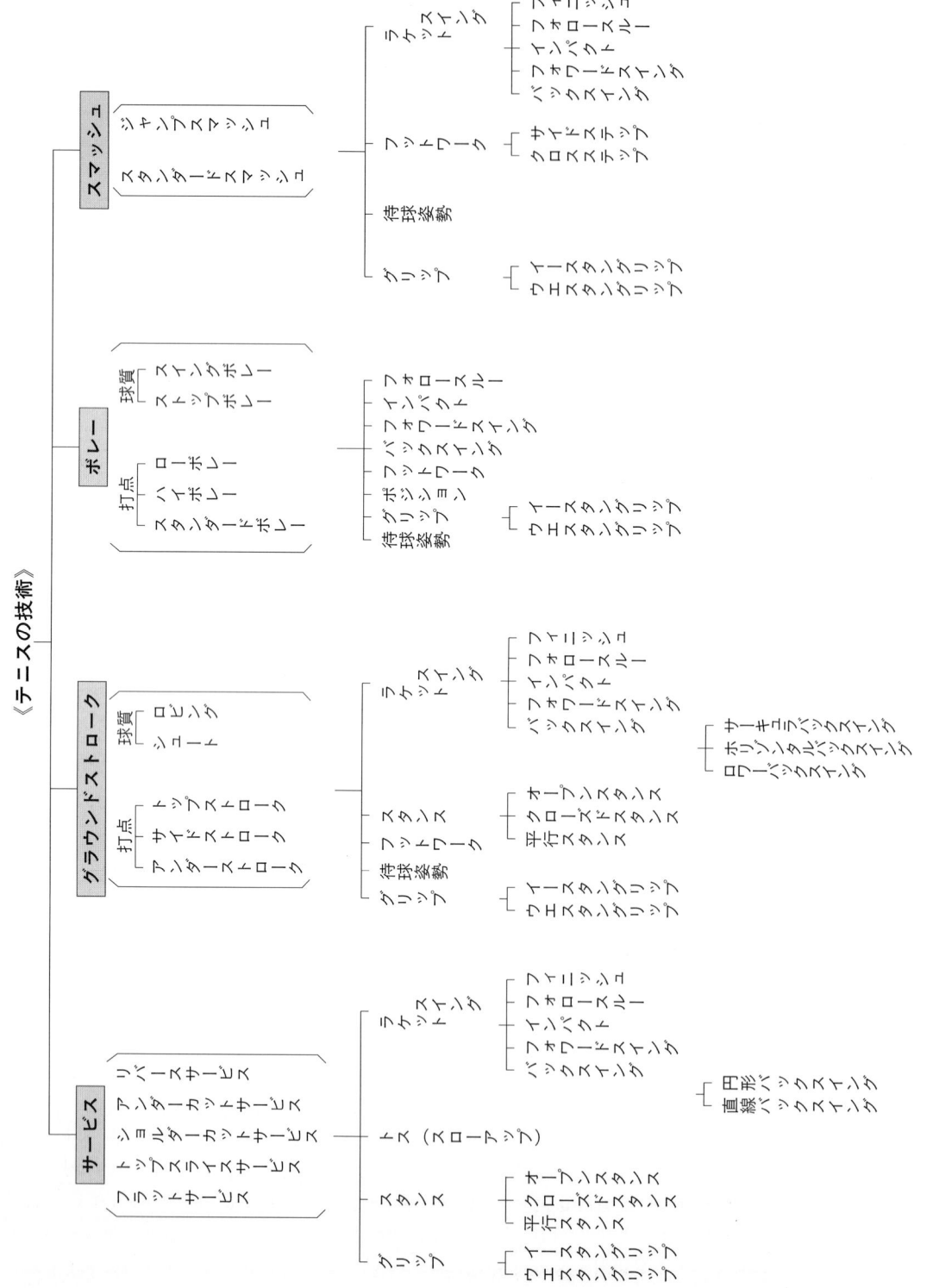

第3章 ソフトテニスの技術

《テニスの技術》

- **スマッシュ**
  - ジャンプスマッシュ
  - スタンダードスマッシュ
    - ラケッティング
      - グリッピング
      - フォロースルー
      - インパクト
      - フォワードスイング
      - バックスイング
    - フットワーク
      - サイドステップ
      - クロスステップ
    - 待球姿勢
    - グリップ
      - イースタングリップ
      - ウエスタングリップ

- **ボレー**
  - 球質
    - スイングボレー
    - ストップボレー
  - 打点
    - ローボレー
    - ハイボレー
    - スタンダードボレー
      - フォロースルー
      - インパクト
      - フォワードスイング
      - バックスイング
      - フットワーク
      - 待球姿勢
      - グリップ
        - イースタングリップ
        - ウエスタングリップ

- **グラウンドストローク**
  - 球質
    - ロビング
    - シュート
  - 打点
    - トップストローク
    - サイドストローク
    - アンダーストローク
      - ラケッティング
        - グリッピング
        - フォロースルー
        - インパクト
        - フォワードスイング
        - バックスイング
          - サーキュラーバックスイング
          - ホリゾンタルバックスイング
          - ローワーバックスイング
      - フットワーク
        - オープンスタンス
        - クローズドスタンス
        - 平行スタンス
      - 待球姿勢
      - グリップ
        - イースタングリップ
        - ウエスタングリップ

- **サービス**
  - リバースサービス
  - アンダーカットサービス
  - ショルダーカットサービス
  - ストレイトサービス
  - フラットサービス
    - ラケッティング
      - グリッピング
      - フォロースルー
      - インパクト
      - フォワードスイング
      - バックスイング
        - 直円形バックスイング
        - 直線バックスイング
    - トス（スローアップ）
    - スタンス
      - オープンスタンス
      - クローズドスタンス
      - 平行スタンス
    - グリップ
      - イースタングリップ
      - ウエスタングリップ

●図3-2／ソフトテニスの技術体系

2. 現行国際ルールの特徴　33

〈1ポイント目〉　　　　　　　　　　　　〈4ポイント目〉

〈2ポイント目〉　　　　　　　　　　　　〈5ポイント目〉

〈3ポイント目〉　　　　　　　　　　　　〈6ポイント目〉

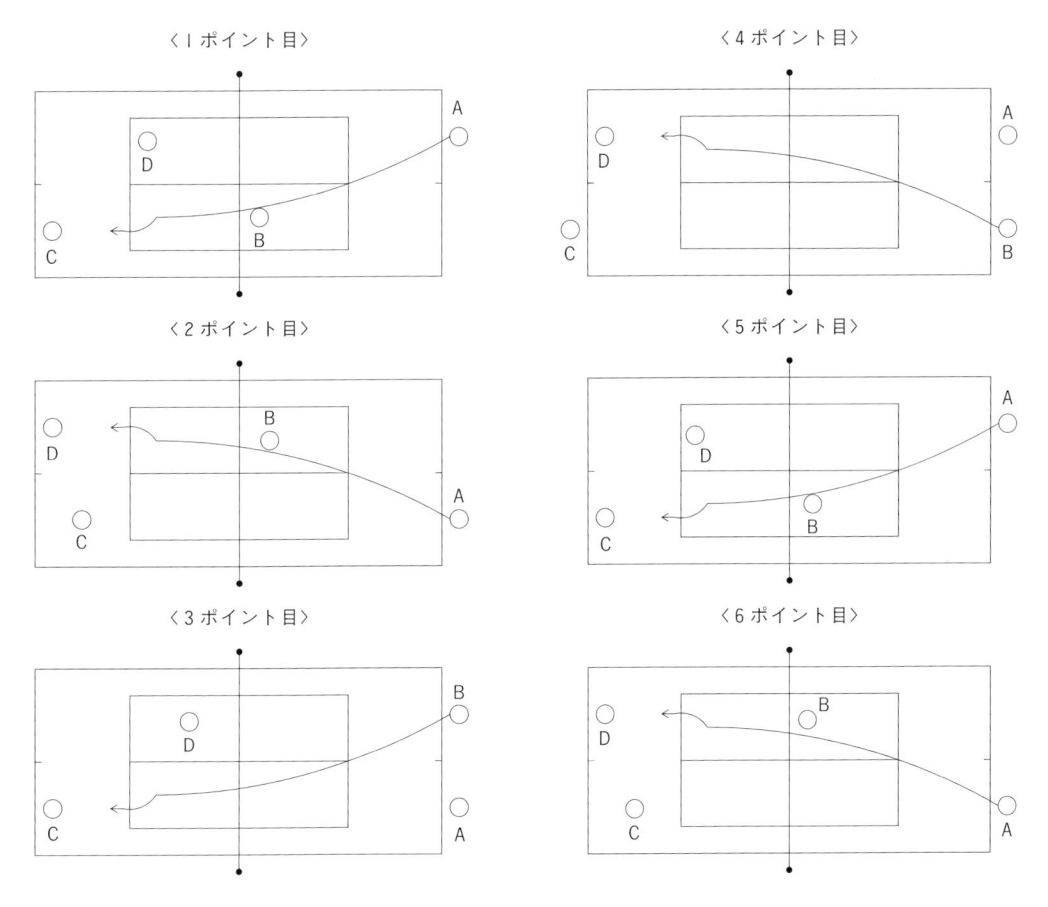

＊右サイドからAが2ポイント、Bが2ポイントずつ交代でサービスを行う。

●図3-3／現行国際ルールでのゲームの進め方

34　第3章●ソフトテニスの技術

〈1ポイント目〉

〈2ポイント目〉

サイドのチェンジ・サービスのチェンジ

〈3ポイント目〉

〈4ポイント目〉

サービスのチェンジ

〈5ポイント目〉

〈6ポイント目〉

サイドのチェンジ・サービスのチェンジ

〈7ポイント目〉

〈8ポイント目〉

サービスのチェンジ

〈9ポイント目〉

↓

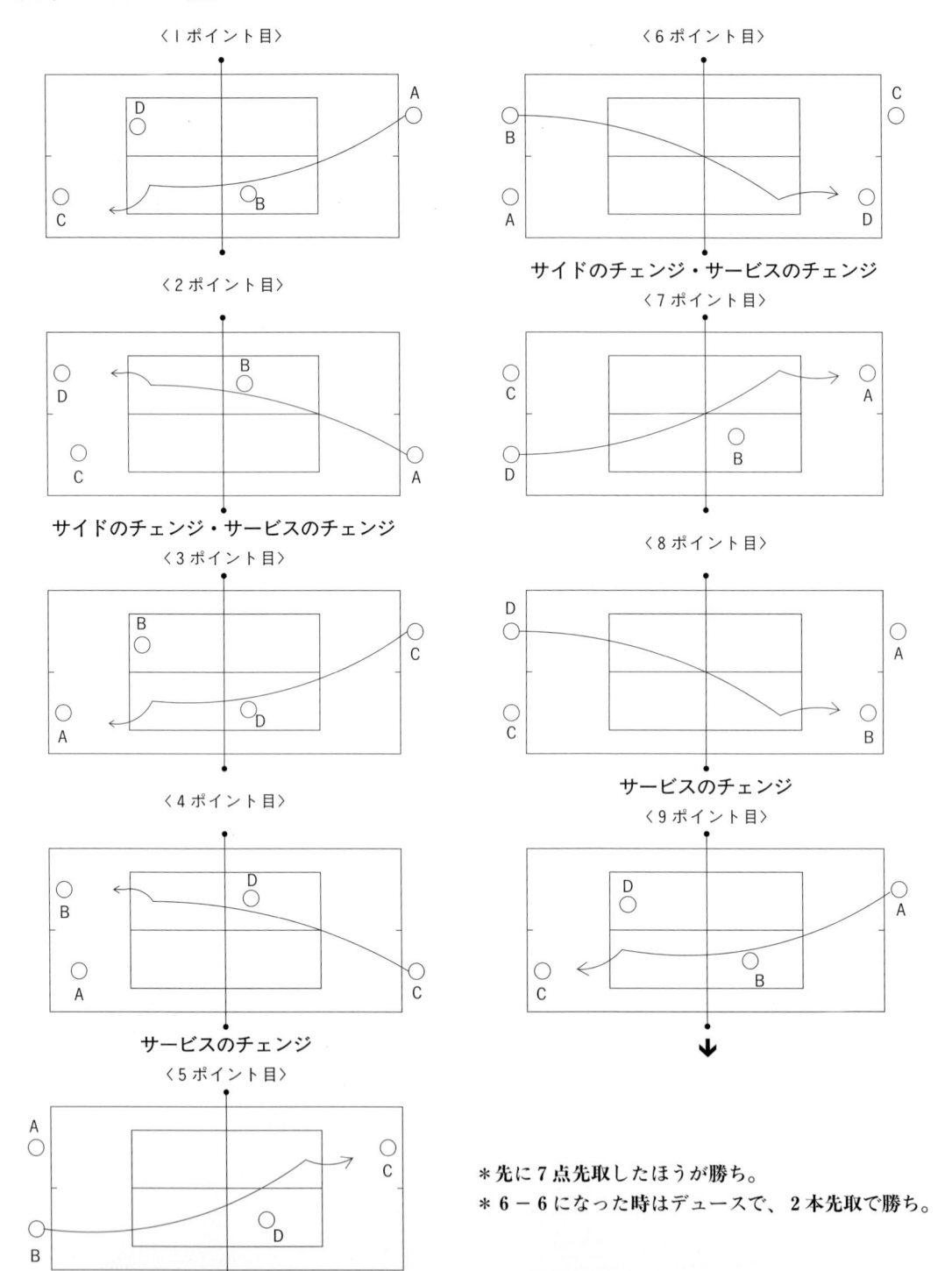

＊先に7点先取したほうが勝ち。
＊6-6になった時はデュースで、2本先取で勝ち。

●図3-4／ファイナルゲームでの進め方

び、レシーブサイドのセカンドでの4球目攻撃の形が重要度を増すであろう。

ただ最も弱点となる守備に穴があきやすいコースとしてネットプレーヤーのサービス時（特に右サイド）の戦法が今後どのように工夫されるかが指導者やプレーヤーの課題となろう。

本書は、旧国際ルールから改定された現行国際ルールを中心に取り扱い、後衛（ベースラインプレーヤー）、前衛（ネットプレーヤー）という使い方で統一することにする。

3．ラケットの握り方

ラケットの握り方のことを通常グリップとよんでいる。グリップの種類には大別して、ウエスタングリップとイースタングリップがある。

その基準として、人差し指をハンドルの八角形の一角にのせて人差し指をはずす握り方が1つの方法になっている。

その基準でいくと、ウエスタングリップは、ラケット面をコートに対して水平にし、ハンドルの上の面に人差し指をおいて握り、人差し指を右横にはずす握り方である。

また、イースタングリップは、ハンドルを右に二角ずらした面に人差し指をあてて握り、人差し指をはずしていく握り方である。俗に包丁握りという。イースタングリップは技術の種類によって必要になり、とくにサービスやスマッシュで必要となるグリップである。

グリップはテニススタイルを決めてしまうほど重要である。基本的にはウエスタングリップを覚えることが先決である。

初期の段階で、グリップによって変なくせがつきやすいので、フォームがおかしいと感じたら、すぐにグリップをチェックする習慣をつけ、正しいグリップを自然に身につけることが大切である。右肩の前でボールつきをするときのグリップ、右肩の前に腕を伸ばして、ラケットの面をまっす

ぐ前に向けたときのグリップが基本的なウエスタングリップである。

ウエスタングリップ、イースタングリップの握り方を図3-5（p.36）に示した。

以下に、それぞれのグリップの特徴をあげてみることにする。

《ウエスタングリップの特徴》
① ドライブをかけやすい（フォア）。
② バウンドの高いボールが打ちやすい。
③ 攻撃的な球足の速いロビングが打ちやすい。
④ 同じグリップでフォア、バックが対応できる。
⑤ フラット、リバースサービスに適している。

《イースタングリップの特徴》
① ドライブがかかりにくい（フォア）。
② バウンドの低いボールの処理に適している。
③ サービス、スマッシュなどでリストが使いやすく、応用範囲が広い。
④ フォアとバックのグリップの持ち替えが必要となる。
⑤ つなぎ的な高いロビングがあげやすい。
⑥ フォローの際に、表・裏両面を使うことができる。

4．グラウンドストローク

グラウンドストロークとは、コートに一度バウンドしたボールを、構えてから打ち終わるまでの動作のことをいう。

1 グラウンドストロークの種類

(1) **球質による分類**

グラウンドストロークは、打球後のボールの弾道から次のように分類される。
① シュート（ドライブ）……コート面と平行にネット上に近いところを速く飛ぶ打球。
② ロビング（ロブ）……ネット上を高くゆるい放物線（半円）を描くように飛ぶ打球。一般には、高いロブ、中ロブという言い方がある。

〈ウエスタングリップ〉

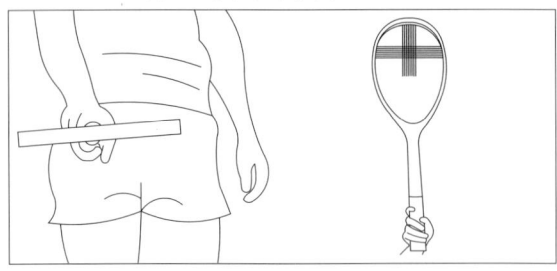

〈セミウエスタングリップ〉

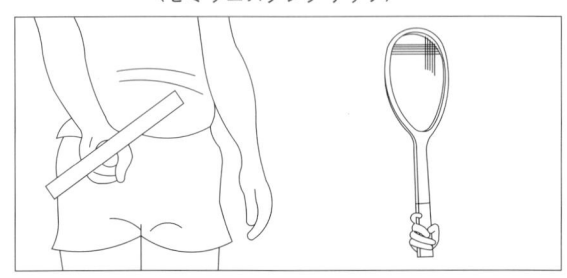

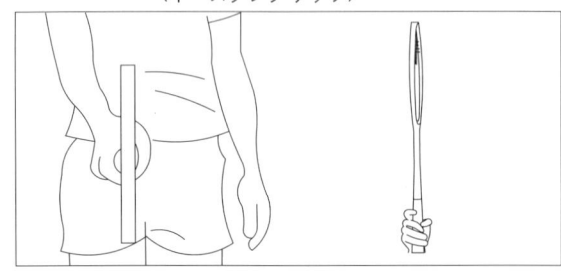

〈イースタングリップ〉

● 図3-5／グリップの握り方

(2) 打点による分類

打点によって3つのストロークに分類され、基本的にはアンダーストロークから習得し、徐々に打点を高くしていき、サイド、トップストロークへと発展させていく。
① アンダーストローク
② サイドストローク
③ トップストローク

2 グラウンドストロークの要素

(1) 待球姿勢

ラケットのいちょう（スロート）の部分を左手で支え、膝を曲げてバネをきかし、前後左右いずれの方向へも速く動けるようにリラックスしたかたちをとる。この際、待っているときは安定した姿勢で、相手が打球するころ、親指のつけ根を中

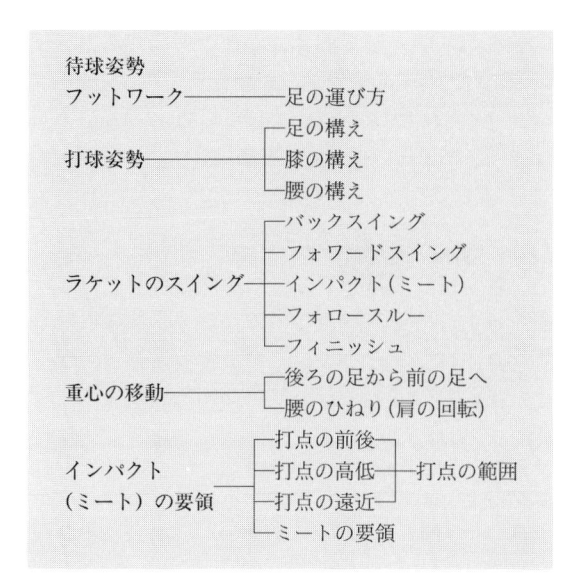

```
待球姿勢
フットワーク────足の運び方
              ┌足の構え
打球姿勢  ────┤膝の構え
              └腰の構え
              ┌バックスイング
              │フォワードスイング
ラケットのスイング─┤インパクト(ミート)
              │フォロースルー
              └フィニッシュ
重心の移動 ───┬後ろの足から前の足へ
              └腰のひねり(肩の回転)
              ┌打点の前後
インパクト    │打点の高低────打点の範囲
(ミート)の要領┤打点の遠近
              └ミートの要領
```

心に加重する。

(2) フットワーク

フットワークは、ストロークの中で最も大切なもので、軽快でかつリズミカルであることが要求される。

〈足の運び〉

① 走りながら打たせないようにつとめ、軸足（右足）を決めて、いったん止まって正しく構えてから打つようにする。

② スタートを速くし、ボールに近づいた段階で小きざみに走る。

(3) 打球姿勢

① 足の構え（スタンス）

a．フォアハンドの場合は打球方向に対して平行スタンス、バックハンドの場合はややクローズドスタンスが一般的である。

b．スタンスは肩幅よりやや広くする。それが広すぎたり狭すぎたりすると安定感に欠け、重心の移動がスムーズに行えない。

c．構えるときの軸足（打球動作の基点となる足……この場合は後ろの足）は打球方向に対してほぼ直角に設定する。

d．軸足の決まるタイミングと、ボールがバウンドするタイミングはほぼ同じである。同時に、バックスイングの終了（トップ）も同じタイミングである。

② 膝の構え

足首と膝を曲げ、やや爪先に重心をかけるようにする。

③ 腰の構え

重心を低くして、腰のひねり（回転）がしやすいようにする。

④ ラケットを持たない手の活用

左手はバランスを保ち、腰のひねり（回転）を助けるのに活用する。また、右手のリラックスをつくるのに重要な役割がある。

(4) スイングについて

ラケットスイングは、次の5つの段階に区別することができる。

●バックスイング（ラケットを後方に引く動作）
●フォワードスイング（ラケットを前方に振り出す動作）
●インパクト（ラケットとボールが当たる瞬間）
●フォロースルー（ラケットにボールが当たってからの振り抜き）
●フィニッシュ（ラケットの振り終わり）

① バックスイング

a．ボールを待って構えた姿勢から、体を横向きにしながらラケットを後方に引く。

b．軸足の位置が決まり、構えが終わるタイミングと、ラケットを後方に引き終わるタイミングと、打とうとするボールがバウンドするタイミングとほぼ同時であるのがよい。この時点でラケットは一時静止の状態となり、「ため」をつくる。

c．バックスイングが終了したときのラケットヘッドの高さは、予想する打点の高さや、スイングの目的に応じるものとし、バックスイングの軌道はフォワードスイング軌道と同じ

ようにイメージすることが望ましい（ただし、初心者に対しては、腰の高さのボールが打てるように、手首はおおむね胸の高さにもっていくように指導すると効果がある）。
d．フォアハンドの場合は、両肩の線とバックスイングした手首が、大体直線になるようにする。バックハンドの場合は、ラケットを引くとき、体重を後ろ足にかけるとともに腰をひねって構える。
e．バックスイングでは、手首と肩の力を抜く（イメージでは小鳥をそっと握るように握りを柔らかくしておく）ことが大切である。

② フォワードスイング
グラウンドストロークには、打点の高さによって3つの打ち方がある。
シュート（ドライブ）の各ストロークにおけるフォワードスイングの特徴は次の通りである。
ただし、ロビング（ロブ）の場合には、打点の高さはシュートと同様であるが、すべての打球は下から上にこするようになり、その特徴として、すべての飛球が高くゆるやかな放物線（半円）を描くようになる。

▶フォアハンドのアンダーストローク

❶〜❺膝がやや曲がった状態を維持しながら、軸足となる右足をかかとから着地し、ラケットを上方に大きくゆったりとテイクバックする。
❻〜❼打点を低くとるために、右膝が地面につく寸前まで

▶フォアハンドのストレートロブ

❶〜❹シュートボールもロブボールも打てる体勢を崩さないように、膝を曲げた状態で自分の左側に来たボールを後方から回り込むようにしてフットワークを行う。テイクバックは、シュートボールを打つときと同様にゆったりと大きく構える。
❺〜❿ラケットヘッドを下げることにより、ロブボールを

4. グラウンドストローク

◻ アンダーストローク

[打 法] ラケットの先端が下がり、ドライブ（ボールの順スピン）をかけやすいように振る。

[特 徴] ボールが打球方向に曲線（放物線）を描き安定性がある。

[打点の高さ] 腰よりも、下の膝あたりの高さで打つ。

◻ サイドストローク

[打 法] ラケットをコート面に平行に振る。

[特 徴] ボールが直線的で、強くて速い飛球になる。

[打点の高さ] 腰の高さ、またはそれよりもやや上で打つ。

◻ トップストローク

[打 法] ボールが高いバウンドをしたときに、ラケットの先端を上げて高い打点から打ちおろす。

[特 徴] 攻撃的なボールで得点の源となる。

[打点の高さ] 肩の高さ、またはそれよりも上の高さで打つ。

体を落とし、また左膝を約90度に曲げた姿勢を持続させながらフォワードスイングを行う。

❽〜❿左膝をのばしつつ、ラケットを左肩に振り抜く。

打つための下から上へのフォワードスイング軌道をとれるようにする。このとき、下半身は早い段階から左足側に体重をかけた姿勢をとる。

▶ バックハンドのアンダーストローク

❶〜❸軸足となる左足をかかとから着地し、クローズドスタンスをとっている。

❹〜❻前足となる右足もかかとから踏み込み、ラケットを上からまわすようにテイクバックをとる。

▶ フォアハンドのサイドストローク

❶左手はラケットのいちょうの部分を支え、リラックスした待球姿勢からフットワークが開始される。
❷ボールとの間合いをはかりながらバックスイング。
❸細かいステップで微調整して軸足を設定。

▶ バックハンドのサイドストローク

4. グラウンドストローク　41

❼〜❾左手は体前方もしくは体側方に維持した状態で、フォワードスイング、インパクトする。このとき、腰から上をダイナミックに回転させる。

❿腰の回転におくれて左足も前方へと回転し、それと同時に右腕は右肩上方へ大きく振り抜く。

❺ためられた力を今からボールに伝えようとしている。フォワードスイングのはじまる「ため」のかたち。
❻右足への体重移動と、腰・肩の回転によってラケットが振り出されていく。腰あたりのボールをしっかりとインパクトする。
❼フォロースルーは大きく、重心は左足に完全に移されている。
❽フィニッシュは首に巻きつけられる。

❹ボールがバウンドするタイミングでゆったりとした大きなバックスイングが完了する。

❶〜❹正体した構えから、まず左半身をとりその後上方からまわすようにしてテイクバックを行う。このとき、左手は横方向に軽く持ち上げられていくが、膝は一貫してやや曲がった状態を維持している。
❺〜❻左手を下におろしながら、かつ腰から上を大きく回転させながらフォワードスイングをし、横面でインパクトする。
❼〜❽腰の回転に遅れて左足が回転させ、ラケットは右肩上方へ大きく振り抜く。

▶フォアハンドのトップストローク

❶〜❸両膝はやや大きく曲げ、上半身はやや直立した椅子に座ったような姿勢をとる。
❹〜❻前足の左足内側から踏み込み、体を起こした状態でフォワードスイングを行う。このとき、ラケットヘッドは小さいながらも下→上という軌道をとりながらインパクトする。
❼〜⓬左足一本を回転軸として上体を回転させ、ラケットヘッドは下に振り抜いた後、左肩へともってくる。

▶ バックハンドのトップストローク

❶待球姿勢。
❷〜❺[フットワーク]多少ななめ後ろに後退して体を横向きにし、背中を相手に見せるぐらい肩・腰をひねる。
❻軸足設定。
❼〜❾[バックスイングの完了(トップ)]背中を相手に見せるぐらい肩・腰をひねり、右足を大きくクローズに踏み出し、バックスイングのトップを迎える。
❿[フォワードスイング／インパクト]腰と肩の力強い回転で肩あたりのボールを力強くヒットしている。
⓫⓬[フォロースルー／フィニッシュ]打球方向に肘を伸ばして大きく振り抜いていく。

③ フォロースルーについて

フォロースルーは、インパクト後のスイングであるから、アンダーストローク、サイドストローク、トップストロークのそれぞれによって異なるが、ストロークの性質に応じて、体にむりなく、そして次の構えに入りやすいフィニッシュの姿勢になるようにする（表3-1）。

④ 重心の移動

身体の重心は、バックスイングが完了したときは後ろの足にかかり、フォワードスイングのときは前足に移動する。

ただし、フォワードスイングの開始と左足のステップインは、うまく腕の力に伝達されるのに時間的なずれがあり、ステップインしたあと、振り出しがはじまる。フィニッシュにおいてはほとんど前の足にかかる。

⑤ 腰のひねり

 a．打球に力を加えるためには、腕の力だけでなく、腰のひねり（回転）が大切である。
 b．バックハンドの場合は、とくに腰のひねり（回転）が必要である。

⑥ 肩の回転

肩と腰の回転の方向は同じであり、腰の大きな回転により肩の回転が生まれることなど、互いに密接な関係がある。

(5) 打点について

ボールをどこで打つかということは重要なことである。

これには、前後・高低・遠近の違いがあるが、各種のストロークは打点によって決定されるといえる。

① グラウンドストロークにおける打点の平面的な位置

次頁の図3-6参照。

② 立体的な位置

次頁の図3-7参照。

●表3-1／フォアハンドストローク打法による特質

	ドライブ打法	水平打法	トップ打法
特質	ボールの打球方向に放物線を描き最も安定したボールが打てる。角度とスピードの攻撃性には欠ける。	打球方向は直線的で攻撃的だが、ネットあるいはアウトしやすく、ラリー中に前衛にとられることが比較的多い。	最も攻撃的な（角度、スピード）ボールを打つことができ、ロビングに使うとき立体的な攻撃的テニスをつくる大事なものである。
打点の高さ	膝の高さ	腰の高さ	胸から肩の高さ
打点の前後とフィニッシュ	〈前足の付近で打つとき〉ラケットは左肩上と頭の中間あたりへ振り抜く。	〈前で打つとき〉左肩のあたりへ振り抜く。右足→左足への移動では下半身の安定が要求される。	〈前で打つとき〉左肩より下のほうへ振り抜く。積極的な体の回転が要求される。
	〈後ろ足の付近で打つとき〉ラケットは頭の付近、右の耳のあたりへ振り抜く。	〈引きつけて打つとき（軸足中心のとき）〉左肩のあたりへ振り抜く。	〈引きつけて打つとき〉肩の付近で振られる。

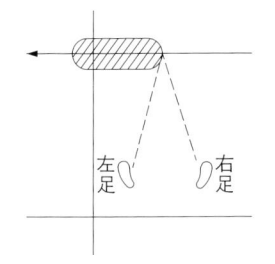

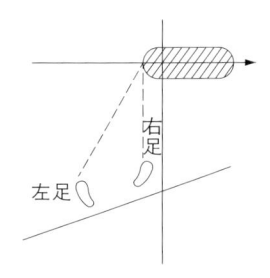

●図3-6／打点の範囲

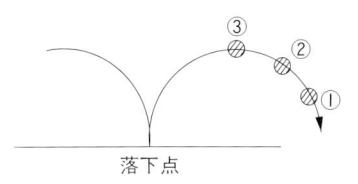

打点①……アンダーストローク
打点②……サイドストローク
打点③……トップストローク

●図3-7／打点の位置

(6) インパクト（ミート）

ボールに対してラケットをどのようにもっていくのかは、その打法によって異なる。シュート（ドライブ）の場合には次のようになるが、ロビング（ロブ）の場合には、おおむねボールの下からこすりあげるようになる。

① アンダーストローク

フォワードスイングでは、ラケットの先端はいったん低く下がり、ふたたび上がりはじめたところでインパクトする。その際はフラットであるが、自然にボールにスピン（回転）をかけるようにする。

② サイドストローク

ラケットをコート面に平行に振りながら、フラットにミートさせる。

③ トップストローク

a．ドライブをかける場合（ネットから遠い場合）……肩の高さ、またはそれよりも上で打つ。順スピンをかける。

b．ドライブをかけない場合（ネットに近い場合）……肩の高さ、またはそれよりも上で打つ。スピンをかけない（フラット）でフォロースルーに入る。

(7) グラウンドストロークのバランス

グラウンドストロークは、フットワークからフィニッシュまで、次にあげる要素によって成り立っているが、よく調和（バランス）のとれていることが大切である。

① 爪先……………………ダッシュを可能にする。
② フットワーク……グラウンドストロークの基礎で、ボールの位置と身体の位置との調節の重要な役割を果たす。
③ 膝の曲がり………重心の移動の基礎となる。
④ 肩・腰の回転……重心の移動を完成させる。
⑤ 肘の屈伸…………打球に安定性をもたせる。
⑥ 左手の活用………左手は身体のバランスを保つために重要である。

(8) グラウンドストロークのまとめ

理想的なソフトテニスとは、現実としては剛球剛打の平面的な傾向が強いが、ネットプレーヤーの技術が高くなると、ロビングを併用した立体的なものとなる。

コート全体を平面的・立体的に自由自在に使ってこそ、最高のプレーが展開されることをよく理解したうえで、段階的に各種のグラウンドストロークを習得していくのが望ましい。

① ドライブをかけることの利点

a．打ったボールが相手コートに落下してからも球威が弱まらない。

b．打ったボールがラケットを離れてネットを越えてしばらくは上昇し、ベースラインの手前で下降するのでアウトが少ない。

c．ロビングではボールのスピードが速く、コントロールがつけやすい。
② バックハンドストロークでの留意点
　　a．フォアハンドでは平行スタンスが原則であるが、バックハンドではややクローズドスタンスが原則となる。
　　b．ラケットを引くとき、体重を後ろ足にかけるとともに腰をひねって構える。
　　c．ラケットを引くのにフォアハンドのようには大きく引けない。右肩が前にあるため打点の範囲は狭い。しかもフォアハンドの場合より前で打つようになる。

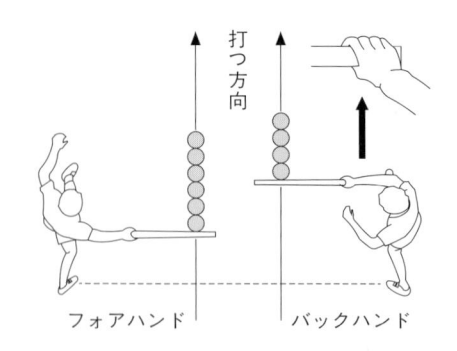

●図3-8／フォアとバックの打点の違い

　以下、グラウンドストロークで重要となるより基本的な要素をあげておくことにする。

グラウンドストロークの技術ポイント

◆フットワーク

　フットワークは、グラウンドストロークにはいる要素として最も重要で、飛んでくる相手の打球は、そのスピードや回転などの状態によってコートに落ちたときのバウンドのしかたが違ってくる。しかも飛んでくる方向や場所が一定ではないから、自分が待っている位置（待球姿勢をとっている位置）からの距離や角度も常に異なる。

　グラウンドストロークに移る前の動作として重要なことは、前後に移動したり、左右に移動して相手のボールを追いかけて、いかにタイミングよく正しい打球姿勢がとれるかということである。

　すなわち、構えるときの軸足をしっかり設定すること、ゆとりのあるバックスイングを行うこと、前方の足をステップしスタンスをとること、この3つのグラウンドストロークの初期動作を自然に行うために、いかにタイミングよくスタートし、スムーズに正しい位置へ足を運ぶか、これがフットワークである。そのよしあしは的確な判断が決め手になる。

《フットワークは状況判断のよしあしで決まる》

　フットワーク（足の運び方）は、最初の一歩が大切である。基本的には動く方向の足からスタートし、軽快であること、最初は大きく、ボールに近づいた段階で小きざみなステップをとること、一時止まって構えてから打つことが重要である。

　前後のフットワークのポイントでは、後ろへの移動は体を横に向けて、顔はボールの飛んでくる方向に視線を保ちクロスステップでさがること、また、前への移動は体を横に向けて移動し、上体

が前傾しすぎないように、上体を起こして膝を深く曲げる細かいフットワークが必要である。

テニスに要求されるフットワークは、100m走のようにただ速ければよいというものではない。待球姿勢からスタートを切るときの相手の打球に対するとっさの判断、これが正確で速いことが決め手になる。

したがって、フットワークの練習はただ走ることだけでは効果があがらない。実際の場面での瞬時の応答動作ができるようになるためには、むしろコート上でラケット、ボールを使って実践的な練習を行い、状況判断のカンを実践的に養うことが大切である。

●打法と打球姿勢などの関連性

打法は、打点の高さによって低い順からアンダーストローク、サイドストローク、トップストロークの3種類に分類される。打点の高さが違うので、ボールを打つための動作（グラウンドストロークの要素）も当然これらの打法ごとに異なってくることが考えられる。

各要素の中でもとくにスタンス、膝の構え、腰の高さ、重心の移動、打点の位置（前後）などについては打法によってかなり差がでてくる。

つまり、「フォアハンドのスタンスは打球方向に対して平行である」とか、「スタンスの広さは肩幅よりやや広く」とかいっても、一定の条件（アンダーストローク）の中でのめやすを示しているにすぎないのであり、これらは打法によって当然変化するはずである。

次の表3-2は、「打法」によって「打球姿勢など」が変化するかたちを示したものである。

しかし、これらも標準的な見方であって各プレーヤーにとって絶対的なものとはいえない。実際にプレーヤーの体の特徴や、個性（くせ）なども考慮に入れる必要がある。

《スタンス（角度）はグリップでも変化する》

一般にウエスタングリップのほうが、イースタングリップのときよりも足は開きぎみ（オープン）になる。打法、グリップとスタンスの関係を図に示すと次のようになる（図3-9）。

どの打法を標準とすべきかはいろいろ考え方が

●表3-2／打法による打球姿勢の変化

打球姿勢など＼打点の高さによる打法の種類	アンダー（腰より下）	サイド（腰の高さまたはやや上）	トップ（肩の高さまたはそれより上）
スタンス（広さ）	広い ←――――――――→ 狭い		
スタンス（打球方向に対する左右の足の角度）	とじる（クローズ）←――――――→ ひらく（オープン）		
膝の曲がり（腰の高さ）	大きい（低い）←――――――→ 小さい（高い）		
打点（前後の位置）	後 ←――――――――→ 前		
重心の移動（後足から前足へ）	遅い 小さい ←――――→ 早い 大きい		

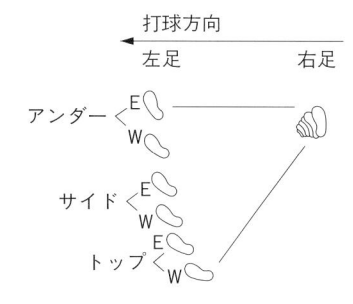

●図3-9／グリップとスタンス

あるが、連盟としては、アンダーストロークを基調としており、「初心者はまずアンダーストロークを学び、それからサイドストローク、トップストロークの順で学ぶことを勧める」という方針を示していた。

しかし、近代のソフトテニスでは、この方針が若干変化していることも否定できない。その大きな要因は、テニスのスピード化による。ラケットの性能もよくなり、ラケットのスピードが速く、ボールが速く、サービスが強力に、そしてネットプレーヤーの動きが速くなるなど、ほとんどの点でスピード化され、そのために試合全体の展開もきわめて速い。そのような状況の中でグラウンドストロークのスピード化も著しく進んでおり、打法についてもより速いボールに対応できる打法へ

の転化が起こっているわけである。
　もともと打法の種類は、相手の打球をとらえる打点の高さによって分けられており、それぞれの特徴をもっている。どの打法が正しいというものではなく、状況に応じて対応できる打ち方をマスターすることが課題である。
　打点の高さが違うことによって打球姿勢にも広・狭、閉・開、大・小などの変化が生じるなかで、中位の打点（サイドストローク）を標準として、それより低い場合、高い場合と考えることも、1つの考え方になるのではないかと思われる。

■グラウンドストロークとボールの回転

　「ドライブをかける」、「順スピンをかける」などの言葉のとおり、グラウンドストロークでボールに回転を与えることは大切なことである。

《用語の定義》
ドライブ——ボールにトップスピン（順回転）をかけること。また、広義にはグラウンドストローク、狭義にはコート面と平行にネット上近くを直線的に速く鋭く飛ぶ打球。シュート。ボールの上部を打ち順回転を与える打球。スライスに対して言う。
スライス——ボールを薄く切ってスピンを与えること（スライスストローク・スライスサービス）。逆回転のついた打球。ラケットの面で切るように打つ。
スピン——ボールの回転。トップ（順）スピン、バック（逆）またはアンダースピン、サイド（横）スピンなど。

《ドライブボールの打ち方はいかに》
　一般には、ラケットとボールのインパクト時に順スピンをかけるものとして説明されている。
　厳密に言えば順スピンをかけるという言い方は、何かインパクトの瞬時に人為的に回転を与えるようにとれるが、渡辺他の研究（表3-3）によれば、インパクト時間はフォア1000分の3.1秒、バック1000分の4.5秒であり、その間にボール回転上の操作を人為的に加えることは困難である。
　すなわち、バックスイングからフィニッシュに至るまでの間に、ラケットの面は打球に対して下から上に移動しており、その過程でインパクト時におけるラケット面と打球の角度が決まり、これが重要な役割を果たしてドライブがかかると考えるのが自然である。
　つまりドライブボールは、ラケットのスイング全体の中から生じるものであり、なかでもスイング全般におけるラケット面の動き、およびインパクト時のラケット面と打球の角度が大きな要素であり、これらによってドライブの強弱が異なってくる。
　これらの前提にたって打法の種類とドライブの関係を考えてみると、スイングにおけるラケット面の動きや、インパクト時における打球に対するラケット面の角度が一定にできれば、アンダー、サイド、トップいずれの打法でも同様のドライブがかけられるはずである。しかし、アンダーストロークはラケット面の順回転がより大きく行われ

●表3-3／ソフトテニスと硬式テニスのストロークとインパクトの関係（渡辺他）

	ストローク	インパクト直前のボールの速さ m/sec	インパクト直前のラケットの速さ m/sec	インパクト直後のボールの速さ m/sec	インパクト時間 sec	インパクト時にラケットに加わる力 Kg
ソフトテニス	フォアハンド	6.6	41.0	45.7	$\frac{3.1}{1000}$	63
ソフトテニス	バックハンド	6.7	33.1	36.1	$\frac{4.5}{1000}$	45
硬式テニス	フォアハンド	8.9	25.8	31.8	$\frac{2.0}{1000}$	153
硬式テニス	バックハンド	7.0	24.7	27.8	$\frac{2.0}{1000}$	152

る点、下から上へ振り上げるように打つために、インパクト時の打球とラケット面の角度が薄くなりやすい点でドライブがかけやすいことになる。

なお、ドライブをかけるにはグリップも関係しており、自然なスイングにおいてラケット面がより下向きになるウエスタングリップのほうが、イースタンよりもかけやすい。

●肘の屈伸

「肘を曲げて打て」とか、「肘をわきにつけろ」などの言葉は昔からよく言われてきた。肘を曲げるとは別の言い方をすれば、プレーヤーの体から打点が近くなることである（肘を曲げてわきをつければ打点は近くなる）。

《なぜ肘を曲げてわきにつけるのか》

神和住の著書『軟式庭球』（旺文社）によると、「打点の遠近。硬式は肘を伸ばしてラケットを横に使い、比較的打点は遠いところでインパクトするが、軟式は肘を曲げてフォワードスイングするので、打点は比較的からだの近くでインパクトする。ボールを遠くでインパクトすると安定性がくずれる。軟式は硬式と違って肘をある程度曲げてからだの近くで打点を求めることによって、より安定性ができるとされている。からだから遠いところで打たないのが特徴となっている」とし、とくに安定性を強調している。

また、小林は『世界テニス百科』のなかで、「回転運動の中で示す物体の抵抗的性質（慣性モーメント）は物体の重さが同じでも重さの分布が回転軸から離れているとその距離の2乗に比例して大きくなる（注／同じラケットを振り回すのでも、肘を伸ばして大きく振る場合は、肘を曲げて小さく振るより非常に強い力が必要である。そのために逆に肘を伸ばして大きく振った打球は非常に強力になる）」。

「肘を曲げて回転範囲を小さくすると慣性モーメントが小さくなるので加速度が増し、とっさの場合に応じた敏捷な動作がしやすい。その反面、強い打球は難しい。腕を伸ばしてのラケットのスイング動作は、その部分の慣性モーメントを大きくしないと相対動作によるねじれが大きくなる。他方の腕を伸ばし、足を広く開いた姿勢は慣性モーメントを大きくするのに役立っている。力強い打球は大きい慣性モーメントが必要である」と説明している。

これらを要約すると、肘を伸ばしてラケットを早く振りきれば、非常に強力な打球となるが、インパクト時の安定性にかける。また、左右の手の振りやスタンスも同時に大きくする必要がある。

一方、体の近くでボールを打てば、敏捷な動作が可能で安定性は増し、比較的小さな力でラケットのスイングを速くできるということになる。

「硬式では肘を伸ばしてラケットを横に使う」のは、ソフトテニスにくらべて硬式ボールは重く、インパクト時に大きな力を加えなければならないからである。しかし、ソフトテニスではそれほど力を必要としないので、とくに初級〜中級者はある程度肘を曲げて、確実にインパクトすること、そしてシャープにラケットを振ることを心がけるべきである。

●重心の移動と体の回転

《力強い打球を生みだすために》

打球により大きな力を与えるには、ただ単に腕の力でラケットを振りまわすだけでは有効とはいえない。体全体の力を使うことが重要であり、とくに次の2点が強調されている。

① 重心の移動

打球方向に対して、後方の足から前方の足に向かって重心を移動させながら軸足をしっかりつくって、インパクト時のボールに力強い衝撃を与える。

② 体の回転（ひねり）

肩・腰を主体とした、体の回転（ひねり）によってスイング自体をより強力なものにする。

《まず軸足を設定すること》

グラウンドストロークの第一歩は、構えるときの軸足を設定することからはじまる。

実際のゲームなどでは、走りながら打つことがしばしばあるが、これはあくまでも高度な応用動作であり、基本として大切なことは足の運び（フットワーク）をいったん停止して、軸足が設定された状態でバックスイングが行われることである。この場合、軸足とはボールに対して後方の足、すなわちフォアハンドであれば右利きの人は右足、左利きの人は左足（バックハンドではその逆）のことである。この状態でバックスイングが完了したとき、左サイド（フォアハンド／右利きの場合、以下の説明もこれに準ずる）つまり左肩、左腰は打球方向に向けられ、左膝が内を向いたかたちで体は若干右にひねられており、体重は右足（軸足）にかかっている。

《膝の動きとともに重心の移動が行われて前方の足に重心が移る》

左足がステップされ、スタンスが決まってフォワードスイングに入ると同時に、重心は右足（後方の足）から左足（前方の足）に移動する。このとき、膝の動きが重要な要素として働いている。つまり、内側に向けて締まるようになっていた左膝を外（打球方向）に向かって押し出すように曲げ、一方、右膝を同じ動きで左膝に押しつけるようにする。

この膝の動きに自然に上体が乗って左足に重心が移るのである。そしてスイングが完了したとき、すなわちフィニッシュは、ほとんど左足（前方の足）に体の重心がかかっている。

この「重心の移動」のもつ意義は、1つには、この移動にともなう勢いとともに、ラケットがボールにより強い衝撃を与えること、2つには、移動によって左足に重心を変えながら体の回転にスムーズに結びつけていくこと、つまり回転に起動をかけることである。

《重心の移動と同時に体の回転（ひねり）が行われる》

ラケットのスイングは回転運動であり、これをより大きく、より強力なものにするために、体重の移動に合わせて体の回転（ひねり）が加えられる。すなわち、頭から左足に至る回転軸を中心に、ラケット、手、腕、肩、そして腰などが回転する運動で、これが大きく速いほど力強い打球が生まれる。

この場合、従来は一般に両足がコートに接して固定されているものとされ、腰から上がねじれるような回転動作をすることから、「ひねり」という表現もとられている。また、従来の指導書においては、どちらかといえば重心の移動に重点をおいたものが多くみられたが、これらはいずれもアンダーストロークを前提にした、コントロールを主眼として打つことを中心にした考え方である。現代では、打球およびスイングのスピード化にともない、サイドストローク、トップストロークが多く、左足がステップインして体重も早くから左足にかかるようになってきている。したがって、重心の移動よりも体の回転が強調されることになる。

図3-10は高速度ビデオでトッププレーヤーを対象にして、体重移動とラケットの軌跡をスティックピクチャーであらわしたものである。

アンダーストロークのように低い打点であれば、回転をおさえ体重移動を意識し、トップストロークのように高い打点であれば、体重移動は少なく、回転動作を意識したものになる。

とくにアンダーストロークのポイントは、平行スタンスをとること、低いバックスイングで左肩、腰、膝を十分に入れて軸足を決めること、体重移

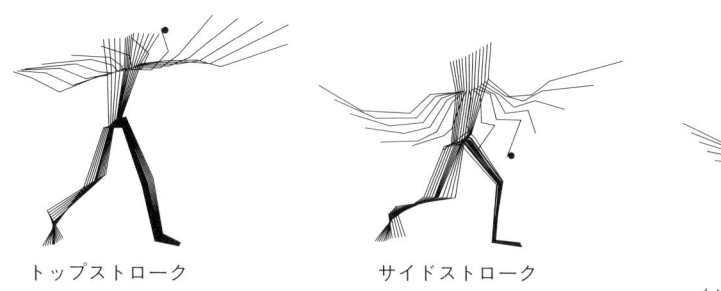

トップストローク　　　　サイドストローク　　　　アンダーストローク
　　　　　　　　　　　　　　　　　　　　　　　　（右膝の送りが非常に大きい）

●図3-10／体重移動とラケットスイングの軌跡

動を十分に行い、膝の曲がりを強調することなどがあげられる。踏み出し足をかかとからはいり、足裏全体でステップインすると軸も安定し、膝も柔らかく使うことができる。

　トップストロークのポイントは、「左腰を軸にする」とか、「左腰を止めて打つ」とか、「頭を動かさずに」とか、「頭を回転軸にして」といった打ち方が強調され、速いボールを打つためには、いかに軸をつくって回転動作をスムーズにし、最終的にラケットスイングスピードをあげるかが課題となる。

◆バックハンドは、打点さえつかめばフォアハンドよりもやさしいストローク

　一般的には、バックハンドの特徴は次のようである。
① 平面的な打点の範囲が、フォアハンドと異なって狭いこと。
② スタンスはクローズドが原則であること。
③ バックスイングで体重を後方にかけるとともに、腰をひねって構えること。

《フォアハンドとバックハンドの主な相違点》
① フォアでは、ラケットを持っている手（腕）が打球に対して後方に位置しているが、バックでは前方にあるため、バックスイングは自分の体の前を横切って行わなければならない。そのためバックスイングは小さく、打点の範囲も狭くなる。左右の手にラケットを持って同時に振ってみればわかるが、バックの場合は、フォアにくらべてバックスイングからインパクトにかけてスイングの弧が狭く（小さく）、フォロースルーからフィニッシュにかけては逆に広く（大きく）なる。

② このように、打点が狭いかわりにフォロースルーが大きく行えるので、スタンスはクローズドにとることが合理的になる。逆にフォアハンドでスタンスをクローズドにとれば、打点の範囲を狭め、かつフォロースルーを小さいものにしてしまうことになる。

③ バックでもグリップを変えずに、ラケット面をフォアと同じに使ってドライブボールを打つのが通常であり、そのため、手首を左へねじるようにしてバックスイングするので、自然な手首の状態にくらべてコントロールしづらい。

④ 体の回転（ひねり）は、ラケットのスイングに合わせて行われるが、バックハンドでは腕の位置の関係で、フォロースルーからフィニッシュにおいて振りを大きく強く行うことができるため、体の回転をより強調できる。

⑤ 総合すると、フォアハンドはいわゆる「ふところが広い」状態で、打点が広くて融通性に富んでおり、オープン気味のスタンスをとることによって相手の動きやボールも見やすい。また、手首の使い方も自然である。反対に、バックハンドはそれらの点について相対的な欠点をもつ。ボールを確実にとらえること（インパクト）ができれば、体の回転、フォロースルーなどはより大きく強くなり、強力な打球も可能である。

5. レシーブ

レシーブは一般のグラウンドストロークとは次のような点で異なっている。

① 相手のサービスは、制限されたサービスコートの中に打球され、ファーストサービスとセカンドサービスでのレシーブ返球のやり方は大きく異なる。

② レシーブ技術とは、打球後、後衛であれば後方へ、前衛であれば前方への後進＋前進フットワークを入れたものをいう。

③ レシーブは、相手のファーストからの3球目攻撃に対していかに防御するか、またセカンドをレシーブ攻撃して4球目攻撃をいかにしかけていくかという短期決戦的な要素があり、緊張感の中での集中力が重要である。

従来から後衛が右サイドで、前衛が左サイドでレシーブ返球するのが一般的である。ただし、前衛がサウスポーの場合に右サイドでレシーブするケースも見かけられた。そのレシーブゲームにおいてどちらでレシーブしてもよいので、柔軟な考え方で対応することも必要であろう。

ここでは、あくまで右サイドが後衛、左サイドが前衛という前提でそれぞれのレシーブの特徴について触れてみる。

1 右サイドのレシーブ

ファーストサービス時では、コース重視でセンターに入れられたサービスを回り込んで打球する状況で、相手前衛のポーチ攻撃をいかに防ぐか、またスピード、パワー、角度のあるエースを狙われたサービス、あるいはカッティングで翻弄されるようなサービスに対していかにレシーブ返球するかを考えると、かなり変則的なスピードに対しては小さく鋭いスイング、かつ変化に対しては融通性のある対応が必要となる。

特にセカンドサービスに対しては、ネットの近い地点からの打球となるのでレシーブ後、自分のポジションに戻るための敏捷で軽やかな後退フッ

▶ファーストサービスに対するバックハンドレシーブ

❶ 膝をやわらかくリラックスした待球姿勢。
❷ サービスのコースを判断して、左手でラケットを引きはじめている。
❸ ボールがバウンドする瞬間。
❹ 軸足を設定してバックスイング。
❺ バックスイングが完了し、右足を踏み出してフォワード

トワークが重要である。そのためにも、レシーブ返球において左足への重心を若干おさえて、多少右足に重心を残すような感じで、打球後の最初の一歩を素早いものにする必要がある。

2 左サイドのレシーブ

前衛は打球後ただちにネット際のポジションをとることが重要である。したがってレシーブの時は体重を前に乗せ、最初から前足に体重を乗せた状態でスイングすることが多い。さらに、フォロースルーからフィニッシュにかけては後方の足はすでに前進フットワークのステップを起こしている。その際、フォアではオープンスタンスで右足に乗った状態で打球し、左足が前に踏み出されて前進する形が多く見受けられる。従来から前衛はファーストサービスにおいては、フォアよりもバックハンドで打球する方がよいといわれているが、得意な方で打球し、不利を補う形を意識すればそれほど重要な問題ではないであろう。

以下、その特徴を述べてみる。

① サービスは攻撃の武器であり、バックの苦手な相手に対しては徹底して攻めるのがセオリーである。特に、左サイドでは、バックにねらう方がスペースも広くて入れやすく、しかもその次の3球目をセンターに攻撃しやすい。したがって左サイドでは必然的にバックでレシーブすることが多くなるので、バックハンドの打ち分け技術に加えて、レシーブ返球の後、センターにすきを作らない工夫が大切である。

② フォロースルー、フィニッシュの姿勢がフォアハンドでは前方へのダッシュを押さえるように働くが、バックハンドでは体を回転して引っ張る方向に向くのでネットへの前進フットワークがスムーズに行われやすい。バックサイドにきたボールをコートの外に追い出される形でなおかつ回り込んで返球する場合も見受けられるが、フォアを得意とするのであれば、そのあとのオープンスペースに攻撃されないようなレシーブおよび前進フットワークを積極的に工夫すべきであろう。

スイングに移ろうとするところ。
❻右足にしっかり乗って腰を回転させ、腰あたりでフラットの面でしっかりとボールをとらえている。
❼❽フォロースルーは、腕が伸びるところまで大きくとる。打点が少し後ろになったため、上にジャンプするかたちでフィニッシュを迎えている。

6. 現行国際ルールでの戦術

1 ソフトテニスの陣型

　従来は、ほとんどが後衛・前衛というポジションの役割分担がはっきりしており、雁行陣型で戦うのを基本とした。
　現行国際ルールが導入された現在においては、雁行陣を基本としながらもいろいろな陣型が考えられる（図3-11／p.56）。ここではその陣型の種類をあげて、その特徴について述べる。陣型には、大きく分けて次の3種類が考えられる。
(1) 雁行陣型
　グラウンドストロークを得意とするベースラインプレーヤーと、ネットプレーを得意とするネットプレーヤーが、役割を分担しながら従来の展開で戦う雁行陣が、最も基本的でかつ理想的な陣型といえる。
(2) 並行陣型（後陣）
　グラウンドストロークを得意とするペアが、ベースラインでの後陣で戦う陣型である。ただし、ポイント源が少ないので、精神的に根気強い粘りのテニスが要求される。
(3) 並行陣型（前陣）
　お互いにネットプレーの得意なペアがチャンスをみて前につめ、相手の意表をついてボレーやスマッシュ攻撃をして、心理的にも相手を威圧することができる。
　しかし、相手にロビングを有効に使われた場合には弱点となる。

＊

　この3種類のどの陣型を選ぶかは、自分とパートナーの特徴や能力を判断して、話し合いによって行われるべきである。

2 陣型の組み合わせ

　基本的に考えられそうな陣型の組み合わせは、次のようなものである。
(1) 並行陣（後陣）Vs 並行陣（後陣）
　お互い4人が後陣でグラウンドストロークで打ち合う陣型である。
　この陣型は、初心者や初級者がゲームを楽しみながら、グラウンドストロークを身につけることができるという特徴がある。
(2) 並行陣（後陣）Vs 雁行陣
　グラウンドストロークを得意とするペアは、ベースラインでの並行陣で戦うのも得策である。ただしポイント源が少ないので、精神的に根気強く戦う必要がある。
(3) 雁行陣 Vs 雁行陣
　グラウンドストロークを得意とするベースラインプレーヤーと、ネットプレーを得意とするネットプレーヤーが、役割を分担しながら従来の展開で戦う雁行陣が、最も基本的でかつ理想的な陣型といえる。

3 雁行陣型をとる方法

　いずれにしても、現行国際ルールで起こりうるフォーメーションのどれを選択して、ペアのそれぞれが役割分担を明確にして試合を進めていくことが課題となる。
　基本的には従来と同様に、ストロークを得意とするベースラインプレーヤーと、ネットプレーを得意とするネットプレーヤーのはっきりした役割を決めて、雁行陣型で戦うのが最も理想的であるといえよう。
　もちろん、ペアの組み合わせによっては後陣の並行陣型をとることもあり、ときには前陣の並行陣型を試みることにも挑戦できる。
　積極的に雁行陣の陣型にもっていく方法としては、次のようなものがある。
①サービスサイド
　ファーストサービス時においては前衛が前に位置するため、サービスの強化（パワー、スピード、コース設定、緩急の変化、長短、変化球）によっ

てコンビネーションプレーすなわち３球目攻撃のパターンを増やし、ポイントをより確実なものにする。セカンドサービス時はより攻撃されにくいサービスを工夫するとともに相手の２球目攻撃ならびに４球目攻撃を防ぐ技術を身につける。前衛としては特にアタック攻撃の守備の強化が要求される。最初からネットについて守るか、中間守備にいてボールがバウンドする頃ネットにつめて守るかといった戦法の工夫も必要となる。後衛はストレートのロビング攻撃またセンターを攻撃された時の対処の仕方を強化する。

②レシーブサイド

ファーストサービスに対して相手前衛の３球目攻撃を防ぐことのできるレシーブ力を強化し、また相手後衛の３球目攻撃に対して固い守りを強化する。セカンドサービスに対して、アタック攻撃、ストレートへのロビング攻撃、センター攻撃、ツイスト攻撃など多種多様な攻撃レシーブを強化することによって４球目攻撃のパターンを増やし、ポイントをより確実なものにする。

③ネットプレーヤーのサービス時の戦法

ベースラインプレーヤーのポジションの工夫としてファーストサービス時にネットにつくことも一つの戦法となる。

〈ダブルスゲーム〉

あくまでもソフトテニスはダブルスが主体であるが、今後はシングルスが重要視される。

〈シングルスゲーム〉

国際大会ではシングルスが、５組対抗では２組、３組対抗では１組となっている。

① 並行陣 Vs 並行陣
　　（後陣）　（後陣）

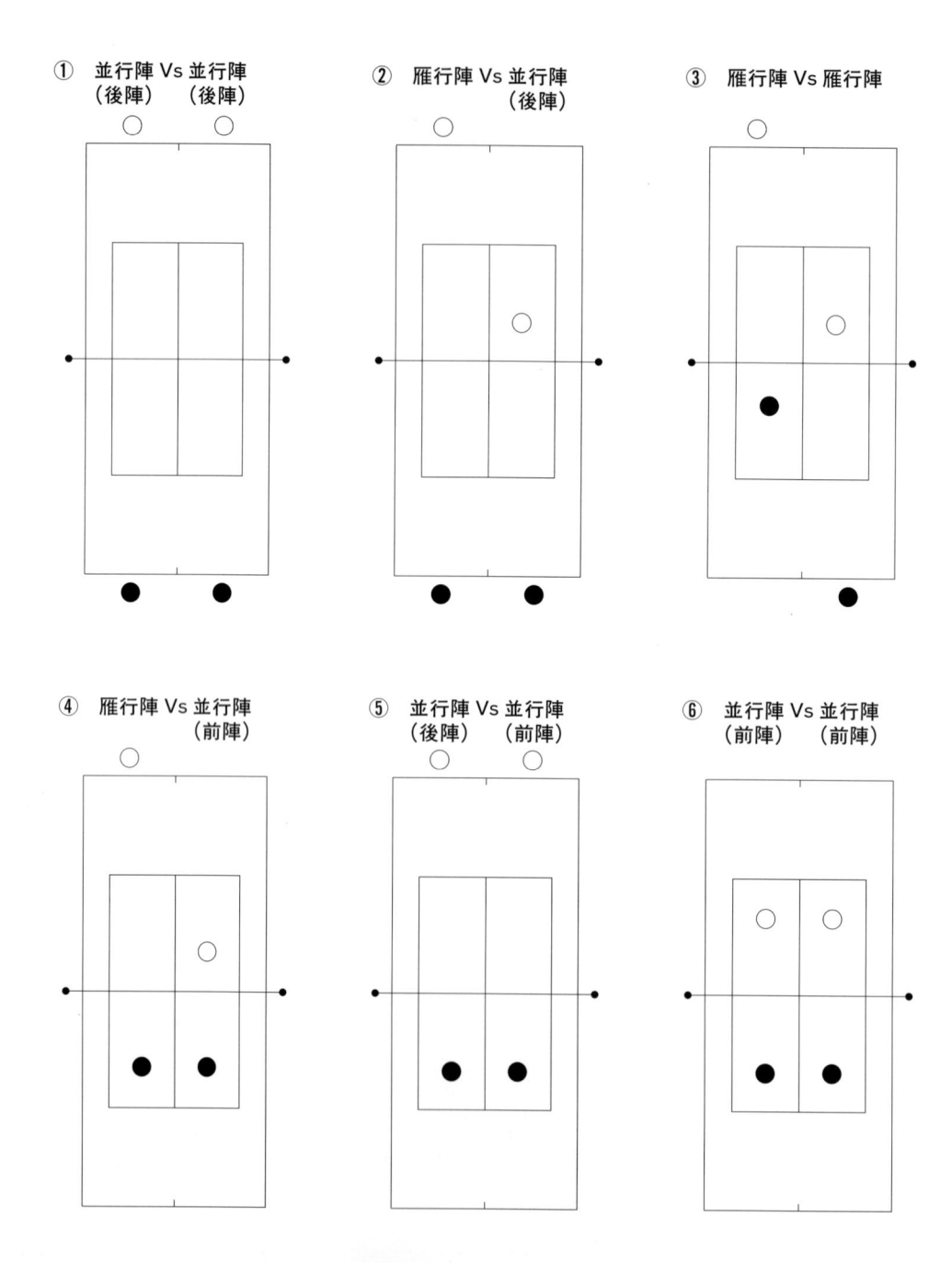

② 雁行陣 Vs 並行陣
　　　　　　　（後陣）

③ 雁行陣 Vs 雁行陣

④ 雁行陣 Vs 並行陣
　　　　　　　（前陣）

⑤ 並行陣 Vs 並行陣
　　（後陣）　（前陣）

⑥ 並行陣 Vs 並行陣
　　（前陣）　（前陣）

●図3-11／現行国際ルールでのゲームの陣型のいろいろ

6. 現行国際ルールでの戦術　57

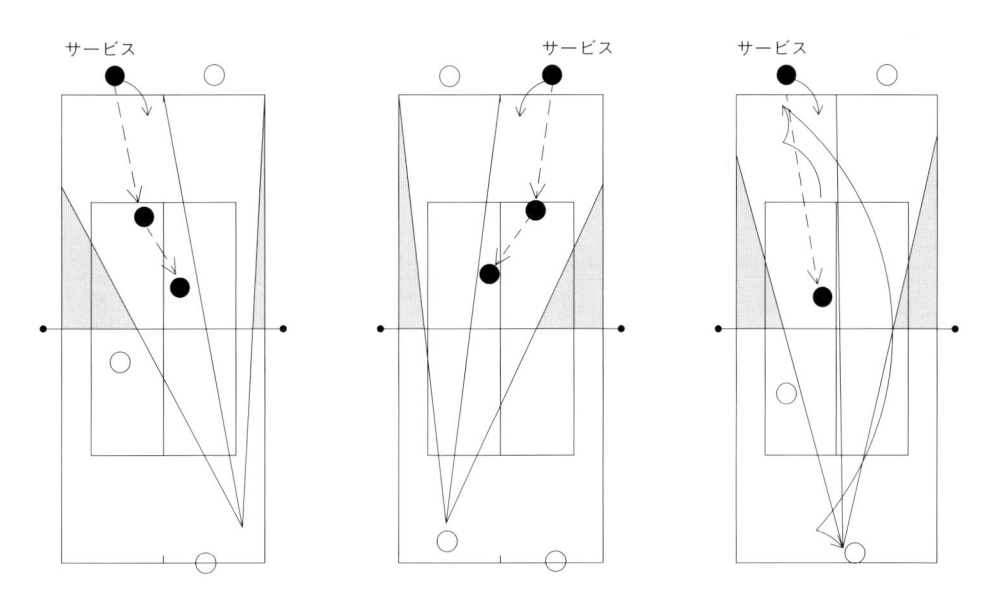

サービスをした後ネットダッシュする場合

セカンドサービスで相手の返球を待って、自分の方に返球されたボールをセンターにロビングをあげて一気にネットダッシュ

●図 3-12／サービスサイドでのネットダッシュ（ネットプレーヤーのサービス）

〈センターに返球〉　　〈クロスに返球〉　　〈ストレートへのロビング返球〉

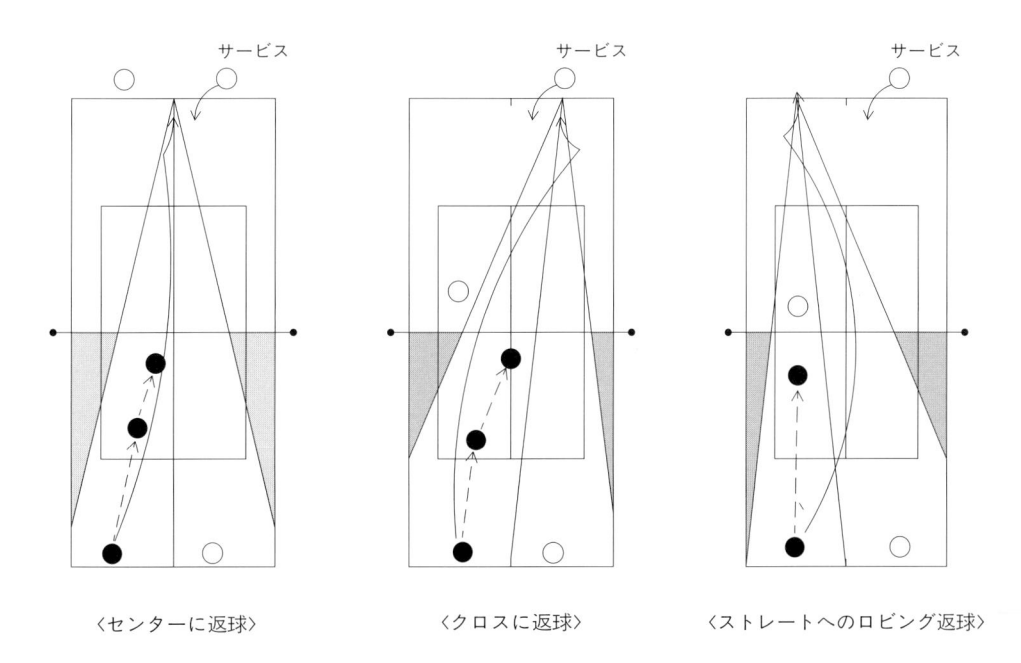

●図 3-13／レシーブサイドでのネットダッシュ（ネットプレーヤーのサービス）

7. サービス

1 サービスの条件

(1) ファーストサービス

　サービスはゲームの最初の打球であり、誰にも妨害されずに自分の意思とリズムで打てる唯一のストロークである。したがって、サーバーは主導権をもっており、ファーストサービスは常に攻撃的武器となりうるのである。攻撃的武器としての条件は、正確さとスピードである。一流選手のデータでは、試合のファーストサービスの確率は平均7割から8割である。基本的には、スピードを多少落としても正確性を確保したうえで、スピードを高めていくことが要求される。

① 正確であること。
② 相手の弱点や予期しない場所をねらうこと。
③ スピードと変化があること。

(2) セカンドサービス

　セカンドサービスについては、確実性が最重要視されなければならない。条件としては次のようなものがあげられる。一般的には、ボールのやわらかさを利用したカットサービスが用いられているが、もちろん、セカンドをファーストサービスに近づける工夫がなされるべきである。

① 相手に攻撃されないもの。
② バウンドが低いもの。
③ 短いサービス。
④ 打ちにくいコースをねらう。
⑤ ファーストサービスに近いもの。

2 サービスの種類

　サービスはボールの回転によって次のように分けられる。
　フラットは無回転、トップスライスは強い順回転のひねり、リバースは左回転、カットはボールが変形するような、強く切った回転である。

① フラットサービス
② トップスライスサービス
③ リバースサービス
④ カットサービス（ショルダー、サイド、アンダー）

3 サービスの技術的要素

(1) グリップ

〈ウエスタングリップに適したサービス〉
・フラットサービス
・リバースサービス

▶ **フラットサービス**

❶[構えの姿勢]打つコースを決めて集中状況をつくる。
❷〜❹腕を伸ばしたまま、手のひらの指の部分で上に押し上げる。目の高さあたりでボールを離し、左手を伸ばした状態でラケットを肩にかつぎはじめる。

〈イースタングリップに適したサービス〉
- トップスライスサービス
- カットサービス

(2) スタンス

基本的には、打球方向に対して平行スタンスで構えるが、グリップやサービスの種類によって、ややオープンからクローズドスタンス気味までスタンスは変化する。

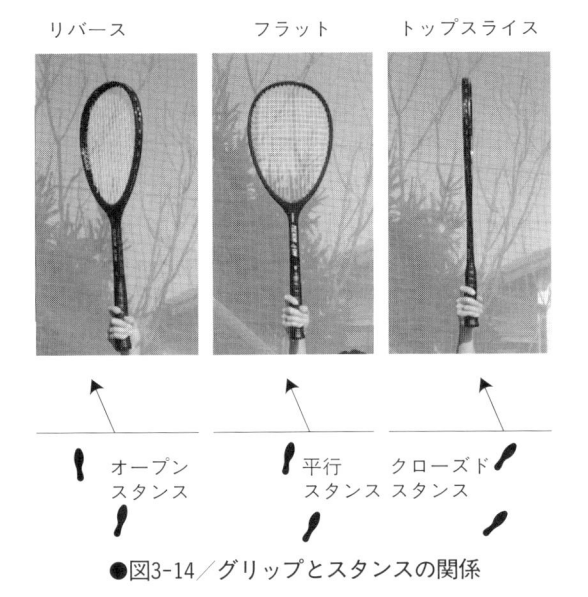

●図3-14／グリップとスタンスの関係

(3) トス

サービスの種類によってトスは異なる。頭の上で打つフラット、トップスライス、リバースは、全身のバネと腕全体のリズムで行うことが大切である。

具体的には、膝の曲がった右足重心から左足へ移動するリズムのなかで、肘を伸ばして手のひらで押し上げるようにして目線の高さでボールをはなし、腕は上に伸びていく。

トスの高さは、一流選手ではおよそ身長分の高さがひとつの基準になるが、それよりも上にあげて膝のためを十分に使う選手が多い。

下から打つショルダー、サイド、アンダーカットは、肩・腰・膝あたりで20〜30cmの高さのトスを上げる。

4 サービスの要領と特徴

(1) フラットサービス

グリップ ウエスタングリップまたはセミウエスタングリップ

スタンス 平行スタンス

打法 トスは左肩のやや前方に上げ、インパクト時は曲げていた膝を伸ばし、上体をそり、手首を使わないようにして高い打点でフラット面でとらえ、大きく振り抜いていく。

❺〜❼両膝でためをつくり、ラケットはいったん下方に下がり、リラックスした状態で下から上へ振り出される。

❽〜❿インパクトは腕が伸びたところで、肩の回転によりフラット面でしっかりとらえる。

特　徴　初心者、初級者がまず覚えるサービスである。ボールが直線的に飛んで、高い打点から強打すれば最もスピードの出るサービスである。ただし、背の低い人にとっては確率が低くなり、打点が低くなるととくに入りにくい。

(2)　トップスライスサービス
グリップ　イースタングリップ
スタンス　クローズドスタンス
打　法　頭部から左肩のやや前方に左腕を伸ばした状態で、体のバネを使って高くトスした

▶トップスライスサービス①

❶[構えの姿勢] 2～3秒のこの瞬間、呼吸を整えて打つコースをイメージする。
❷[トスアップ] 左手とラケットの関係に注目する。
❸～❺ 左手は伸ばしたまま下から上へ、ラケットは下から

まわしてボールを離して、左手が上に伸びたあたりで肩にかつがれる。左手とラケットが上にある段階で、膝をしっかり曲げてためがつくられる（❺）。
❻～❽[フォワードスイング] ためられた膝が上に伸びあが

▶トップスライスサービス②

❶～❹[正確なトスアップ] トスのあとのボールが落下して、フォワードスイングを開始するまで「力強い両膝のた

め」がつくられる。
❺～❼ たくわえていたエネルギーを、背筋を使いながら一

ボールの右斜め上部にラケット面をあててスピンをかけ、フォロースルーでは大きく左脇下に振り抜いていく。

特徴 スピンがかかっているので右から左へカーブし、打球はネットを越えて落ちるのでバウンドが高く、レシーバーにとっては返球しにくいサービスである。また、スピードもあり、かつ正確性も高く、現在の国内のソフトテニスの主流である。

ろうとする力と、肩にかつがれたラケットが手首の解放で下に下げられてつくられた大きなためでしなるように一気に上に振り出されていく。インパクトでは左足、右肩、ラケットを結ぶ線は一直線になり、すばらしいサービスが想像できる。

❾❿[フォロースルー／フィニッシュ]打ったあとは右足が前に送り出され、ラケットは自然に左足下に振り抜かれていく。

気に上に伸び上がることによってボールに伝達する。
❽〜❿ボールの右斜め上から強いスピンをかけ、ラケットは下に振り抜かれていく。

(3) リバースサービス

- **グリップ** ウエスタングリップ
- **スタンス** オープンスタンスあるいは平行スタンス
- **打法** 右肩のやや斜め前方にトスしたボールの左側にラケット面をあてて、左スピンをかける。
- **特徴** スピードはあまりないが、左から右にカーブするので相手のバックハンドを攻撃する場合に有効であり、筋力をそれほど必要としないので、体力の弱い人に向いている。フラットサービスを練習しているうちに、自然にリバースになるケースが多い。

▶リバースサービス

❶〜❹左腕を一直線にのばした状態で手のひらの姿勢を上向きに保ちつつトスアップする。ラケットは体前方からテイクバックする。

❺❻右腕をかつぐようにテイクバックし、同時に膝を曲げて体を沈み込ませる。

▶ショルダーカットサービス

❶イースタングリップでラケットを多少短くもち、脇をしめてリラックスした状態で構える（平行スタンス）。

❸左肘を少し曲げた状態で、膝をやわらかく使って低いトスを上げる。

(4) ショルダー・サイドカットサービス

グリップ　イースタングリップかややウエスタングリップ

スタンス　平行スタンスかクローズドスタンス

打法　膝を曲げて構え、トスを右前に低く上げて、肩（ショルダー）あるいは腰あたり（サイド）で、ボールの右斜め下を強く切るようにラケットをあて、ボールに強い回転をかける。
確実性が重視されるので全身のリラックスがだいじであり、膝の柔軟さがポイントになる。

特徴　セカンドサービスとして使われ、バウンドが低く、しかも大きく曲がるので、攻撃されにくいサービスである。

❼❽体を上方にのばしつつフォワードスイングし、高い位置で、ボールの左斜め上をインパクトする。

❾❿前腕を内側にまわしつつラケットを前方向に振り抜く。

❻ボールの右斜め下を鋭くカットする。

(5) アンダーカットサービス

- **グリップ**　イースタングリップ
- **スタンス**　オープンスタンス
- **打法**　上体を曲げ、トスは膝あたりに低くしてボールの手前の下部にラケットをあて、ラケットの先端を右から左に振り抜くようにボールに鋭い回転をかける。
- **特徴**　ボールにあてる角度や、カットするスピードによって変則的なバウンドの低い打球が生まれる。バウンドして大きく曲がると同時に、バウンドがきわめて低いので相手は攻撃をしにくい。

▶アンダーカットサービス

❶〜❻ボールとラケットの感覚を確認しつつ、スイングをイメージしながらゆったりとラケットを高い位置へとテイクバックしていく。
❼〜❾ボールを左手からそっとはなした後、ボールの位置を確認しつつフォワードスイングを開始し、正確にインパクトする。
❿〜⓬大きく左肩上方に振り抜く。

サービスの技術ポイント

●ファーストサービスとセカンドサービス

ファーストは攻撃性と正確性を、セカンドは確実性を重視したものである。従来からサービスキープといわれながらもファーストとセカンドの差があまりに大きく、旧国際ルール時から、「ダブルファースト」を試みるプレーヤーが増えてきている。その一方では、攻撃されにくい変化をつけたセカンドサービスの工夫がなされているのが現状である。

オーバーハンドでのトップスライス系の打ち方では7～8割程度のスピードで確実性を配慮しながら打たれているのが一般的である。しかし、スピードを落とすと相手にとっては絶好の攻撃球になるため、やはり確実性を最重要視し、攻撃されにくいショルダーあるいはアンダーのカットサービスの方が得策と考えるプレーヤーが多い。

今後の方向としては、「サービスキープ」をより確かなものにするためサービスの強化は必須である。そのためには基礎体力をそのものを高めるとともに、サービスに必要とされる背筋力、方の強さ、腕力、握力、リストの強さなどを強化することによって今以上のスピードがある、よりパワフルな威力のあるサービスを追求することが求められる。

●どのサービスが有効か

どのサービスを用いるかは、サーバーの技術レベルや体の特徴、筋力やリストの強さなどの要因を考慮する必要がある。一般的には、最近はサービスの全体的な進歩があり、ジュニアでもトップスライスサービスが多く見られるようになった。

従来の教程では、サービスの分類としてフラット、トップスライス、ツイスト、リバース、カットに分けられているが、ここでは次のように分類している。

〈従来の教程〉		〈教本〉
フラットサービス	→	フラットサービス
スライスサービス ツイストサービス	→	トップスライスサービス (トップスライスとツイストの区別はきわめて難しいため)
リバースサービス	→	リバースサービス
カットサービス	→	カットサービス

フラットサービスは、グリップをグラウンドストロークに最も近い要領で打球できるので、初心者が最初に覚える技術としては最適である。構えの姿勢で、ラケットの面ができているため打点範囲も広く、スピードの強弱やスイングの押し出しの調節もしやすいため、ファーストサービスからプッシュ系のセカンドサービスまで幅広く用いられている。

一方、トップスライスサービスは中・上級者向きであり、ボールの真上を下から上にこすり上げるようにして打つツイスト系のものから、インパクトではフラット面が残るフラットサービスに近いものまで個人差がある。フラットサービスとの区別もしにくく、とくに女子選手にはフラット系のサービスが比較的多くみられる。

また、ボールがやわらかいという特性と、オムニコートや体育館の合成樹脂コート、ウッドコートなどのサーフェイスの特性を考慮して、アンダーカットサービスなども有効に利用されている。スピードを求める方向と、一方では変化を求めるサービスも積極的に導入すべきである。国際大会では韓国のプレーヤーは通称「バズーカサービス」といわれる弾丸サービスやリバース気味の極端に変化するサービス、また中華台北のプレーヤーの3ないし4種変化するアンダーカットサービスなどが有効に用いられている。今後、大会のコートサーフェイスに応じて使い分けることのできる多種多様なサービスを身につける必要がある。

8. ボレー

1 ボレーの種類

打点による分類として、スタンダードボレー、ハイボレー、ローボレーが一般的である。その他の分類として、スタンダードボレー、ストップボレー、スイングボレー（七三ボレー）がある。

すなわち、一般にボレーというものは打点の高さやネットからの距離にかかわらず、肘の屈伸でラケットを押し出すようにインパクトされるのが基本であるのに対して、ストップボレーは、ラケットを押し出さないで、ボールの勢いを殺して相手のネットぎわに落とす方法、スイングボレーは、おもにネットから離れたボレーのときに、ラケットをグラウンドストロークのようにスイングして攻撃的に打ち返す打法であり、いずれも応用的な特殊な打法である。

〈打点による分類〉
- スタンダードボレー
- ハイボレー
- ローボレー

〈球質による分類〉
- スタンダードボレー
- ヒッティングボレー
- ストップボレー

- スタンダードボレー……ネットの上端から頭の高さまでのボールを打つ
- ハイボレー……頭の高さより高いボールを打つ
- ローボレー……ネットの高さより低いボールを打つ

2 ボレーの要素

ボレーでは、グラウンドストロークのようにボールのバウンドに合わせて、いったん軸足を設定してスイングを行う時間的な余裕がない。速いスピードで飛んでくるボールに、瞬間的にタイミングを合わせて打球するのであるから、構えに入る前の動作、構えから打ち終わるまでの動作といった区別は的確ではない。

また、ネットぎわでのプレーとネットから離れてのプレーでは要素がかなり異なるので、一律に説明するのは望ましくない。ここでは、最も一般的なネットぎわのボレーにしぼった。

■ボレーとスマッシュはネットプレーヤーの基本プレー

従来の日本ルールでは雁行陣を主体とするフォーメーションで、最初から2人のプレーヤーのうち1人は後陣で、もう1人は前陣で戦うのが一般的であった。しかもポジションを固定的に考え、役割をはっきり分担して、それぞれが専門化されていた。さらに旧国際ルールの時にも最初は後ろに位置しなければならなかった制約とお互いがサービスをするというなかでお互いの分業化の可能性の幅が広くなったが、いかに早く雁行陣の陣型をとるかが重視された。改定された現行国際ルールにおいても、また日本ルールに戻るような変更であり、ネットプレーを得意とするプレーヤーは前陣で戦うのがより望ましい形と考えられる。

そのためにもネットプレーを磨く必要があり、直線的に飛んでくるボールをノーバウンドで打球するボレー、山なりに飛んでくるロビングに対して上から豪快に強く打ち込むスマッシュの技術を高めることが必須である。戦術的に言えば、ネット際での攻撃的なボレーと守備的なボレー、ネットから離れての中間守備的な位置での攻撃的なスイングボレー、守備的なローボレーなど多種多様なボレー、スマッシュが前衛の基本となる。

硬式テニスにおいては、ワンバウンドで打つグラウンドスマッシュやハーフボレーと呼ばれるプレーがあるが、ソフトテニスでは変則的なプレーと考え、実際にはゲームで使われてはいるが、本書での技術への位置づけはしないこととする。

3 ボレーの要領

(1) 構える位置

基本的な構えの位置すなわちポジションは、およそネットからラケット2本分（1.5m）ぐらいである。もちろんボールの落下点やラリーの展開状況、プレーヤーの体格や技術レベルなどによって微妙に異なってくる。また、上級者になればなるほどネットプレーヤーのポジションを説明するのは難しいが、各コースでのネットへのつめ方とポジションについては、基準として図3-12、図3-13（p.57）のような考え方ができる。

(2) 待球姿勢

① スタンスはネットに対して平行にとり、足の開きは肩幅より多少広くとる。
② 足首、膝をやわらかく曲げて、どちらへも動けるやや前傾の姿勢をとる。
③ ラケットのいちょうの部分を左手で軽くそえて、面がネットの高さあたりにくるようにする。
④ ボレーの打点は高く、スピードのあるボールに瞬時にラケット面を合わせなければならないので、グラウンドストロークに比べればラケット面を高く構え、膝の曲がりや前傾は少なめである。

　一流選手の場合、ラケットはネットよりも低い位置に構えている場合が多い。これは、高く構えると肩に力が入りやすく、とくにとりにくいボレーの場合、スムーズなフットワークをするために低くしているのである。

(3) フットワーク

ボレーでは、ラケット面の真ん中でフラットにボールをとらえることが最も重要である。これがうまくできないとミスにつながったり、あるいはボールに押されて決定打とならず、相手に逆襲されることにもなる。

したがって、ボールの飛んでくるコースにラケット面をもっていけるか、すなわちいかに早くその位置へ足を運べるかが大切である。また、力強い打球を生み出すためには、インパクト時に体の重心が肘の屈伸動作を通してラケット面に乗っていくように、いかにうまくタイミングを合わせられるかが大切である。

これらの条件を満たすためには、次のようなことに留意する必要がある。
① 待球姿勢のとき、いつでも飛び出せるように準備していること。
② 前後左右にとっさに動けるように、瞬発力と敏捷性を養う。
③ ボールの打たれるコースを正確に予測・判断できるようになること。
④ ボレーのフットワークは、斜め前方に動いてネットの白帯の手前でボールをとらえると、ネットミスも少なくなるばかりでなく、目線とラケットの位置、重心の乗り、打球の威力などから考えて有効である。

(4) インパクト

グラウンドストロークでは、バックスイングからフィニッシュに至るラケットのスイングの各要素がそれぞれ重要な働きをするが、ボレーの場合は、スイングといわれるほどのものはなく、すべてはインパクトに集約される。インパクト時にラケット面がぶれたり、ボールのスピードにタイミングが合わなかったりしないように、バックスイングやフォロースルーはできるだけ小さくとることが大切である。

インパクト時の要領としては、フラット面でラケットを押し出す要素を強調すること、インパクトの瞬間までボールを注視すること、インパクト後もラケット面を打球方向に残していくことなどが重要なポイントになる。

しかし、実際のゲームにおいては原則通りにいかないことが多い。上級者になると、身体からかなり離れたボールでも正確にラケットの真ん中で

8. ボレー　69

サービス後いかに早くネットダッシュしてボレー攻撃（3球目攻撃）にむすびつけるか。

クロスのレシーブ後いかに早くネットダッシュし、ボレー攻撃（4球目攻撃）にむすびつけるか。

とらえることができるようになる。また、相手のボールのスピードをうまく利用して強力なボレーを打つことができるようになる。いろいろな状況にうまく対応するためには、インパクトの面の正確さがものをいう。

(5) 打球姿勢と重心の移動

ボレーの打球動作は、グラウンドストロークに比べて短く、瞬間的である。そのために打球姿勢と重心のあり方などもかたちも多様で、従来から議論が多い技術である。

そのなかで、基本的に考えられていることをいくつかあげてみる。

① ラケットを振るのではなく、肘の屈伸を中心に打球方向に押し出すようにする。ボレーは、肘を脇につけた状態からインパクトをへて、肘が伸びきった状態になる。分解写真などで分析すると、肘を伸ばした状態、すなわち上半身の動きの最終段階でインパクトがなされ、その後は上半身はそのままの状態で、下半身だけが自然な動きで移動している。

② 腰を中心に上半身と下半身のバランスを保

▶フォアハンドのクロスボレー

つ。

いかなるスポーツでも同様であるが、腰が安定して身体のバランスが保たれていることは重要なことである。とくに、ボレーのような敏捷な動きと瞬発力を必要とする動作においてはバランスをくずしやすいので、いかに動きのなかで体のバランスをとるか、体や動きの原理、例えば、双対動作の原理などを理解することが大切である。

③ インパクトの直前に重心が乗っている足は、フォアハンドでは右足、バックハンドでは左足となる。

フットワークをほとんどともなわない体の近くにきたボールの処理には、前方に踏み込むだけ、そのままで片方に重心を移すだけの場合などがあるが、その際は、右足のこともあれば左足のことがあってもよい。ただし、フットワークをともなったボレーへと発展させることを考えれば、フォアでは右足、バックでは左足を軸にしてしっかりと重心を乗せてボレーするかたちが重要となる。

❶〜❻ラケットヘッドを白帯より下に置き、正対してリラックスした構えをとる。右足を進行方向に向け、徐々に重心を進行方向に傾けていく。その後、左足を踏み出しつつ、肩のラインを横に向けていく。

❼〜❾右足をかかとから踏み出し、ラケットをあげてテイクバックする。打点が体から離れているため、上半身をやや右傾し、また右腕をのばしラケット面がやや横に傾いた姿勢でインパクトする。

❿〜⓬肩のラインがネットと平行となる姿勢を保ちつつ、ラケット面は残しつつ、やや上方に振り抜く。

▶フォアハンドのストレートボレー

❶❷ラケットヘッドを白帯より下に置き、正対してリラックスした構えをとる。右足を進行方向に向け、徐々に重心を進行方向に傾けていく。
❸❹左足を踏み出しつつ、肩のラインを横に向けていく。

▶バックハンドのクロスボレー

❺❻右足をかかとから踏み出し、ラケットをあげてテイクバックする。
❼❽肩のラインがネットと平行となる姿勢を保ちつつ、引っ張るコースに打球するためラケットを左肩方向にスイングする。このとき、ラケット面は残しつつ、やや上方に振り抜いている。

❶〜❹斜め前に左足からスタートを開始し、2歩目の右足を送る。
❺❻3歩目の軸足（左足）をしっかりと設定する。
❼左足に乗ってしっかりとためをつくり、肘を中心にフォワードスイングがはじまる。
❽ボールを十分に引きつけて、前でボールをとらえる。
❾〜⓫インパクト後も打球方向にフラットの面を残して、右足が送り出されていく。

▶ バックハンドのストレートボレー

　フォアのランニングボレーは、1歩目は右足からスタート（方向づけだけの場合もある）し、2歩目は左足、そして3歩目の右足が踏み込まれて軸となり、その右足に体重が乗っている間にインパクトし、そのあとで左足が自然に送り出されていく。

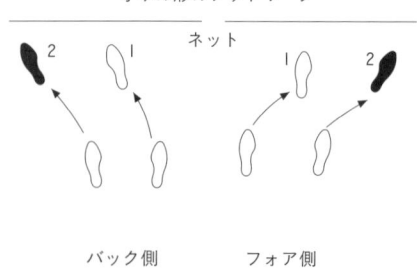

守りの形のフットワーク　　　　　　　攻めの形のフットワーク

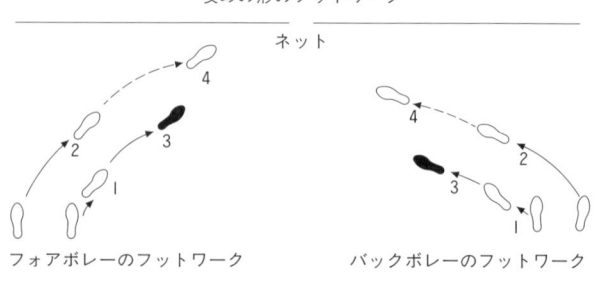

〈守りのボレー〉　　　　　　　　　　〈3歩でとるボレー〉

●図3-15／ボレーのフットワーク

❶〜❸肩幅かやや広いスタンスをとった状態でリラックスした構えをとり、その後、進行方向に対して上体をやや傾け、また同時に左足を進行方向に向けスムーズな移動を開始する。
❹❺左足をかかとから踏み込み、また同時にラケットを下からテイクバックを始める。この時点で、ネットに対して肩のラインがほぼ垂直になるように左半身をとっている。
❻〜❽曲げた左膝をのばして上体を伸び上がらせながらフォワードスイングを行い、右肩から水平方向前方においた肘を伸展させた後、横面でインパクトしている。
❾❿バランスを保った状態でラケットを振り抜き着地する。

バックの場合は、1歩目が左足、2歩目が右足、そして3歩目の左足に重心を乗せてインパクトし、そのあと右足が送り出されていく。

(6) **ハイボレー**（p.76〜77の写真参照）

普通の高さのボールであっても、体からかなり遠いところでとらえざるをえない場合は、基本的なプレーに比べると、フラットな面をつくることや打球に自然に体重を乗せることが難しくなってくるので、それだけ高度な技術が要求される。ハイボレーも体から離れたボールの処理であり、上に体を伸ばしきった状態でのインパクトにおける意識的なラケット面の操作や、インパクト後の体のバランスが大切である。

また、打点は高くなればなるほど前でとらえる必要があり、打点や相手のボールスピードに応じて、ラケット面の角度をうまく調整することが重要な要素となる。

届かないと判断したときに、とっさにジャンプしてボールにとびつくようにインパクトするような場合は、インパクト時に手首を使った操作や、グリップの持ちかえなどがなされることもある。

このように、ハイボレーは一般のボレーに対して応用動作と考えられる。

▶フォアハンドのハイボレー

❶最初は低いシュートボールを想定しながら、フットワークが開始される。
❷相手が打った段階で中ロブと判断する。
❸右足をかかとから設定して、ラケットは高い位置に引かれる。
❹❺左手でうまくバランスをとりながら、ボールの高さと

▶バックハンドのハイボレー

8. ボレー 77

スピードにタイミングを合わせる。
❻膝のバネを十分に使って、上に伸びあがるような感じでジャンプする。
❼高いボールほど打点を前にし、体が伸びきったところでインパクトする。
❽ボールをとらえたあとも面をこわさないように残す。

❶〜❼ネットと正対した構えから左半身をとりつつ、ラケットを体の前においてテイクバックの準備をする。特に、❼において左手を後方に引くことにより、その後のテイクバックを始めるための準備をしている。
❽〜❿左手は前方に移動させつつ、それと交差するように右手をテイクバックする。
⓫⓬左半身をとっていた体をさらに後方へと回転させつつ、左足、右肩、右腕が一直線に伸びた姿勢となる高い位置でインパクトする。

(7) ローボレー

　ローボレーはネットから離れた位置で、ネットの高さより低いボールノーバウンドで処理する技術である。日本ルールでは前衛のレシーブの際に、返球後前進フットワークでサービスラインに足をかけるあたりで一度止まり、相手がシュートボールで攻撃してきたものを、ローボレーで守る技術として必要なものであった。また旧国際ルールにおいてはポジションの制約でほとんどの局面でローボレーを避けて通ることができないほど重要な守りの技術であった。そして改定された現行国際ルールではその機会が多少減り、自分のサービス時とレシーブ時に限られる。前衛の守りの技術として高度なものであるが、重要な技術だけに時間を十分かけて習得するべきである。

　ローボレーの要領としては、平行スタンスでひざを十分に曲げてやわらかく使い、ラケットの下の面をネットの白帯に向けて、フラット面でていねいに押し出すような感じで処理するのがポイントである。基本的には、攻められたボールを守る技術であるが、相手の打ち損じのスピードのないボールと判断すれば素早く攻撃に転じ、グラウンドストロークの要領で打つスイングボレーも身に付けておく必要がある。

▶フォアハンドのローボレー

(8) スイングボレーとストップボレー

スタンダードボレーに対して、打点によってハイボレーとローボレー、球質によってスイングボレーとストップボレーの区別がなされる。

スイングボレーはヒッティングボレーとか、七三ボレーといわれるもので、相手のシュート打球に威力がなく、自分の体勢に余裕があるときにグラウンドストロークと同じ要領で、コンパクトにしかもシャープにドライブ回転でラケットスイングを行い、ノーバウンドでヒットする攻撃的なボレーである。

ストップボレーは、相手が攻撃してきた打球をネット近くにスピードを殺して落とすボレーである。バックスイングはほとんどなく、インパクトの瞬間にラケットを少し後ろに引くようにして行う方法と、手首を少しひねって面をフラットから右に瞬間的に変えてボールを殺す方法がある。

ストップボレー

❶〜❹膝をやや曲げたリラックスした構えから、軸足となる右足をかかとから踏み込みながら、ラケットを体右方で準備しておく。
❺〜❼右膝をやや深く曲げ、体を沈み込ませる。ラケットはボールコースに対応してテイクバックする。
❽〜⓬インパクト後もラケット面が残る。

ボレーの技術ポイント

◆フォアハンドボレーとバックハンドボレーの違いについて

　フォアハンドボレーの場合は、右肘がどこにあるかが重要なポイントとなる。ラケットがひかれて、さあボレーしようとするときに右肘が右肩の前にあることが大切である。その理由としては、体の横でボールをとらえると脇があまくなり、面がくずれやすい、肘が前にあればスピードに対して負けない、右にくると思ってそのコースが左ぎみにきたときに肘が前にあると、そのコースにラケットを反射的に運ぶことができる。
　体の向きすなわち肩の入れ方は、基本的には大体45度ぐらいで、近くであれば角度は小さめに、遠くのボレーであれば角度を大きくとる。ラケットの角度も、体の線と同じように約45度に傾けるのが望ましい。
　一方、バックハンドボレーは、右肩よりも右にきたボールを処理するボレーで、基本的には肩の入れ方は約90度くらいにして、体に近いボールは肩はあまり入れず、逆に体から遠い場合は90度以上になり、背中が相手を向くぐらいになる。
　ラケット面は斜めあるいは横に使っていき、少なくとも右肩よりも打点を前にしてとらえる必要がある。

9. スマッシュ

　スマッシュは、ボレーと並んでネットプレーヤーの基本プレーであり、相手のロビングボールを、ノーバウンドで頭上から強烈に打ちおろす打法である。
　ゲーム中、スマッシュは相手の甘いロビングボールを追いかけてとらえたり、味方ベースラインプレーヤーが、攻撃したボールの威力に押されてやっと返したときなどに、打ちそこないのボールが上がったところをすかさずたたきつける場合に用いられる。ボレーに比べれば頻度の少ないプレーである。スマッシュがサービスライン付近の守備範囲のなかで、自然な動作で行われた場合はほとんどが決定打となるだろう。
　ソフトテニスのプレーのなかで最も破壊力があり、得点につながるものでもあるが、それだけに難しい要素がある。当然相手はスマッシュされるようなボールはなかなか打ってこない。したがって、左右により大きく、後ろにより深く動かなければスマッシュのチャンスは生まれないであろう。

上級者になるほど、ネットプレーヤーはかなり深い位置までボールを追う。ときにはベースライン近くまで下がってスマッシュすることもある。決定打となるだけに相手はそれをさせまいとし、ネットプレーヤーはなんとかそのチャンスをつくって得点に結びつけようとするのである。
　スマッシュで大切なことは、
① ボールを追いかけるためのとっさの判断とフットワーク。
② ボールを的確にとらえるタイミングと打点。
③ バランスのとれた打球姿勢とボールのコントロール。
といえよう。
　以上のことを念頭におき、スマッシュの要素について考えてみよう。

1 スマッシュの要素

(1) フットワーク

　構える位置、および待球姿勢については、基本的にはボレーと同様である。ただし、スマッシュの場合はロビングと判断された段階で、ボレーの位置よりもすこし後ろにすばやくポジションをと

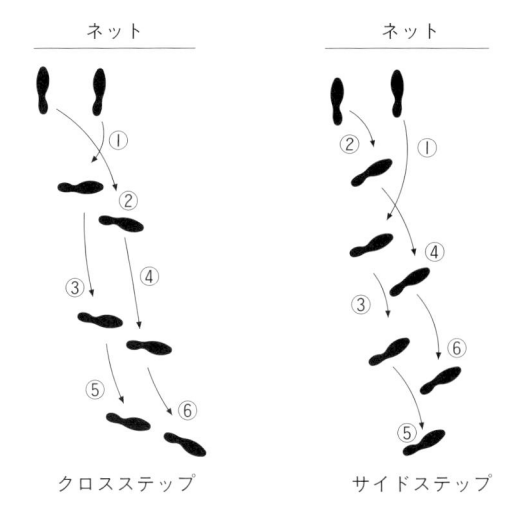

●図3-16／クロスステップとサイドステップ

る。その待球姿勢から相手打球の状況によって、直線的な打球であればボレーで、ロビングボールであればスマッシュで対応する。足の運びは、ボレーのときはおもに横ないし斜め前方へ動いてボールをとらえるが、スマッシュは後方ないしは斜め後方へ追いかけることが多い。ただし、サービスを打った直後、後ろから前に移動しながらのスマッシュも必要である。

基本的には、スマッシュのフットワークは後ろ向きの動きが中心である。しかも前方から、高さやスピードが違う飛んでくるボールを確実にとらえるため、ボールから目を離さずに後ろの方向に的確に移動し、なおかつ破壊力のある打球を生み出すことが要求されるので、グラウンドストロークやボレーに比べ、最も難しいフットワークといえよう。

このフットワークについては、一般的にはクロスステップとサイドステップの2種類があげられる。

クロスステップは、大きく後退する場合には大変有効なフットワークで、体を後ろ向きに変えれば、グラウンドストロークなどと同じ、普通の歩調である。

サイドステップは小さい動きのときに有効で、ボールをとらえる位置を細かく調整するために用いられる。実際の場面では、クロスステップでまず後ろに後退し、さらにボールの落下に合わせてサイドステップで調節するといった組み合わせで行われたり、サイドステップをとる余裕がないときは、ジャンプしてスマッシュすることも多い。

いずれのフットワークをとろうと、目は必ず前方のボールを追っているのであるから、肩の線はネットに対してほぼ直角の状態で後退する。いわゆる半身の状態である。初心者などは飛んでくるボールの落下位置をなかなか予測できず、これに気をとられるために、体全体を前に向けたまま後退することがあるが、これでは短いボールならともかく、深めのボールに対しては後退がうまくできないし、肩の回転を使った強力なスマッシュを打つことはできない。

(2) ラケットのスイング、打球姿勢、打点

スマッシュのスイングは、ラケットを強力に振りおろす点でサービスのスイングに似ている。バックスイングは後退しながら行うが、難しいフットワーク（後退）をとりながら、飛んでくるボールに確実にラケット面を合わせる必要があるため、ラケットは上方からもっていくのが望ましい。

一流選手の場合には、軸足を決める段階までは、グリップエンドをおへそのあたりに設定して、できるだけリラックスした状態でいるのが特徴である。

初心者や初級者は打点が遅れやすいために、最初のステップからラケットを肩にかついで後退する指導も必要であるが、上体ができるだけリラックスしたかたちで後退することが強調されるべきである。

インパクトからフィニッシュはサービスに近いが、やさしいタイミングのスマッシュではサービスに比べてスタンスが広く、打点もやや前方で低めであり、体重も大きく左足にかかって、体全体

が前方へ移動する感じが強い。

　しかし、スマッシュの打点は、相手の打球にどこまで追いつけるかどうかという点で、必ずしもいつも標準的な位置を保てるとは限らない。実際の場面では、おもに次の3つの打法がよく見られる（右利き、フォアの場合）。

① 　後退したあといったん軸足（右足）を設定し、左足を大きく踏み出してスイングする。やや前方、低めに打点があり、フィニッシュでは左足に大きく体重が移り、ラケットも左下方向に振り切られる（基本的な打法で、ボールにタイミングを合わせるのに十分な余裕がある場合）。

② 　後退して軸足（右足）を設定する余裕がないため、最初から左足に重心がかかって左足1本でスイングする。打点は①に比べて高く、後方になる。インパクトからフィニッシュにかけて体重の移動ができないので、左足を大きく前方に振り出して体のバランスを保ち、スイングに

▶スマッシュ

❶〜❺右半身の姿勢をとりつつクロスステップで後退していく。このとき、その後のテイクバックに備えてラケットを腰の前あたりで構えておく。

❻〜❾右足かかとから着地することにより軸足を接地し、右肩にかつぐようにテイクバックをする。

力をつける。フィニッシュでラケットは振り切れず、前方に突き出すようにとめられる（やや変則であるがゲーム中にはよく見られる。ぎりぎりの状態でのスマッシュ）。
③ 後退しきれないうちに、ボールがくるのをジャンプして打球する。したがって、打点は最も高い。右足をはね上げる力でスイングに力をつけるが、とくに右手の振りに合わせて右足を大きくはね上げ、「く」の字のような形で打球する。

②と同様の打法であるが、インパクト時に両足が地についていないのが特徴である（上級者の試合でよく見られる打法で、相手のボールを追う範囲がそれだけ広いことを意味する）。

❿〜⓬左足を大きく踏み出し力強くスイングする。このとき、インパクト時に左足、左股関節、右肩、ラケットヘッドまで地面と垂直線上にならぶ。

⓭〜⓰ラケットを左足側方に振り抜く。

▶ ジャンプスマッシュ

2 バックハンドスマッシュ

　バックハンドの打点の範囲が狭いことは、グラウンドストロークやボレーと同様であるが、スマッシュにおいても同じである。そのうえ、グラウンドストロークなどラケットを横に使うストロークでは、フォロースルーがしやすいので比較的よいが、スマッシュのように縦に使う打法では、スイングの力も制限されるから強力な武器とはなりにくく、きわめて高度なテクニックになる。
　また、スマッシュをするようなボールは、ロビングが主であるのでボレーに比べれば時間的に余裕もあり、フォアに回り込めるチャンスも多いため、あまりバックは使われないですむことが多い。比較的やさしいボールとか、どうしてもフォアに回り込めないときは、ハイボレー気味のバックハンドスマッシュを行うぐらいである。

10. 段階的技術向上の実際と指導について

1 初心者

　期間は短いが最も大切な時期である。
　この時期には、ソフトテニスは面白いのでもっ

❶〜❺右半身の姿勢をとりつつクロスステップで後退していく。ジャンプをするための軸足をついた時点で右腕を上方において準備する。
❻〜❽ジャンプしながらテイクバックも同時に行い、左腕の外方への伸展がフォワードスイングのきっかけとなる。
❾❿ジャンプ着地寸前位置においてインパクトをする。
⓫⓬左足で着地しつつ、左足側方にラケットを振り抜く。

と練習して上手になってやろうという意欲がわくことが大切で、練習者は指導者に注意されたことを頭に入れながらのびのびと思いきり練習する。自由奔放に練習するうちにいろいろな個性があらわれてくるので、指導者はその個性を的確につかむことが大切である。

練習者にボールを送る場合は、ラケットで打たないで手でていねいに送ってやると進歩が早い。

2 初級者

前段階にあらわれてきた練習者の個性にあわせて練習計画を立てたり、アドバイスをしていく。ベースラインプレーヤー、ネットプレーヤーあるいはパートナーを決める時期なので、指導者は練習者の日頃の状態をよく知っていることが必要である。

技術面では、先輩あるいは指導者のフォームやくせなど、いろいろなことを真似る時期なので、どの技術についてもむりをしないで威力よりも正確さ、スピードよりもコントロールを中心に指導する。練習者に対してボールを手で送っていたものを、ラケットで打って送るように発展させるのが一般的であるが、スピードボール、バウンドの高すぎるもの、ドライブのよくかかったボールなどは、初級者にとっては打ちにくいので注意する。

《初心者[1]の段階的指導法》

	①	②	③	
グラウンドストローク	静止して[2]ラケットにあてる。（フォア）	静止して10本中5本[3]以上入る。（フォア）	1〜2歩フットワーク[4]して10本中5本以上入る。（フォア）バックを指導する。	○打球フォームと打球リズムを早く覚えさせる。 ○ボールをよく見てラケットの真ん中にあて、ネットにかけないようにしてできるだけ遠くへ飛ばす。 ○アドバイスは1回に1つにして、いくつも言わないようにする。 ○バウンドの伸びに対する感覚を早くマスターさせ、落下点に近づきすぎないように注意する。 ○ラケットの引き遅れがめだつので、ボールが落下したときにはバックスイングが終了し、フォワードスイングに移っているようにする。 ○バックはフォアにくらべて打点が前になる。 ○欠点が見つかったらすぐに言ってやる。欠点はすぐには直りにくいので根気よく何度も言う。
サービス	自由にトスしてラケットにあてる。	ボールを上にトスして頭より高いところで打つ。	頭より高いところから打ってコートに入れる。	まずフラットサービスをする。練習しているうちに、その段階で個性が出てくるので、スライス、リバースのどちらが適しているかを見つける。
ボレー	静止してあてる。	静止して10本中5本以上入る。	フットワークして10本中5本以上入る。バックを指導する。	○足首、膝をやや曲げた正しい待球姿勢をとること。 ○ラケットを振らないで、押し出すようなつもりで行うこと。
スマッシュ			頭より高いところで打つ。	打点がつかみにくいので、飛んできたボールを左手（あいているほうの手）でとることにより、打点と打球感覚を早く覚える。
マッチ				この段階ではむりと思われるので行わない。

註 1）どのくらいの期間を初心者と称するかは難しいが、数時間から数日であろう。初めてラケットを持ち、ラケットを振り、ボールを打つ新鮮な段階である。
2）静止してとは、定位置にいて動かないで打球できる球に対して、という意味である。
3）何本中何本というのは、あくまでもめやすであって、指導者の方針や対象者の能力によって適宜変更修正してもよい。ただし、練習者としては、半分程度の成功率でなければ、うまくなったという自信には結びつかないと考えられる。
4）1〜2歩移動しなければ打てない、体から離れたボールに対してという意味。

《初級者の段階的指導法[1]》

	①	②	③	
グラウンドストローク	打球されたボールを返球する。トスされたボールを[2]バックで打つ。	打球されたボールを10本中5本以上入れる。打球されたボールをバックで返球する。	相手と乱打できる。バックが10本中5本以上入る。	① フォアは、1～2歩移動を要する範囲に送られたボールを、送ってくれた人に返球する。バックはクローズドスタンスで、打つ前に膝が上がったり脇があいたりしないように注意する。 ② コートを縦に二分してそのいずれかへ入れる。返球は7～8分の力でていねいに打球し、できるだけ深いボール（ワンバウンドでかならずコート外へ出るようなボール）を打つ。 ③ 乱打はお互いに相手が打ちやすいボールを返球しあうようにし、連続3本ノーミスを目標にする。バックはコートを二分（縦）し、いずれかを指定する。
サービス	頭の上から打って相手サービスコートへ入れる[3]。	10本中5本以上入れる。	10本中8本以上入れる。	本人に適していると思われるサービスの種類によって、グリップとスタンス、打点などを指導する[4]。
ボレー	打球されたボールを打つ。トスされたボールをバックで打つ。	打球されたボールを定位置で10本中5本以上入れる。	打球されたボールをフットワークして10本中8本以上入れる。打球されたボールをバックで10本中5本以上入れる。	○ラケット面については、身体の近くでは縦面で、遠くになるにしたがって横面になるように指導する。 ○2本連続してミスをしないようにする。角度のついたボレーも練習する。
スマッシュ	定位置で打つ[5]。	10本中3本以上入れる。	2～3歩後退して打つ。	○前段階と同じで、打点を早く覚える意味で左手でボールをつかんでみる。そして次につかめるボールは思いきって打ち、つかめないボールは強打をさける。 ○深いボールはクロスステップで、浅いボールはサイドステップで行う。 ○連続して2本以上ミスしないこと。
マッチ		簡易ゲーム	マッチ 正式のマッチ	簡易ゲームは、初級者でも楽しめるものをみんなで考える。 （例えば、サービスなしでラリーからはじめるとか、シングルスを入れるのもよい）

註 1) 指導者の将来に対する構想によっては、ベースラインプレーヤー、ネットプレーヤーを区別しないで両方の練習を与えたり、常にパートナーを変えて多くの人との接触を重んずることも考えられる。
 2) 数m離れた位置から、ワンバウンドのゆるいボールを手で送ってやる。
 3) スピードはゆるくてよい。この段階では、サービスコートに入ることが大切である。
 4) ただし、いろいろなサービスをやらせてみるのも指導者として1つの方法であろう。
 5) ボールとの時間的・空間的距離を知るために、ネットから離れた位置に立たせ、前進してスマッシュする練習も効果的である。

第4章 ソフトテニス指導に必要な実践技術

Chapter 4

1. 年齢・性を考慮した指導法

年齢差や男子・女子という性の違いは、十分に考慮して指導にあたる必要がある。まず最初に、一般的な指導方法をあげてみる。

1 一般的な指導方法

① 基本的な練習から導入し、段階的に高度な練習をする。
② プレーヤーの個性を把握し、欠点を矯正し長所を伸ばすことを図る。
③ プレーヤーに自己を自覚させ、プレーに自信をもたせる。
④ プレーヤー自身が自己の体力の現状を知り、みずからトレーニングに励むようにする。
⑤ 各人のプレーを観察させ、お互いに注意し合う。
⑥ 素直に自分の欠点を認めて直す努力をし、他人の助言を受け入れる。
⑦ 効果的な練習方法をプレーヤー同士で考えさせる。
⑧ 練習後の反省は必ず行い、明日の練習課題とする。
⑨ 練習日誌・ノートを毎日つける。
⑩ 練習中は、テニスのことだけに集中する習慣や姿勢をつくる。

2 年齢による指導の留意点

ジュニア層から年配者までの幅広い年齢層に応じた筋力、スタミナ、柔軟性などが配慮された指導方法が展開されなければならない。
以下に留意点をあげてみる。
① 練習前に軽い体操、ストレッチ運動、ランニング、素振りなどの適切な行い方。
② 適切な連続打球の時間。
③ 走り込みによる連続打球の適切な量。
④ 適度なインターバルによる連続練習の時間配分。
⑤ ユニフォームを着替える習慣。
⑥ 適切な水分の補給のしかた。
⑦ 軽い練習からはじめ、起承転結的な練習。
⑧ 整理運動、クーリングダウンの励行。

3 性差による指導の留意点

男子と女子の指導には大きな違いがあり、とくに女子の指導は難しいといわれる。

以下にあげる事項は、女子の指導における一般的な留意点である。

① 公平で平等な指導をする。
② ていねいでわかりやすい指導を心がける。
③ ほめるとき、叱るときなど、その選手の性格によって、場所や人前などを十分に配慮する。
④ 練習内容を短時間で変えるよりも、同じ練習の繰り返しで身につけるほうが効果的である。
⑤ 腕力にたよらない、全身をすべて使いきる大きなフォームづくりをする。
⑥ 生理中もふだんと変わらない練習が可能な選手と、そうでない選手をよく把握しておく。
⑦ 妥協した指導ではなく、常に目標を高くもつ。
⑧ 依存心が強いので、常に一緒について練習する心要がある。同時に自律心を養うことが大切である。
⑨ 指導に時間がかかるが、粘りがあるので指導者自身の根気強さが大切である。
⑩ 厳しく、繰り返し指導することが大切である。

逆に、男子の指導に関して言えば、女子にくらべて自主的に練習させるべきであり、練習メニューを多く用意し、短時間で集中した練習が必要となる。

2. 体育の授業における指導法

体育の授業で、能力レベルに格差がある多数の生徒を、少ないコート面数で技術を獲得させ、かつ楽しませるのは容易なことではない。約30人のクラスで、コート3面の授業を考えてみる。

とくに初心者を対象とした、10週間にわたる授業展開例を簡単に紹介してみる。

第1週	●ソフトテニスの理解 ●ラケットの握り方 ●ラケッティングとボール遊び ●ピンポンテニス
第2週	●ボール遊びのバリエーション ●グラウンドストロークのミニゲーム ●アンダーサービス、プッシュサービス
第3週	●ボール遊びのバリエーション ●トス、ストローク練習 ●簡単なサービス、レシーブ練習
第4週	●2人1組のラリー練習 ●サービス→レシーブ練習 ●簡単なネットプレーの練習
第5週	●ゲームのしかた、審判のしかたの理解 ●簡易ゲームの工夫 ●サービス練習 ●ストローク練習
第6週	●ストローク練習（乱打、約束練習） ●ネットプレーの練習 ●正規のゲーム練習
第7週	●ストローク練習 ●サービス→レシーブ練習 ●リーグ戦形式の3ゲームマッチ
第8週	●ストローク、サービス練習 ●リーグ戦形式の3ゲームマッチ
第9週	●ストローク練習 ●サービス練習 ●3チームの団体戦ゲーム
第10週	●3チームの団体戦ゲーム

3. 課外活動における指導法

❖ テーマ

> 心身を高め、技能の向上とともに、チームワークを大切にする。

(1) 年間指導計画例
① 目標
「積極的に学ぶ心と自己鍛錬の気風を育て、連帯意識の集合による成就感を味わわせる」
② 努力事項
- 明るい態度を育てる。
- 自主自発活動を尊重する。
- 自己との闘いに負けない習慣をつけさせる。
- 仲間をだいじにし、厳しくはげまし合う信頼の関係をつくる。
- 学校および家庭生活における基礎的生活習慣を、テニスを通じて徹底させる。

③ 留意点
- クラブ内の人間関係の和を図る。
- 各学年の組織・指導体制を確立する。
- 上級生・下級生の別なく一体活動させる。(コート整備、準備、後始末、ボール拾いなど)
- リーダーの養成・訓練に絶えず配慮する。
- テニスコートや用具室の取り扱いに、各自が絶えず心配りするようにさせる。

④ 組織
　顧問　部長　マネージャー　学年責任者
- 部長(またはマネージャー)は、顧問と緊密な連絡をとる。
- 各学年責任者は、各学年の連絡網を活用し、部員への徹底を図る。
- 1年生の指導責任者を決め、専任の組織をつくる。

⑤ 活動計画例
次頁の表を参照。

(2) 必勝の心を指導する
　勝負で大切なこととして、「技術」「精神力」「体力」「セオリー」「勢い」「運」などを抜きにしては考えられない。基本的には、技能を向上させて、勝ちを得るために次の点を徹底させたい。

① コートを大切にする習慣を身につける
　上手な人ほど早くコートに出てライン引きや整備を率先して行う姿勢がチームワークを高める。

② 日常生活を大切にする
　体調を維持し、疲労を残さないうえでも暴飲暴食を慎むことにはじまり、学業をおろそかにせず、ソフトテニスとの両立を図る。

③ 創意工夫にはげむ
　素直にアドバイスを聞くとともに、常に技能の向上・追求の姿勢が大切である。自ら努力して工夫した技は最高のプレーを生み、自信につながっていく。

④ 練習での汗と涙は勝利に1歩近づく
　練習で泣き、試合で笑える厳しさも大切である。誰にも負けない練習は自信につながる。

⑤ 体力づくりも自ら進んで取り組む
　最後の勝利を得るためには、強い体力は欠かせない。最後まであきらめない心も強靱な体力があってこそである。

⑥ チームワークを大切にする
　同じ目標に向かって努力し、協力する習慣はテニスから離れても重要な財産となる。

(3) 代表的な技術練習のポイント
① 高い打点でのサイド・トップストロークの技術のポイント
a. 高く構えたトップの位置から、右脇をしめながら腰、さらには肩の高さの打点でボールをと

3. 課外活動における指導法

<活動計画例>

月	活 動 目 標	活動内容・行事予定	留 意 点
4	○年間行事計画を立てて、部員の目標・モットーを確認しあう。 ○所属感を認識させる。	○組織づくり・名簿作成 ○テニスコートの整備 ○基本作業および技能の習慣づけ（用具の取り扱い、ボール拾い、練習マナー、フットワーク） ○アウトドアテニスコートに目を向けさせる。	○用具使用の後始末 ○大きな声 ○膝・腰の故障に注意
5	○はつらつとした態度、集団のムードの醸成に努めさせる。	○1年生の指導 ○審判の要領 ○大会参加マナーの徹底 ○試合	○挨拶・返事・かけ声 ○用具・ユニフォーム ○グラブノート
6	○時間の有効な使い方も工夫させる。 ○試合への参加意欲と観戦のコツを学ばせる。	○1年生にゲームの楽しさを味わわせる。 ○応援のしかたを考えさせる。 ○対外試合（郡市大会他）に参加する。	○大会参加の意義とマナー
7	○自己との闘いに打ち克って自己鍛錬に積極的に取り組ませる。	○対外試合（地区・県・各種）に参加する。 ○夏休みの活動計画を立てる。	○3年生の出席 ○コート・グラブノート
8	○他人のプレーやマナーを学ぶ目を養わせる。 ○3年生はコーチ（習慣・技能）の要領を習得する。	○対外試合（県外遠征）に参加する。 ○合宿訓練 ○1・2年生基本練習	○健康管理
9	○1・2年生の組織を再編成する。 ○活動意欲の高揚を図る。	○新人戦準備 ○部内大会	○3年生の参加 ○3年生の学習習慣
10	○学校生活と関連づけて基本事項の習慣化を図る。 ○1・2年生の養成に努める。	○対外試合（郡市新人戦）に参加する。 ○全員合宿・納会	○新人のリーダー養成
11	○インドア練習に移行する。	○コートおさめ ○屋内体育館使用の基本事項の徹底	○コートおさめの時期
12 ↓ 2	○基本の徹底を図る。（技能・態度・トレーニング） ○寒さに負けないようにがんばらせる。	○インドアで基本練習 ○フォームの研究 ○筋力・敏捷性トレーニング	○グリップ・フォームの点検
3	○1年間を振り返って反省させる。 ○新年度活動への心の準備やチームワークについて考えさせる。	○1年間の反省 ○3年生の送別会 ○県強化合宿	○クラブノート

b．インパクトはフラットの面でとらえ、フォロースルーは肘を伸ばしながら高い打点でとらえるほど前方下方へ振りおろされる。
　c．打球の目標はネットの白帯とする。
　d．高い打点の攻撃は、ベースラインの後ろやサービスラインより短いボールはかえって攻撃しにくい。ベースラインとサービスラインの間のボールに対してチャンスを逃がさずに攻撃する。

〈練習方法〉
　サービスラインの2～3m後ろに山なりのボールを上げてもらって、センター、クロス、ストレートへと打ち分けていく。

② ベースラインプレーヤーのセンター攻撃のポイント
　a．相手のプレーヤーの中間をねらって、高い打点で攻撃する。
　b．ラリーのボールを、高いロビングや中ロブで相手のコートの中央を攻撃する。(センターセオリー)

③ レシーブからのネットプレーヤー攻撃
　a．前進するネットプレーヤーの足もと、サイド側、センター側へ積極的に攻撃する。
　b．前進してくるネットプレーヤーの頭上を、中ロブで攻撃する。

④ 守りのボールの習得
　試合を優位に展開していくためには、攻めるべきボールをしっかりと攻撃し、守るべきボールを固く守ることが必要である。
　a．だいじなカウントでの強力なファーストサービスのレシーブは、プッシュ気味にセンターに高いロビングを上げる。
　b．相手に攻められたボールを、センターに高くロビング返球する。
　c．ネットプレーヤーは、サービス後にネットにつめる際、攻撃されるボールに対してしっかりと守れるローボレーの技術を強化する。

4．初心者の指導法

❖ 初心者の導入法

(1) 準備運動
　ストレッチ、フットワーク、ランニング、スキップ、クロスステップ、サイドステップ、後ろ向き走など。

(2) ラケットの持ち方
　基本的なウエスタングリップを、自然に身につける。
① 正しいグリップを自然に身につける。右足の前にラケットを置き、右手でV字をつくり、上からグリップを握る。
② 右肩の前でボールつきをする。駆け足を入れて、上体の力を抜いてグリップを柔らかく握る。

(3) ボール・ラケットに慣れる遊び
　ラケットの長さ・重さと、柔らかい30gのボールのバウンドのしかたなどを体で理解する。
① ラケットを持たないで (図4-1、4-2)
a．キャッチボール ─┬─オーバースロー
　　　　　　　　　├─サイドスロー
　　　　　　　　　└─バックスロー
b．ワンバウンド
　●キャッチボール ─┬─両手でキャッチ
　　　　　　　　　└─左手でキャッチ
　●ハンドテニス(手のひらで打ち合う) (図4-3)
　ラケットの面を手のひらの原理で使う感覚を身につける。
② ラケットを持って
a．1人で
　●表面で地面にボールつきをする。
　●表面で上にボールつきをする。
　●表面、裏面交互に高さに変化をつけて上につく。

4. 初心者の指導法

- グラウンドストロークの左手キャッチ

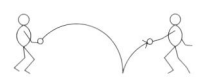

  2～3m離れて

- ボレー（フォア、バックの右手キャッチ）

  5～6m離れて

- スマッシュの左手キャッチ

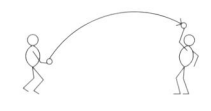

  フットワークを加えて

●図4-1／キャッチング

- グラウンドストロークのボールスロー

  7～8m離れて

- ボレーのプッシュスロー

  4～5m離れて

- スマッシュのオーバースロー

  フットワークを加えて
  ジャンプを加えて

●図4-2／スローイング

- グラウンドストロークの手のひら打ち

- ボレーの手のひら打ち

- スマッシュの手のひら打ち

●図4-3／ヒッティング

- 落ちてくるボールをバウンドさせずに面で止める。
- 足の間や身体の後ろでつく。
- ラケットと額で交互につく。

〈ラケットとボールに早く慣れるためボールつきしながら各種動作やストレッチ運動を行う〉

- 足を前後・左右に開閉しながら行う。
- 膝を屈伸しながら行う。
- ジャンプしながら行う。
- ストレッチをする。

〈歩く動作、かけ足、ジャンプ、体の1回転、ラケットの持ち替えなどの動作を入れてボールつきを行う〉

- 地面のボールをバウンドさせながら拾う。手首や指の力をいかに抜いてボールを扱うかが大切である。

〈ボディーバランスを高めるために、ボールつきを行う〉

- 足をそろえて左右にジャンプ（膝を徐々に深く曲げて）する。
- 片足でジャンプ（右10回、左10回）する。
- 腰のツイスト回転を入れて行う（最初はゆっくりから徐々に速いリズムに）。
- 足を後ろにけり出しながら行う。
- 左手で後ろにけり上げた左足をたたきながら行う。

b．2人組で（図4-4）

〈2人で楽しむワンバウンドボレー〉

- 4～5m離れて、かけ足をしながら行う。
- かかと、つま先、足の内側・外側で小刻みに足踏みをしながら行う。
- ラケットを腰のまわり、脚の間を通しながら行う。
- ラケットを上に投げ上げながら、手をたたいて左手でいちょうの部分をキャッチして右手でグリップを握って打つ。
- ラケットを上に投げ上げながら、前に上げた右足の下、左足の下、背中の後ろで手をたた

く動作を入れて行う。
- ジャンプしながら行う。(両足とび、左右開脚とび、前後開脚とび、膝曲げ)

〈向かい合ってボレーの要領でワンバウンドさせる。かけ足、ジャンプ、体の回転、身体のまわりでラケットを回したり、足の間をくぐらせたり、上に投げ上げたり、投げたあと手を前でたたいたり、足の間でたたいたり、体の後ろでたたいたりする〉
- ポイント
  左手の使用と、グリップを柔らかく握るコツをつかむ。左手の役割は、面づくり、右手のリラックス、バランス保持、パワー発揮などである。
  いかに力を抜いて面をしっかりつくるかを意識する。
- 裏面を使ってボレー＆ボレー
- 頭の上でボレー＆ボレー

c．大勢で
- 野球ゲーム
- リレー形式の遊び
- ボールつき鬼ごっこ

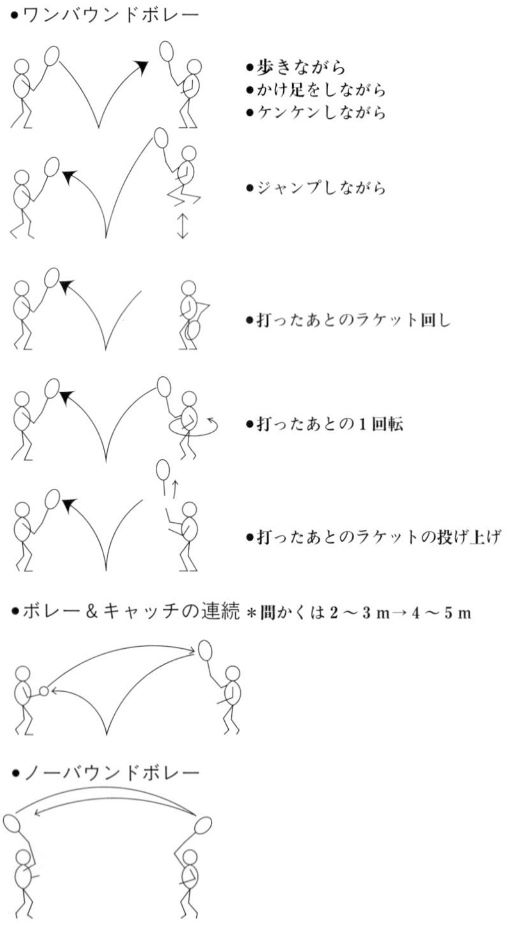

④ グラウンドストロークの導入法

a．トスの種類
- 自分でトスしたボールを打つ。
- 横からトスしてもらったボールを打つ。
- 2～3m前からトスしてもらって打つ。
- ネットごしにサービスラインあたりにトスされたものを打つ。
- ラケットでトスされたボールを打つ。

b．打ち方の種類
- 手のひらでボールを打つ練習。
  手のひらの原理で、ラケットの面が手のひらの感覚になるようにする。
- 面をつくってプッシュする練習
  フラットの面を意識して、面を運ぶ感じをつかむ。
- 柔らかいグリップで打つ練習
  インパクトの瞬間は握りしめる感じが必要であるが、親指と中指だけでもよいボールが飛ぶことを理解する。
- 打ったあとラケットを放り投げる練習
- フィニッシュを首に巻きつける練習
  フォロースルーやフィニッシュで力が抜けないと、スムーズな振り抜きができない。
- フィニッシュ後にラケットを離す練習
- フットワークを使ってのワンバウンドキャッチ練習
  落下点の予測とボールのバウンドの理解、およびすばやいフットワークを身につける練習

- ワンバウンドボレー
  - 歩きながら
  - かけ足をしながら
  - ケンケンしながら
  - ジャンプしながら
  - 打ったあとのラケット回し
  - 打ったあとの1回転
  - 打ったあとのラケットの投げ上げ

- ボレー＆キャッチの連続　＊間かくは2～3m→4～5m

- ノーバウンドボレー

●図4-4／2人で向かい合ってのボールつき

をする。
- ●片足で打つ練習

  体重移動がうまくいかない、例えば、スタンスが広すぎて移動が大きすぎる場合の矯正として、右足あるいは左足を軸にして片足で打つ練習をする。
- ●遠くに飛ばす練習

  インパクト時にフラットの面で真ん中でボールをとらえていれば、遠くに飛ばすことができる。
- ●「バウンド」「ヒット」といったリズム練習

  ボールをよく見ること、ボールのバウンドと軸足決定とバックスイングの完了のタイミングがほぼ同時になるように、「バウンド」「ヒット」と口で言いながら打つ練習をする。

⑤ サービスの導入法（図4-5）

a．ネットごしにプッシュする練習

b．トスの練習

c．壁打ち練習

d．サービスラインからのサービス練習

　ベースラインを目標にしてサービスを行う。

e．ベースラインからのサービス練習

　正規のサービスボックスにサービスを入れる。

⑤ ボレーの導入法（図4-6）

a．ワンバウンドボレー練習

b．ポンポン練習

c．軸足を設定したボレー練習

d．片足ボレー練習

e．歩きながらのボレー練習

f．かけ足をしながらのボレー練習

⑥ スマッシュの導入法（図4-7）

キャッチボールのオーバースローの要領で行う。野球のボールや硬式テニスのボールを使って投げる練習をする。肩を強化するために、ハンドボールなどを使うと効果的である。

a．ネットの近くでその場スマッシュ

b．前に2〜3歩移動しながらスマッシュ

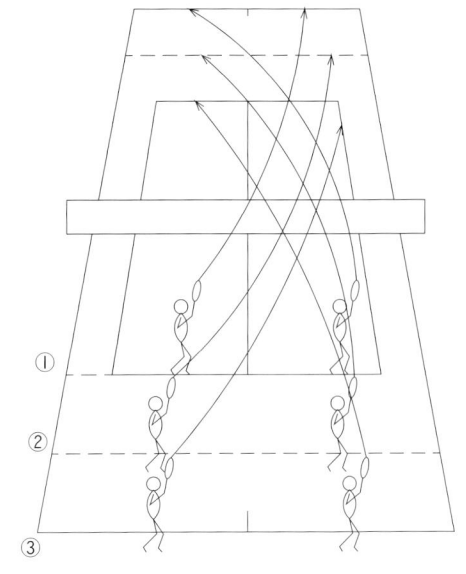

●図4-5／サービスの導入法

①手でトス
②ラケットでやわらかいボールをトス
③ふつうのボールをトス

・その場で　　　　・歩きながら
・軸足を決定して　・かけ足をしながら
・片足で

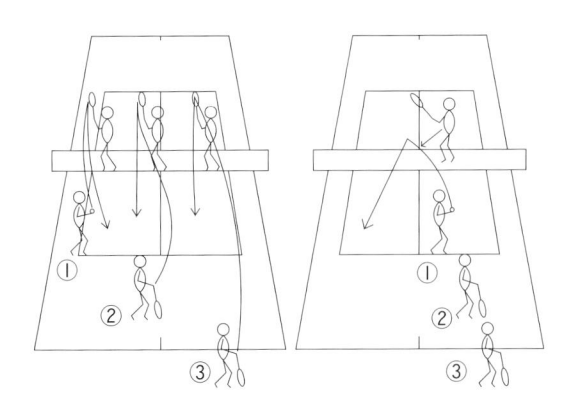

●図4-6／ボレーの導入法

c．サービスラインあたりでスマッシュ
d．フットワークの練習（クロスステップ、サイドステップ）
e．打点をつかむための左手キャッチ、およびヘッディング練習
f．定位置から5～6歩後退してのスマッシュ練習

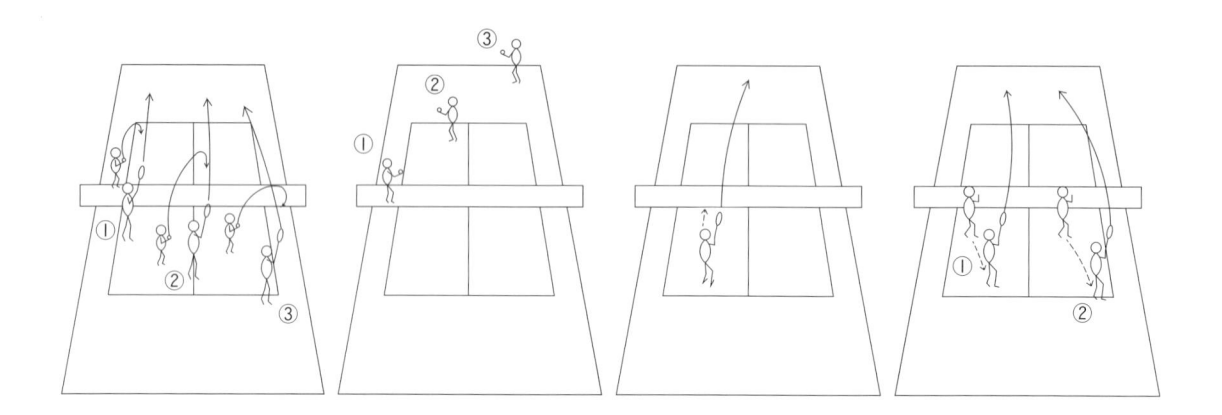

打つ位置は、サービスライン付近までを守備範囲とする。

トスの位置
①その場で
②サービスライン付近で
③ベースライン付近で

前に移動しながらスマッシュする。

定位置から2～3歩あるいは5～6歩さがってスマッシュする。

●図4-7／スマッシュの導入法

5．ジュニアを対象とした指導法

❖ テーマ

> 興味づけを主としながら、基本技術の正しい習得をねらい、ソフトテニスを心底好きにさせる。

小学生低学年から高学年にわたって多くの子どもたちがソフトテニスを愛好している。地域のスポーツ少年団に登録しての活動が中心である。それを支えているのは、地域の年配の方々や学校の先生方であり、真摯で熱心な指導に依存している。

ジュニア指導で留意することとして、基本的なことをいくつかあげてみよう。

① ルールを守り、マナーやエチケットを身につけ、みんなと協力して仲よく楽しむ態度を養う。
② 初期に変なくせがつかないようにする。一度身につけると上達の妨げになるばかりでなく、スポーツ障害を引き起こす。
③ 不当なトレーニングは慎む。やりすぎは身体の故障と心理的飽和（燃えつき症候群）を生み出す。
④ 勝敗にこだわりすぎないように、ソフトテニ

スの楽しさを多く経験させる。
⑤ ソフトテニスは片側発達のため、他のスポーツも楽しみながら、バランスのとれた発達をうながす。
⑥ おちこぼれをつくらないように配慮する。

次に、基本的技術の習得ということで、留意すべきポイントを示してみる。

(1) **待球姿勢は基本の第1歩**
① 待球姿勢に始まり、待球姿勢に終わる。
② 両かかとは少し浮かし、いつでも動けるようにする。
③ 膝小僧を通して、足先が見えるか見えないくらいに膝を曲げる。
④ 相手の打球コースを判断するには、見おろす姿勢よりも、見上げる姿勢のほうが的確である。

(2) **ミスの少ないアンダーストロークをマスター**
① アンダーストロークのポイント
a．ラケットの先端が地面にふれるように下げてから、脇をあけないようにバックスイングする。
b．右手だけで引かないで、左手で引く感じで、自然に左手を離してトップまで引き上げる。
c．左手を離したら、バランスをとりながら前方のボールを指さすようにする。
d．フォワードスイングは、バックスイングと同じ軌道を通るようにする。
e．インパクトでのラケットは、手首よりも多少先端が下がった斜めの状態となる。
f．インパクトでのラケット面は、フラットで脇をしめるようにしてヒットする。
g．打点は膝の高さぐらいにする。
h．ラケットを打球方向に投げるように前方に振り出す。
i．フィニッシュは、首に巻きつけるように振り抜く。
j．体重移動を十分に行い、右膝を地面につける

感じでフィニッシュする。
② 練習方法
a．横向きのまま、その場で上から垂直に落としてもらい、膝の高さで打球する。
b．前方5～10mから、素手でアンダースローで投げてもらって打球する。
  ● ネットの前からラケットで上げボールを出してもらって打球する。
  ● 上げボールの位置をネット越しにし、徐々に後方に下げて、ベースラインよりの上げボールへと移動する。
  ● 横に2～3歩、前に2～3歩フットワークを入れて打球する。
  ● 打球する人は、コートの中に正確に入れる練習と、遠くに打つ練習の両方を取り入れる。

(3) **ボレーの返球コース**
① 正面ボレーは正面に返球
a．正面ボレーはラケット面と右肩が一直線となる。
b．右足を打球方向に1歩踏み込んで、脇をしめて打球する。
c．ボレーの落下点は、サービスラインを目標にして徐々に深く打球する。
d．ボレーの構えは、ラケットのフレームが常に白帯より上にあること。
② フォアボレーは右斜め方向に返球
a．右足を右斜め前方に踏み込んでボレーする。
b．ラケットは縦あるいは斜めに使う。
c．角度のあるボレーができるようにする。
③ バックボレーは左斜め方向に返球
a．左足を左斜め前方に踏み込んでボレーする。
b．ラケットは斜めか横に使う。
c．肘が上がらないように脇をしめる。
d．肩ごしにボールを見るようにする。
④ 練習方法
a．素手（手のひら）で、2mぐらい前方から投げてもらい、正面はまっすぐに、フォアは右方

向に、バックは左方向にボレーをする。
b．ベースラインからゆるやかな上げボールを出してもらい、最初は面を合わせることからはじめ、徐々に肘の屈伸動作をともなったボレーをする。
c．フォアボレー、バックボレーは2～3歩斜め前に移動して、ランニングボレーへと発展させる。

(4) ポジションについて
次頁の図4-8を参照。

6．レディースを対象とした指導法

❖ テーマ

> 優雅なフォームで美しく、むりのない面づくりを中心としたテニスをめざす。

とくに、育児を離れて30代、40代になって初めて経験する初心者は、若い頃に活躍していた経験豊かな人たちの指導のもとで、生涯スポーツとしての楽しみを享受することができる。女性指導の一般的な留意点をあげてみる。
① 加齢にともない基礎体力の低下が男性よりも顕著である。勝つために行うテニスではなくても、前後左右のフットワーク、肩力、腕力、手首の力、握力強化も心がけたい。
② 上体・肩・腰の回転が十分に行われにくい。サービスやスマッシュまたストロークも体が開く打ち方になりやすいので、横向きから、腰や肩の回転を意識した打ち方を心がけたい。
③ 脚力の衰えから、膝や足首のねんざ、あるいは使いすぎによる肘や手首の故障が多い。
これらの特性を十分に配慮しながらの指導が必要となる。

ここでは、特徴的な技術のポイントを1つの基準として示してみる。

(1) フォアハンドストロークのフィニッシュ
フォアハンドストロークのフィニッシュは、時計の1時の方向にする。

(2) バックハンドストロークのフィニッシュ
バックハンドストロークのフィニッシュは、時計の11時の方向にする。

(3) ロビング戦法を覚える
レディースのテニスは、スピードボールやテクニックを多用しての攻撃ができるにこしたことはないが、できれば相手のベースライン近くに打球するロビングをマスターすることのほうが得策である。
① 技術のポイント
a．アンダーストロークをマスターする（ラケットを縦面に使う）。
b．膝を曲げ、低い姿勢で打球し、インパクト後の立ち上がり動作をゆっくりとして、大きくフォロースルーをとる。
② 練習のポイント
a．クロス、ストレートでロビングだけのラリーを目標回数を決めて続ける。
b．打球の高さは、ネットから3～5mの範囲で変化をつける。打球の深さは、サービスラインとベースラインの中間からベースラインの間をねらっていく。目標として白線をひく。

(4) ハイボレーに強くなろう
女性のテニスは、一般的にネットから2～3mの高さで飛ぶボールが多い。とくにレディースのテニスの場合、ロビングボールが多くなるから、多少ネットから離れてハイボレーや押し出し気味のスマッシュをマスターする。

6. レディースを対象とした指導法　99

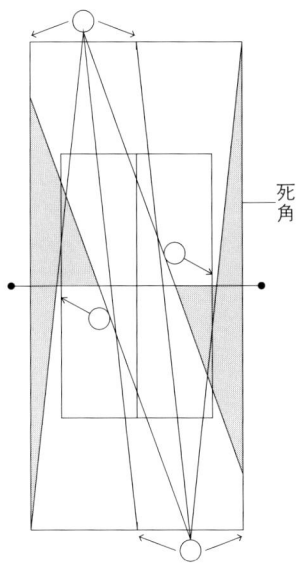

死角

基本的にはコート半分を
お互いがしっかり守る。

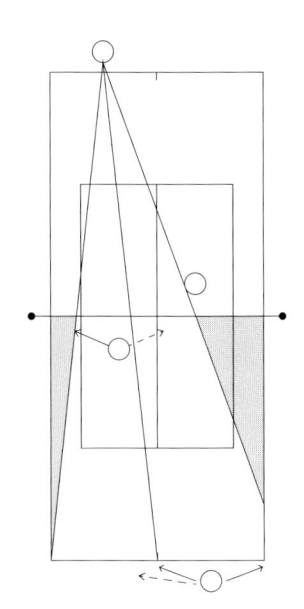

〈正クロスの陣形〉
ネットプレーヤーがポーチ
した場合は、スイッチが必
要になり、守備範囲が逆に
なる。

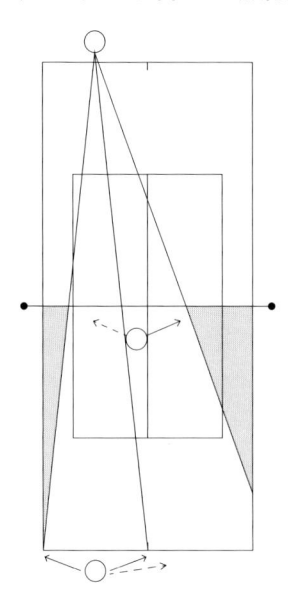

〈左ストレートの陣形〉

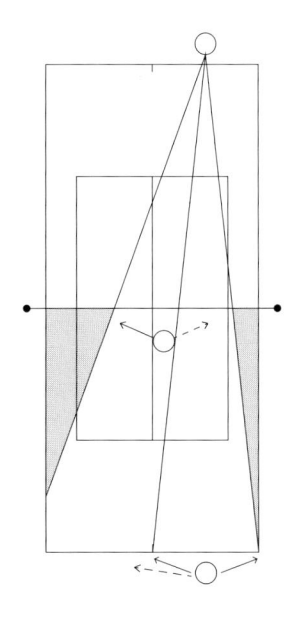

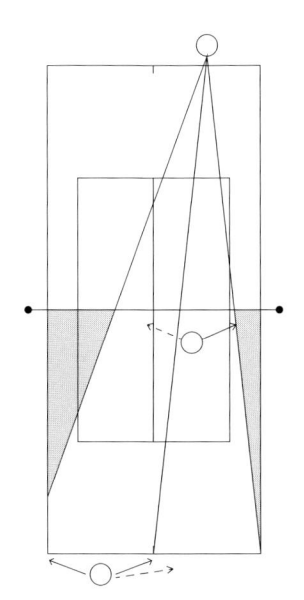

〈右ストレートの陣形〉

〈逆クロスの陣形〉

●図4-8／ボレーのポジション

① 技術のポイント
a．打点は頭の上ではなく、斜め前方にする。首を上げないで、目の動きだけでとらえられる斜め前方にする。
b．構えの姿勢から、高いボールと判断したら、額の前方に右手（グリップ）を早くもっていき、スイングを短くして（20～30cm）、インパクトでは小指をぎゅっと強めに握る感じでボールをとらえる。
c．深いボールを返球しようとするのではなく、サービスライン付近をねらっていくとよい。

② 練習方法
a．ネットからのポジションは、2mぐらいのところに構える。
b．上げボールの位置は、サービスライン付近からやわらかいボールを出し、徐々に遠いところからラケットで出すようにする。

7. シニアを対象とした指導法

❖ テーマ

> 楽しみを中心に、健康の維持増進に努める。

年配者は脚力が衰え、足首や膝や全身の柔軟性の低下が著しく、反応自体も鈍くなってくるのがふつうである。
十分なストレッチングでウォーミングアップやクーリングダウンを習慣化して、むりのないテニスをめざし、疲れを残さないような取り組み方が大切である。

(1) ラケットは両面使うことを覚える
体力の衰え、なかでも脚力の衰えにより横向きの姿勢よりもオープンスタンスが多くなる。リーチを広くするためにも、基本的にはウエスタングリップでこなすが、イースタングリップでフォアはフラットの面で打球し、バックはスライスやカット気味に打球するのも1つの方法である。

(2) グラウンドストロークにカット打法を取り入れる
ラケット面を有効に使い、スイングも横振りにとらわれずに、縦振りでボールをカットする打法をマスターする。
ラケット面を押し出すフラット打法で、ゆるやかなロビングを深いところに打って、次にカット打法で短くはずまないボールを返球する。相手を前後にゆさぶる戦法は、シニアにはとくに有効である。

① 技術のポイント
a．フォアハンドストローク
- 手首を固定し、脇をしめて打球方向へ押し出す。
- サイドストロークで水平に押し出すようにスイングする。
- インパクトからフォロースルーにかけて、小指を先行させる感じが大切である。ラケット面を少し上に向けて、ボールの下方を打つスライスボールも有効である。
- 同じスイングから、フラット打法でボールにあまり回転をかけないボールや、ややスライスボールを返球する。

b．バックハンドストローク
- インパクトからフォロースルーにかけて親指を先行させ、ラケット面をやや斜めに使ってサイドストロークで水平に押し出す。
- インパクト時にラケット面を上から下方に引き下ろし、ボールの斜め下方をカットするようにスイングする。
- スタンスはオープンスタンスが主となるが、クローズドスタンスで打てるようなフットワ

ークを心がける。
② 練習方法
〈ストレートへのフォア、バックの連続打ち込み〉
a．サービスラインとベースラインの中間に位置し、1〜2歩の移動でフォア、バックと交互に打球する。
b．2〜3歩左右に移動し、フォア、バックと連続して打球する。
c．スライスやカットボールでの返球は、ネットに近いところから打球し、徐々に遠いところから打球するようにする。
d．ストレート方向への返球からはじめ、正クロスや逆クロスでも練習する。
e．体力に応じて、左右や横への移動距離や、打球回数を配慮する。

(3) レシーブはツイスト戦法で攻撃
　スピードのある速いサービスはあまりこないと考えてよい。左右への横の動きはラケットさばきを含めて比較的動いて打球できるが、前後の動きに対しては弱さがでやすい。
　したがって、甘いサービスを短くレシーブして、相手の陣形を崩して次の攻撃を有利に展開できる。
① 技術のポイント
a．右サイドのフォアレシーブ
　●ボールの打点を低くして、ラケットの先端が地面にさわるぐらいに下げる。
　●打点をできるだけ引きつける。
　●ラケット面をややかぶせ気味にして、斜め上方へ手首をこねないで顔の前にこすり上げるようにする。
b．右サイドのバックレシーブ
　●打点は腰のあたりでフォアよりもやや高くする。
　●ボールを引きつけ、打球方向へラケット面にボールを乗せて送り出すように打つ。
　●ボールにスライス回転を与える。

c．左サイドのフォアレシーブ
　●打点は膝のあたりに下げて引きつける。
　●ラケット面にボールを乗せて、打球方向に送り出すようにスライス気味にゆるいボールを打つ。
　●スタンスはオープンスタンスで行う。
d．左サイドのバックレシーブ
　●ラケットを縦に使って、ボールの左横をこすり上げるようにする。
　●クローズドスタンスでボールを十分に引きつけて打つ。
　●低い打点からはじめる。
② 練習方法
a．ネットから1mぐらいのサイドラインあたりに位置して、自分自身でトス（ワンバウンド）してクロスに打球し、相手コートのネットぎわをねらう。
b．レシーブの返球場所からの上げボールをレシーブする。

(4) 多種多様なカットサービスをマスター
　肩の衰えなどから高いトスで上から打つサービスには勢いがなく、逆に相手から反撃されることが多い。ボールにいろいろな回転を与えて、低くバウンドしないサービスで攻撃を防ぐ。
① サイドカットサービス
　サイドカットサービスでは、グリップはイースタンでシャフトの中間ぐらいを握る。打点は肩と腰の間で、体の横斜め前方で行う。トスは低く上げ、ラケット面は斜め上に向け、ボールの後ろ下方を斜め下方に切り下げるようにスイングする。スタンスはややオープンで膝を少し曲げる。
② アンダーカットサービス
　アンダーカットサービスでは、打点は膝ぐらいの位置で、フォアハンドではオープンスタンスでボールの真後ろを右から左へ真横にスイングし、バックハンドでは、クローズドスタンスでボールの真下を左から右へ真横にスイングする。

8. 実践技術のテクニック

ここでは、実際に指導するにあたって必要とされる指導法を紹介することにする。図4-9に技術を指導する実践テクニックのいくつかを示した。

(1) 上げボールの送球技術

指導者として、「上げボール」を対象のレベルや目的に応じて使い分けることができる技術はきわめて重要である。上げボールによって、自然に意図するかたちやフォームが生まれ、逆に、上げボールによって恐怖心を与えることになったり、変なくせが固定してしまうことも多いのが現状である。ソフトテニスを経験したことがなくても、「上げボールは一流」という指導者になることは可能である。

具体的なポイントを示してみる。

① 手で投げる

初心者の段階あるいはフォームづくりの段階では、素手で出されたボールを打つ練習が効果的である。アンダースローでていねいに上げボールをする。

② ラケットで出す

a．短く持ってプッシュする上げボールや、短く持ってスライス気味の上げボールをする。

b．アンダーストロークのスイングをコンパクトにして、ラケットの重さでフラット面で上げボールをする。

c．球種、球質を変え、フラット、ドライブ、スライス回転を、練習内容や能力レベルに応じて出す。

d．インターバルを変化させる。ラリーは3秒に1回ぐらいの間隔で打球している。上げボールも3秒に1回ぐらいの練習から、1秒に1回ぐらいの練習をする。とくにボレーや相手に余裕を与えないストローク練習では、機関銃的な上げボールが効果的である。

e．上げボールを出す位置を変化させる。練習内容、ねらいによってネットぎわ、サービスライン、ベースラインといった前後の変化と、サイドライン、センターマークといった左右の変化をつける。

(2) 模範プレーの示し方

本項では3つの話題を取り上げる。1つは模範プレーの呈示角度の問題、2つ目は利き手の問題、最後が言語的補助の必要性についてである。

指導者は選手と向かい合って上げボールをする。そして、指導者が模範プレーを示しながら、ラケットを振り出す方向や身体の向きなどに注意を与えるとき、プレーヤーは無意識のうちに身体をくるっと半回転させ、指導者に対して背中を向けてラケットを振る、そんな光景を見かけることがある。

これは、プレーヤーの視線が指導者と同じ方向を向くように、身体を回転させているのである。指導者とプレーヤーの位置関係が向かい合っているとき、両者の左右関係が一致していない。したがって、指導者が指し示す動きの方向は、プレー

視覚的教示（示範ビデオ）　　上げボールの送球技術

段階的指導　　言語的教示

運動感覚的手がかりを用いた指導　　指導者自身が練習相手

●図4-9／指導の実践技術のテクニック

ヤーにとってはまったく逆になるのである。こうしたことから、指導者の模範プレーをプレーヤーがイメージ化するためには、模範プレーのイメージを180度回転することが必要となる。

逆に、位置関係が一致しているときはどうか。指導者とプレーヤーの視線が同じ方向を向いている場合には、プレーヤーは模範プレーのイメージを180度回転するという心的な操作が必要でなくなるため、模範プレーのイメージ化は容易となる。とくに、左右関係の理解のおぼつかない小学校低・中学年の児童や、動作の系列の習得を目標とされる初級者には、イメージを回転するという認知的な負担を取り除いた状況の中で、つまり、視線が同一方向となる位置から模範プレーを示してやる配慮が、プレーヤーのイメージ化の促進のために必要となる。

では、上級者の場合はどうであろうか。上級者が模範プレーから得なければならないことは、運動の「感じ」である。目から入力された情報を力の入れ方・抜き方、タイミングなどのいわゆる運動の「感じ」といわれる筋運動感覚的な情報におきかえることである。運動の感じをつかむことが目標とされる上級者が模範プレーを見るとき、初級者の観察のしかたがあてはまるとは言えない。

上級者にとっては、ある１つの方向からプレーを観察するよりも、いろいろな方向から観察するほうが運動の感じをつかむためにはよいと思われる。

次に利き手の問題である。世間の圧倒的多数は右利きで、左利きは少数派である。左利きが占める割合は、スポーツマンを対象にすると若干多くなるという報告もあるが、一般には約５〜30％の間とされている。左利きプレーヤーは少数派とはいえ、現に左利きの指導者やプレーヤーは存在する。

また、少数派であるがゆえに、試合では有利であると言われている。こうした左利きプレーヤーの指導方法のポイントを把握しておくことは、指導者にとっては必要なことと思われる。指導者とプレーヤーの利き手が一致しているほうがよいのか、一致していなくても指導に影響はないのであろうか。

模範プレーを示すとき、指導者とプレーヤーの利き手が一致していたほうがより有効であるかという問題については、現在までのところ直接検証された報告はない。

先に初級者の指導に当たって、指導者とプレーヤーの位置関係への配慮が重要であることに触れた。これは、模範プレーがそれを見ているプレーヤーが視覚的に入力された情報を操作・変換する必要のない、いわば視覚的に類似しているかたちで呈示されることが望ましいことをあらわしているのである。

つまり、視覚的に類似したかたちで模範プレーを示すと、プレーヤーのイメージは促進されやすいのである。そうした点から考えると、指導者とプレーヤーの利き手は一致しているほうがよいのかもしれない。

実際、一流の左利きプレーヤーである沖田氏は、右利きプレーヤーが載っている雑誌のグラビアを裏返しにしてフォームの分析をしたそうである。裏返して見ると、確かに右利きのプレーヤーは左利きになる。沖田氏は模範プレーを観察するとき、模範者の利き手が左利きであるほうがイメージ化しやすいことを経験的に知っていたのである。

模範プレーを視覚的に類似したかたちで示すことは重要なことであるが、反面、コート上では制約が多く、なかなか困難なこともある。そんなとき、指導者が模範プレーを示しながら言葉を利用していくことは動作の習得には有効な手段となる。

模範プレーを通してプレーヤーの視覚に働きかけるだけでなく、技術のポイントに関した適切なアドバイスをすることを指導者は忘れてはいけない。模範プレーを見るだけ見せて、「さあ、やってみろ」流の指導や、技術の解説が上手にできない

指導者では、プレーヤーは困惑するだけである。指導者がプレーヤーにどこを見てほしいのか、プレーヤーがどこを見たらよいのかわからないことはよくあることである。

　模範プレーの最中、初級者の中にはボールばかりを目で追いかけているものもいる。また、プレーヤーが見ているポイントと指導者が見てほしいポイントが異なっていることもあるかもしれない。模範プレーを示すだけでは、このような状態を克服できない。

　言語的なアドバイスを適切に付け加えると、プレーヤーの見るべき観点を絞り、技術のポイントに注意を向けさせることができる。模範プレーと言葉の組み合わせでいかにうまく指導できるかが、プレーヤーの上達を決める要素となる。

(3) 視覚的教材の利用

　最近は、非常にコンパクトで比較的安価なカメラ一体型のVTRが登場し、テレビの録画や再生だけでなく、屋内外の撮影も容易に楽しめるようになった。大会会場を見ても、VTRで試合を撮影している光景は、もはやめずらしいものでなくなっている。このような光景を見ていると、多くの指導者たちがVTRの必要性について十分に認識していることがうかがわれる。

　しかし、「どれだけ効果的に活用しているか」と問われると、首をひねる指導者も多いはずである。ここでは、どのような効果があるのか、また、どういう点に注意すると、より効果的にVTRが活用できるのかについて触れてみる。

　プレーヤーはある理想となるイメージをもってプレーする。しかし、実際はすべてうまくプレーできるとは限らず、理想のイメージと異なっている場合は、それに近づくように実際に自分の動作を修正する。プレーヤー自身が自分のフォームがイメージどおりに動いているのか確認することは難しい。

　例えば、自分では肩が開いていないつもりでも、実際には開いているとか、膝を曲げて打球しているつもりでも、それほど曲がっていないということはよくあることである。そこで、指導者は示範を示したり言葉でアドバイスを加え、今の動作が理想のイメージとどこがどのように違っているのかを指摘する。

　その際に、指導者がどれだけわかりやすく示範したり言語化して伝えることができるか、あるいはプレーヤーがそれをどれだけ正確に理解できるかが技術向上の決め手となる。よりわかりやすく伝え、より正確に理解するために、VTRは非常に役立つ道具である。

　VTRの活用は、示範や言語的アドバイスの視覚的補助として機能し、それによって自己のプレーを視覚的に確認でき、理想イメージとのずれの修正が容易になる。

　このようなVTRがもたらす機能は、心理学ではフィードバックと言われ、運動の制御を行ううえで重要な機構とされている。

　運動制御機構を円滑に機能させるためには、理想イメージの形成が必要であることがわかる。この理想イメージはいわば動作の目標やプランとなるものであり、誤った目標やプランの設定は誤った動作を導くことになる。

　練習場面において、指導者はプレーの目標やプランとなる理想イメージを正しく形成させるために示範したり、アドバイスを与えて指導している。しかし、より効率のよい指導のためには、VTRを

積極的に活用することで、プレーの理想イメージをわかりやすく呈示し、プレーヤーのイメージ化を促進することが必要となる。

VTRの活用には、理想イメージの形成（目標設定）とフィードバックの2つの機能があることを述べた。それでは、有効にVTRを活用するためにはどういう点に注意すべきであろうか。

1つは、VTRをいつ見ると効果的なのかという問題である。プレー直後、プレーヤーは今の自分のプレーに対してどんな感じがしたのかという、筋運動感覚的なイメージを用いてフィードバックを行っている。しかし、そのイメージはすぐに消えてしまう。とくに初級者では、より短い時間で消えてしまうのである。こうしたことを考えると、プレー後すぐVTRを見せたほうがしばらくたってから見せるよりも効果的と言える。

試合ばかりではなく、日常の打球練習でもコートにVTRを運んで、プレーを録画→再生し、確認しながら練習することは、技術習得の近道となりうる。

もう1つは、VTRの見方の問題である。模範プレーの示し方のところでも触れたが、運動の習得で重要とされることは、視覚から入力された情報を運動の「感じ」に置き換え、実際にそのとおりに動いてみることである。漠然とVTRを見ているだけでは、こうした運動の感じをつかむことは難しい。

運動の感じをつかむためには、あたかも自分がそこでプレーしているかのようにVTRを見ることが大切である。

VTRに映し出されている映像に自己を投入し、共感をもって見ることはVTRを見るうえで不可欠な条件である。

(4) 各種技術の矯正法

技術の指導において、視覚に訴える方法はすでに述べたが、言葉に訴える方法や運動感覚に訴える方法もある。

ここでは、運動感覚的な手がかりを利用した正しい技術を習得する方法を紹介しよう。筋肉の動きや関節の動きの手がかりを利用する方法は有効である。

代表的な身体拘束法と、反応強制法による正しいフォームへの矯正を工夫してみよう。

① 身体拘束法

身体の一部を拘束することによって正しい動作の感じを覚えたり、誤りや変なくせを矯正する方法である。

a．脇にボールやタオルをはさむ。

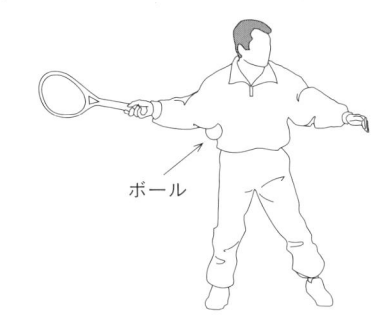

b．片足でプレーする。

c．左手の動作を制限してプレーする。

d．サービスやスマッシュの横なぐりは、壁などを利用して矯正する。

壁

② 反応強制法

　これはガイダンス法ともいわれ、身体あるいは手足などの部分を動かしてあげて、運動のパターンをコントロールする方法である。

a．手首や足を持ってあげる。

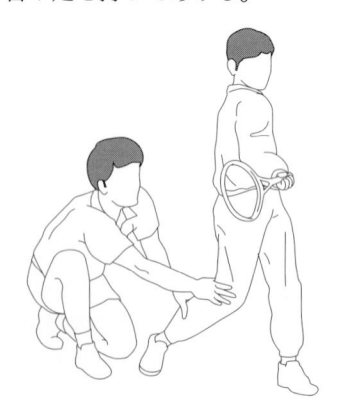

b．ラケットで身体の部分を押さえてあげる。

c．ラケットを使って打点を覚えさせる。

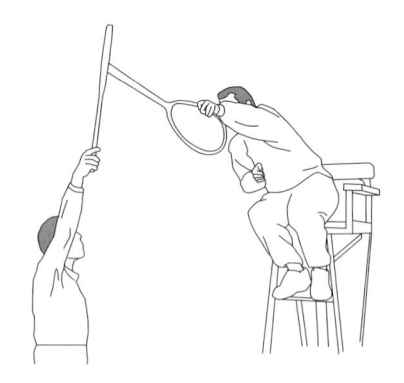

　以下、グラウンドストロークとボレーにおける陥りやすい欠点の矯正法を考えてみよう。

③ グラウンドストロークの矯正

　事例1　「前かがみになって安定しない」（図4-10）

　前かがみになりすぎる場合、体の前にのめるのと、打球方向に前傾しすぎるのが考えられる。

　前者の場合は、スタンスが狭くて、膝が使えず、腰高になる場合に多い。スタンスが狭いということは、膝も使いにくく、軸も安定せず、体重移動もしにくいので、膝を十分に使えるスタンスで、後ろ足に十分体重を乗せて前足に体重を移し、ボールをとらえるタイミングを簡単な上げボールで覚えていくとよい。その際、上体は背すじを伸ばした感じで多少起こし、腰のあたりにはりをもたせることがポイントである。

8. 実践技術のテクニック

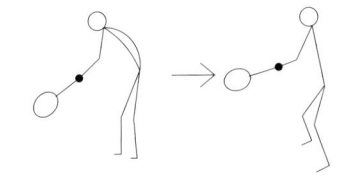

膝を使って体重移動のできるスタンスで

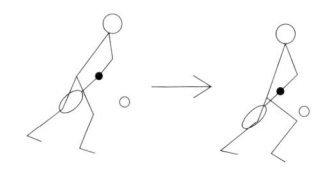

左膝よりも頭を前に出さないように

●図4-10／前かがみになる場合

また、後者の前のめりについては、気持ちが先行して、ボールに向かっていってしまい、不安定なストロークになるようである。ボールに対して前向きな気持ちで向かっていく要素はとても大切であるが、打ち急ぎにならないように、少なくとも、左膝（踏み出し足）の位置よりも頭の部分が前に出ないようにチェックすることもひとつの方法である。

事例2 「ボールが体に近づきすぎる」（図4-11）

最初の段階では、ボールのバウンドが理解できないために、バウンドしたところへ近づきすぎてしまう傾向がある。まずボールのバウンドの理解とボールと体との距離感を覚えることが大切である。横向きになって、さあ打とうとするとき、上げボールされたボールを左手で打点のあたりに伸ばしてキャッチする練習、それが難しければ、左手の手のひらでボールをたたく動作でもよい。

さらには、ワンバウンドしたボールが頂点に達したところで、あるいは落下する腰のあたりで、また膝のあたりで、あるいは、ツーバウンドする寸前でキャッチする練習なども効果的である。

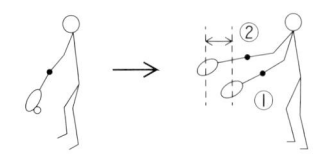

①脇をしめて右肘を軸にスイング
②腕を伸ばし気味にスイング
①と②の距離感を覚えよう

●図4-11／ボールが体に近づきすぎる場合

体との距離感については、脇をしめて右肘を軸にして打つときの打点と、腕を伸ばし気味で打つ場合の打点の間でボールをとらえる練習で、感覚的に身につける必要がある。その際、とくに小きざみなステップが必要なことはいうまでもない。

事例3 「**体が開きすぎたり、クローズになりすぎて手打ちになってしまう**」（図4-12）

スタンス、体の向きが打つ方向に対して正対するかたちになり、体の回転が使えずに手打ちになってしまう場合は、バックスイングを腰・膝・フットワークのリズムのなかでラケットを引く習慣をつけること。また、左肩、左手を先行させて横向きのかたちをつくりながらラケットを引くことを意識させてみる。

体が開きすぎて手打ちになる　　左肩・左手を先行させてラケットを引く

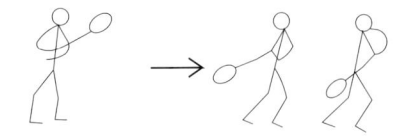

右手と左手が交差する　　左手で右肘の下を持って前に引っぱる

●図4-12／体が開きすぎたり、クローズになりすぎて手打ちになる場合

逆に、踏み出し足がクローズドになり、腰の回転が使えないため、右肩、右肘が後ろに残ってしまい、打ったあともフォロースルーで体と左手が交差したかたちになり、体重移動もスムーズに行われず、重心が右足と左足の中間ぐらいになり、きゅうくつな打ち方になってしまう。

その場合は、スタンスは多少オープン気味にし、左手で右肘を下から持ち、前に引っぱって打ってみたり、肩や腰の回転を助けるために、インパクトの瞬間、左肘で肘鉄砲をしてみたりするのもひとつの方法である。

事例4 「スライスになってしまう」（図4-13）

「スライスを直すにはどうすればよいのか」という悩みをよく聞く。

その原因として考えられることは、グリップがイースタン気味になって、インパクトの際に、フレームの上の面を押さえることができない場合や親指を立てて握っているために、押さえがきかない場合などである。

そのような場合は、グリップそのものの矯正ならびに指のチェックが必要である。また、打つ瞬間、親指と人指し指の関係（親指が上で人指し指が下）を逆にすることもひとつの方法である。

さらに原因として考えられるのは、スイングの方向性の問題である。とかくスライスになるのは、ラケットが上から下へのダウンスイングによる場合が多い。その際、手首の位置よりもラケットヘッドのほうが高くなっていることが多く、ラケットを下にさげて、下から上の方向にスイングしていくと、ドライブ回転が生まれやすくなる。

例えば、ラケットヘッドをさげて、ボールかごの上にでも置き、縦面で下から上への方向性をもったスイングをすると山なりのロビングとなり、ボールがドライブ回転し、落ちる要素が生まれてくる。そのフィーリングをつかんだら、振り抜く方向性を考えてシュートボールを打つとよい。

事例5 「ドライブ回転がかかりすぎる」（図4-14）

スライスとは逆に、ドライブがかかりすぎてボールが浮いてしまう（俗に「ふく」という）ことがある。コートがしめっているときに起こるような現象がふつうの条件でも起こってしまうのは、何が原因なのであろうか。

これは、インパクトの際、面が下を向きやすいかたよったウエスタングリップの場合、ボールと面が薄くあたってドライブ回転がかかりすぎてしまう。また、肘の上下動で脇があいてしまう。さらには、手首を使いすぎる場合に多いようである。

グリップを多少矯正するのもひとつ、また、脇があきすぎないようにタオルやボールなどを脇にはさんで打つ練習をするのも効果的である。あるいは、右手の上腕と体にひも（多少融通性のあるゴムひも）をかけて、肘を軸にした腰の回転でラケットを引っぱっていく打ち方を覚えるのも有効な方法である。この打ち方は矯正しておかないと、テニス肘の原因になりかねない。好きなテニスを長く楽しむためにも、右肘に負担のかかるような打ち方には気をつけなければならない。

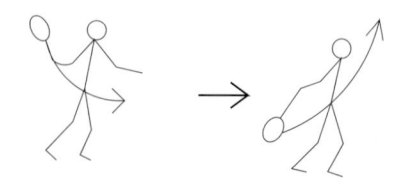

ラケットをさげて下から上へのスイング

●図4-13／スライスになる場合

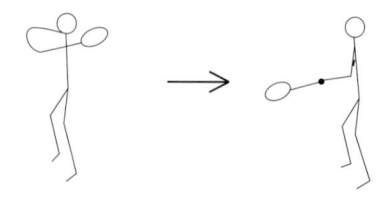

右肘が上に上がったり、手首を返しすぎたりする　　脇にものをはさんでスイングする

●図4-14／ドライブがかかりすぎる場合

④ ボレーの矯正

事例1　「腰がすとんと落ちたり、へっぴり腰になりやすい」（図4-15）

これは足の踏み出し方に問題があり、1歩を大きく踏み出すためにスタンスが広くなり、しかも両足荷重になって、インパクトの瞬間、腰が落ちてしまう場合である。これがくせになると、遠いボールや高いボールへの対応が難しくなる。

そのようなくせを固めないためにも、フットワークをできるだけ小きざみにしてリズムをつくることが必要である。また、片足でボレーする練習で、インパクト時の腰の位置を体で覚え込むのもひとつの方法である。

また、恐怖心が出てくると、逃げ腰になりやすい。そうなったときは、とってやるという気迫をもたせ、打つ瞬間におなかに力を入れて「ハイッ！」と声を出させるのもひとつの方法である。

また、腰にバンドを巻き、それを手でつかませて、前に引っぱっておなかを突き出す感じでボレーさせるのもひとつの矯正法になる。

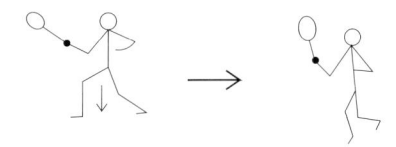

片足ボレーで腰の位置を覚える

前のめり（へっぴり腰）

腰にバンドを巻き、左手で持って前に引っぱる

●図4-15／腰が落ちる場合

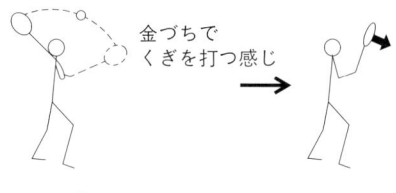

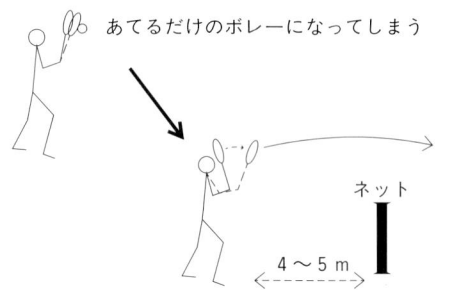

事例2　「バックスイングが大きすぎたり小さすぎたりして、ボレーが不安定」（図4-16）

バックスイングを必要以上に引いた結果、打点が遅れてアウトしたり、ラケットを振りすぎてミ

バックスイングが大きすぎて振ってしまう

金づちでくぎを打つ感じ

あてるだけのボレーになってしまう

ネット

4～5m

ネットから離れて球足の長いボレー練習
（押し出す動作を自然に覚える）

●図4-16／バックスイングが不安定な場合

スになるケース（たまにはタイミングがあってナイスショットになることもある）がよく見られる。

バックスイングの大きさは、横に向いたときの肩の線ぐらいに引かれるのが適当である。構えた姿勢から、フォアであれば、肩の線がネットに対して45度ぐらい、バックであれば90度に近いぐらいに体を向けるだけで、バックスイングは自然にできている感覚を体で理解させる。

逆にバックスイングがほとんどなく、あてるだけのボレーになりやすいのは、体がネットに正対する場合に多く、また、ミスをこわがって消極的になるときもそうなりやすい。

いずれにしても、肩を十分に入れて、押し出す動作を身につけさせることが大切である。その方法として、サービスライン付近にポジションをとって、ゆっくりしたボールを送って、球足の長いボールを返球させる練習も有効である。そうすると、自然に肩を入れて押し出す動作が身についてくる。また、シャープな押し出しにするためには、金づちでくぎを打つような感じでボールをたたく練習をするのもひとつの方法である。

事例3 「体がネットに対して正対して、半身のかたちがつくれない」（図4-17）

体に近いボールは正対したかたちになりやすいが、体から離れたボールをとりにいく場合でも、そのかたちになってしまうのは問題である。

フォアの場合、最初からネットに対してスタンスを45度ぐらいに、バックの場合は90度ぐらいにして、その向いている方向にそのまま直進フットワークでボレーする練習をさせてみる。

また、左手を使って補助器具のような役割をさせるやり方がある。

例えば、フォアの場合は、左手を右肩においてボレーするときゅうくつであるが、肩の入ったかたちを感じることができる。また、左手で左腰を後ろから前におっつけるようなかたちで、左肩が自然に入る感じを覚えることができる。

バックの場合は、左手を後ろからまわして右腰にあててボレーすると、ラケットを前に押し出す力と後ろに引っぱられる力が働いて回転動作を生み出し、シャープなボレーができるようである。

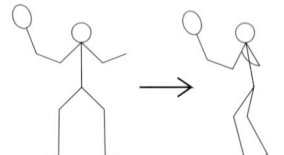

〔フォア〕　左手を右肩において　　左手で左腰を前に押して

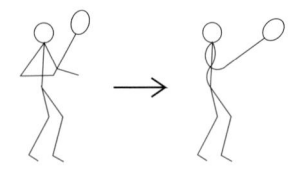

〔バック〕　左手を後ろからまわして右腰を持って

左手に重いものを持って

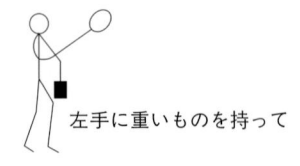

●図4-17／体がネットに正対する場合

あるいは、左手に多少重いものを持ってボレーする練習も効果的である。

事例4 「打点が定まらず、フレームショットやスルーのミスが多い」（図4-18）

この原因としては、脇があきすぎたり、右肘が体の横や後ろにいったり（フォアの場合）、手首を使いすぎたりして、フラットの面がくずれてしまうことが考えられる。

その矯正法としては、脇にボールか何かをはさんでボレーする練習、左手で右肘を持ってボレーする練習（バックの場合は左手で右肘を後ろに引っぱる）、右手首を左手で持ってボレーする練習がある。

このようなやり方で、右肘を右肩の前において、脇をしめてしっかりしたフラット面を心がけさせると同時に、ボールをよく見て、集中してプレーする習慣を身につけさせることが大切である。

〔フォア〕　脇にものをはさんで　　左手で右肘を持って

〔バック〕　左手で右肘を上から持って後ろに引っぱる

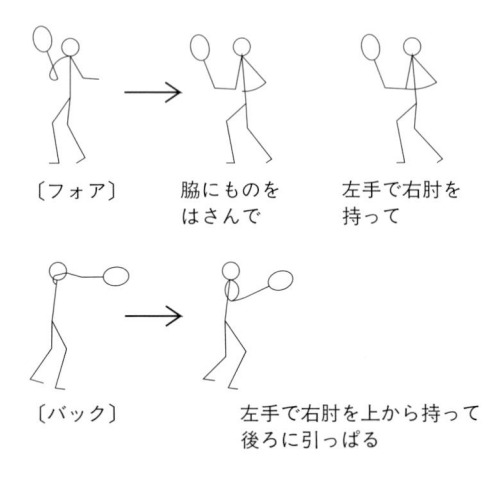

●図4-18／脇があきすぎる場合

事例5 「フットワークおよび軸足設定に問題がある」（図4-19）

初期の段階で、フットワークのリズムが固まってしまうと、それがあとで上達の妨げになることがよくある。

極端な例であるが、どんなボレーでも（フォア、

バック）左足を軸にして、右足を踏み出してボレーするかたちがよく見られる。また、基本は大切であるが、動きの少ない練習で型にはめすぎて、きゅうくつそうになっているのもよく見かける。

最初の段階では、ゆっくりした上げボールで歩きながらのボレー、小きざみなステップをとりながらのボレーで動きのリズムを覚える練習と、基本的な軸足設定を覚える練習（フォアは右足に乗って、バックは左足に乗ってボレー）、例えば、1本足ボレー練習などをおりまぜながら、結果的には図に示してあるようなフットワークができるように方向づけることが大切である。

すなわち、進む方向の足を第1歩目とすると、第3歩目で軸足を決め、ためてインパクトし、第4歩目に送り足が着地という要領が一般的である。

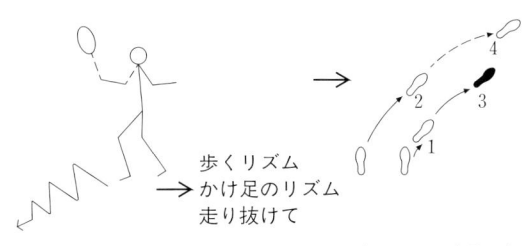

歩くリズム
→ かけ足のリズム
走り抜けて

フォアボレーのフットワーク

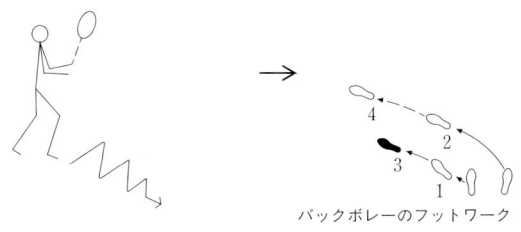

自然なリズム → 結果としてこのリズムが生まれるように

バックボレーのフットワーク

●図4-19／フットワークと軸足の問題点

(5) 適切なアドバイス用語を身につけよう

最後に、言葉に訴える方法について述べてみる。言語的教示による指導のポイントをあげてみよう。もちろん、技術の原理をよく理解したうえで、なおかつポイントをおさえたアドバイスが必要となる。
① 細かすぎるアドバイスは逆効果を生む。
② こだわりをもたせないようなアドバイスを考える。
③ 一度に2つも3つも指摘するようなアドバイスは禁物である。
④ 動作の直後に与えるアドバイスが有効である。

《技術に関するアドバイス用語》
ここでは、各技術に関するアドバイスの例を紹介する。これらは状況に応じたものであり、臨機応変に使い分けできることが大切である。

A　グリップについて
・小鳥をつかむようにそっと握る。
・たまごをつぶさない感じでそっと握る。
・待球時は、左手でいちょうを持ち、右手はリラックス。
・バックスイングのとき、ラケットを引っぱられたらはずれる程度の力で。
・インパクトの瞬間に握りしめる。

B　面の使い方について
・左手で面をつくる。
・フラットの面をつくってバックスイング。
・面は、手のひらの使い方で。

C　フットワークについて
・フットワークはかけ足のリズムで。
・小きざみなステップで。
・フットワークは腰から移動する。
・上体を起こして移動する。
・打ったあと後ろ足のかかとをつける。
・相手が打つ瞬間に軽くジャンプする。

D　サービスについて
・サービスはトスのよしあしが鍵。
・トスは腕を伸ばしてていねいに。
・トスの高さは身長の2倍ぐらいに。
・膝を曲げてためをつくる。
・肘の位置を高くして打つ。
・間をとってゆっくりしたリズムで。

- 入れよう入れようと思うな。
- 長いコースに思い切って。

E　グラウンドストロークについて
- バウンドするときにバックスイングが完了。
- 胸をはってバックスイング。
- 打つ軌跡を戻るバックスイング。
- バックスイングはラケットの先から引いていく。
- 手首をコックしてためをつくる。
- 振りを早く（シャープに）。
- 子どものおしりをたたく感じで。
- ムチを振る感じでピシャッと。
- 左腰を止めて打て。
- 頭を止めて打て。
- 頭を回転軸にして打て。
- 肩のゆれを少なく。
- 上体を起こして打て。
- 左肩でコースをけん制する。
- 左膝でコースを設定する。
- 肩を軸にスイングする。
- 肘を軸にスイングする。
- おっつけるように打て。
- ステップインして打て。
- 遠いボールはかけ抜けて打て。
- 打ったあとは左手は肘鉄砲。

F　ボレーについて
- バックスイングをもっと大きく（小さく）。
- 右肘を前において。
- 壁をつくって。
- インパクト後、面を止める感じで。
- 肘を伸ばす寸前にインパクト。
- 肘の屈伸運動でボレー。
- ハエたたきの感じでピシャッと。
- ボールをたたく感じで。
- 金づちでくぎを打つ感じで。
- 打ったあとはそのまま面を残す。
- インパクトのときは頭を後方に引いて。
- 斜め前に移動してボレー。
- 打点は移動方向の前方に。
- 打ったあとも走り抜ける。

G　スマッシュについて
- 左手でボールをつかめる位置に入る。
- 左手は打点を指さす。
- バックスイングが遅すぎるとためができにくい。
- バックスイングが早すぎると待ちきれない。
- インパクトは手のひらを突き出す感じで。
- 地面にたたきつける感じで。
- インパクト時、右肩を早く前に突き出す。
- 空手チョップのように切りおろす感じで。
- 打点によっては左足の踏み出し方向をかえる。

H　ゲームについて
- ストロークはセンターを基準にしてスタンスをとる。
- 動くものにまどわされずに静止したものをねらえ。
- 2〜3本抜かれるまで思い切ってポーチしろ。
- 5〜6本ミスするまで思い切って打とう。
- 困ったらミドルに突っこもう。
- 2本続けてとらなければゲームはとれない。
- セカンドのレシーブは4球目攻撃。
- ファーストサービスは3球目攻撃。
- センターセオリーを使おう。
- コースを変えた1球目を勝負しよう。
- 相手がミスした次の打球を勝負しよう。
- リズムにのっているときは同じ展開でいこう。
- 打てる範囲を視野におこう。
- 前衛が気になったらいるところへ打ち込もう。
- がまんするところは、ロビングでしんぼうしよう。
- ペースを変えるときは、思い切った戦法で。
- 後衛は決め打ち、前衛は決め動きが大切。

第5章 ソフトテニスの科学

Chapter 5

1. ソフトテニスの力学

❶ スイング動作の力学

　ソフトテニスに限らず、スポーツにおける動作は習熟するにつれて、その動作は反射的で自動的なものとなり、すばやくまた効率のよい動作となっていく。

　こうした効率的で洗練された動作は、全体として調和がとれ、見ている者に"美しさ"を感じさせる。ではこうした動作は、どのような原理にしたがった動作なのであろうか。

　ご存知のように、ソフトテニスにおけるスイング動作は、一般的に回転運動で理解される。しかし、この一連の動作もよく見てみると、直線運動（正確には並進運動という）と回転運動の組み合わせであり、体重移動や軸を中心にした体の回転といった直線的な運動の力を、体の各部位で壁をつくることによって力の方向を変え、最終的には回転運動に変えてボールに力を与えている動作といえる。

　もう少しわかりやすく述べると、例えば、基本的なグラウンドストロークでは、この動作は後ろ足（軸足と呼ばれている）から前足への体重移動という直線的な運動によってつくり出した力を、動作の後半である体の回転運動に変えるために踏み込んだ前足を軸に、いわゆる壁をつくってより効果的に腰の回転やひねりに変え、その力を最終的に上体・肩・腕・手首をうまく使ってラケットに伝えてボールを打つという動作といえる。

　したがって、力強いボールを打つには、動作の起動力となる足腰の力とスムーズな重心の移動、さらには、腰を主体とした体の回転（ひねり）などを十分に使うことが重要なポイントとなる。

　また、前述したようにグラウンドストロークでの動作は、踏み込んだ脚を軸として体を回転させる動作であるから（もっとも実戦では踏み込むだけでなく、少し体を開いて体重を逃がして回転の軸を設定することもあるが）、このとき、正確なインパクトを行うために、ストロークの後半で頭から脚にかけての回転軸が適切に設定される必要があると同時に、バランスよく安定したボールインパクトを行うためには、図5-1に示したような"コマの原理"にしたがうことが重要となる。

　つまり、両肩のラインとラケットのラインがほ

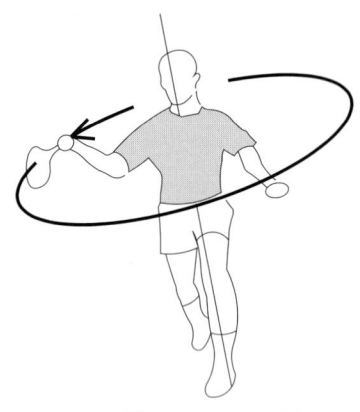

●図5-1／コマの原理

ぼ平行であり、回転の軸となる頭、背筋、前足を結んだラインがほぼ直線的となるような運動が必要であるが、実際には低い打点でボールをとらえるアンダーストロークの場合は、軸はボールのあるほうにやや傾き、逆にトップストロークの場合は、体はボールと反対のほうに傾くことにより、その調整が行われる。

次にラケットのスイングを鋭くするためには、"ムチの原理"（図5-2）にしたがうことも重要なポイントである。一般によいムチ動作は、その胴体がよくしなり、先端部分は最後まで後ろに残った状態で勢いよく出てくるものであるが、ソフトテニスのスイング動作もこれとまったく同じで、速く鋭いボールを打つためにはラケットヘッドが最後まで後ろに残った状態で、最後に鋭く加速されて振り出されることが望ましい。

これは縦の回転運動であるスマッシュの場合でも同様であり、力強いスマッシュをするためには、前足が踏み込まれる前に十分に体がしなるとともに、スイングに際しては、腰の回転のあと肩が先行し、肘、手首そして最後にラケットという順に振り出されてくる、いわゆる"ムチの原理"に沿うことが重要といえる。

実際のプレーにおいては、ここに取り上げたいくつかの原理が常に全身的な動作として適応されるわけではなく、様々な状況に応じて身体各部で種々の調整がなされ、常に全身的な動作としての調和が図られながら、これらの原理が部分的に活用されているといえる。

2 ボールインパクトの力学

ここに示したボールインパクトの力学的説明は、三浦が硬式テニスのストロークの力学的分析の際に用いられたものであるが、ソフトテニスの場合にも、この理論は参考になると思われるのでここに紹介する。

三浦は、インパクトにおけるボールのゆくえは、大きく次の3つの要素で決まると述べている。
● ラケットの傾き
● スイングの速さ
● スイングの方向

もう少し詳しく説明すると、例えば、ボールが①の速さと方向で飛んできて、ラケットが図のような傾きで②の速さと方向でスイングされた場合、理論的には見かけ上（仮にラケットが止まっていると考えた場合）③の方向から飛んできていると考えられる。

したがって、ボールは見かけ上④の方向に跳ね返るわけであるが、実際にはラケットは②のような速さと方向でスイングされていることから、ボールは②と④の合力である⑤のような速さと方向に飛んでいくことになる。なお、このときボール

●図5-2／ムチの原理

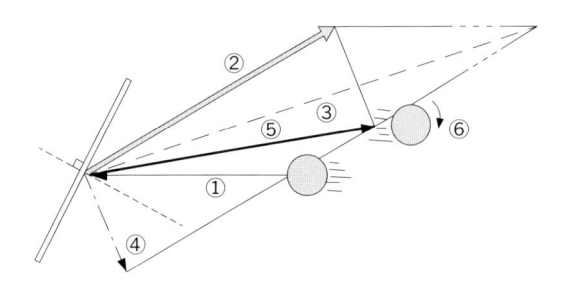

①飛んでくるボールの速さと方向
②ラケットの速さと方向
③見かけ上の飛んでくるボールの方向
④見かけ上のはねかえりの方向
⑤打球したボールの速さと方向
⑥ボールの回転

●図5-3／〔三浦による〕

は⑥のような回転を生じる（図5-3参照）。

3 用具と力学

(1) マグヌス効果

インパクトの力学のところで、ボールの回転はラケットの面の傾きと方向によって生じることを説明したが、インパクト後さらにボールはその回転に応じて曲がって飛ぶ。これはボールに回転を加えて飛ばすと、図5-4のようにボールにあたる空気の流れと、ボールそのものの回転による空気の流れによってA側では遅い流れ、B側では速い流れが生じるためで、そのためにボールはA側からB側に押される結果となり、B側に曲がりながら飛ぶことになる。これをマグヌス効果とよんでいる。

また、ソフトテニスボールは柔らかいゴム製であることから、その変形が著しく、前記のマグヌス効果以外にその回転と相まってボールの周囲に乱気流が生じることがあり、それによって予想しにくい軌道でボールが飛ぶことがある。

(2) ボールのコートおよびガットに対する反発

ソフトテニスで使用されるボールは、競技規則で、"バウンドの高さは試合を行うコートにおいて1.50mの高さから落とした場合、70cmから80cmまでの範囲となるよう調節する"（競技規則第13条）と定められている。

神吉らは、これらを実際のボールを使って種々のコートで試したところ、その空気圧は1.026〜1.054で、コートの反発係数は屋内板張りのコートが最も高い値を示したと報告している。また、神吉らは同時に種々の張力で張ったナイロン製ガットの反発係数は、ボールの速度に関係なく、12kgの張力で張ったガットが最大の反発を示したと報告している（図5-5参照）。

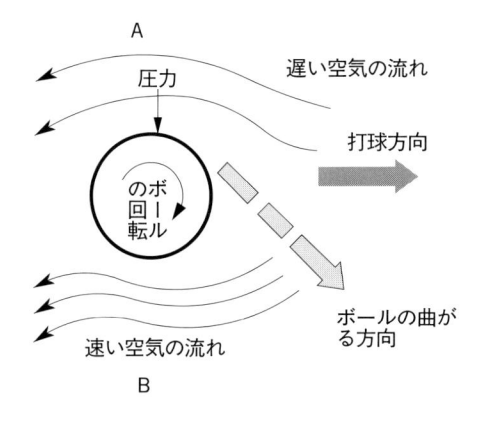

●図5-4／マグヌス効果

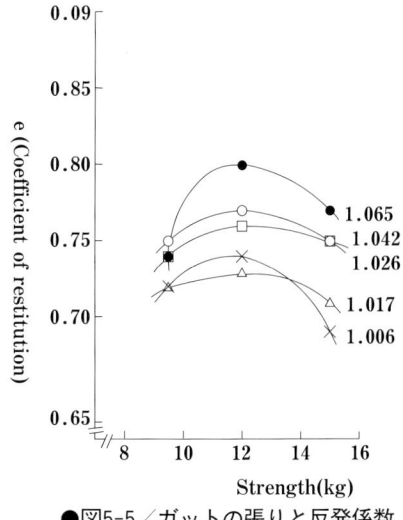

●図5-5／ガットの張りと反発係数

2. ソフトテニスの生理学

1 ソフトテニスにおける姿勢

　スポーツにおける人間の基本的な姿勢には、大別して静的なものと動的なものがある。そしてこれらはすべて次に行う動作への準備としての状態で、これらをいわゆる「構えの姿勢」とよんでいる（図5-6参照）。

　ここで、ソフトテニスの競技中の姿勢について簡単に説明しておく。

　まずプレーにおいては、サーバーの打球がそのはじまりであるが、このときレシーバーはいわば静的な状態で待機している。しかしレシーバーは決してまったくの静止状態ではなく、この待ち時間に筋の緊張を微妙にかつ最高に調節していなければ、飛んでくるボールに適切に反応し、かつよいレシーブをすることはできない。よく熟練したプレーヤーでは、外見上は静止しているように見えても、筋肉を適度な緊張状態に維持し、この状態の維持のために、小きざみなステップや膝の上下運動などを繰り返しているものである。

　また、プレー中の姿勢を考えるとき、人間のもつ反射機構を無視することはできない。というのも我々の通常の運動や動作には反射的な要素のものが多く、頸反射や迷路反射、そして腰反射といった姿勢反射が頭部と腕や足、体幹部と四肢との関連性で動きを規定している。

　したがって、プレー中の動作のようにすばやく、また的確な動作を要求されるような場合には適度な緊張や集中力は必要であるが、度を越えた緊張はかえって身体全体の動作をぎこちないものにし、目的とする動作に必要な反射機能や随意的な動作の協応を妨げ、エラーを招くことになる。

　次に、人間の反応動作という視点からプレー中の動作や姿勢を考察してみると、その単純反応時間（単純な合図によって動作を開始するまでの時間）がおよそ300msec前後、選別を加えた選択反応時間になると一挙に500～700msecに遅延することが知られている。ソフトテニスのサービス・レシーブやポーチボレーのようなすばやい動作が、実験的にはサービスのボールインパクトからレシーブのボールインパクトまでの時間はおよそ700～1200msecであり、ボレーではそれ以下の時間となることが確認されていることから、単なる反応というより実際のプレーにおいては、動作前の的確な予測と判断力がそのパフォーマンス決定の重要な要素となっている。

2 ソフトテニスにおける呼吸調節

　スポーツの競技中に限らず、人間の動作には呼吸が大きく関与しているが、その一般的な関係は図5-7に示したようになる（藤田原図）。

　図からもわかるように、人間の意識の持ち方は筋の緊張状態や呼吸相に作用し、その動作をスムーズに行わせるか、また、エラーをもたらすかに大きくかかわっており、ソフトテニスなどのプレ

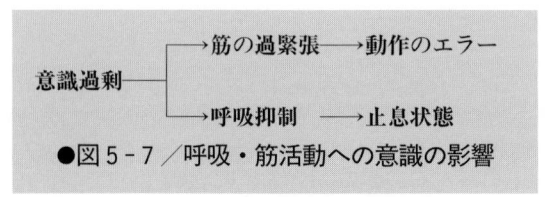

ソフトテニスではもう少し膝の屈曲の深い姿勢も求められる。

●図5-6／構えの姿勢（Basic Dynamic posture）

意識過剰 → 筋の過緊張 → 動作のエラー
　　　　 → 呼吸抑制 → 止息状態

●図5-7／呼吸・筋活動への意識の影響

ーのような緊張した場面において、その影響は顕著にあらわれる。

我々の実験では、こうした呼吸パターンは動作の習熟やプレーに対する自信などによって、動作に適したパターンを呈するようになることが確かめられているが、例えば、熟練したサーバーを例にとると、トスアップで吸気し、呼気相ないし呼気相の止息（息を吐きながらか息を吐いて止めるような状態）でフォワードスイングからインパクトを迎えるような呼吸パターンが定着しており、その再現性も高い。

これは図5-7とは反対に、完全にではないが力の発揮とともに積極的な呼気を行うことが動作を容易にするとともに、次の動作への移行も容易になることを示すものと考えられる。

これに対してレシーバーの呼吸は、初心者の場合にはサーバーのトスを見た際に意識過剰が起こり、緊張して止息してしまう人が多いようであるが、これも熟練度が進むにしたがってその止息状態の時間が短くなり、それにつれて動作も容易に行えるようになり、さらに呼息相でボールインパクトが行えるような呼吸の調節がなされるようになる。

また、グラウンドストロークをはじめラリーが長くなれば、通常呼吸が抑制されるわけであるが、これでは筋の緊張が高まって結果としてエラーが生じてしまうため、熟練者では打球時に積極的に声を出したり、息を吐くことを行って自然の吸気をうながすとともに、次の動作への移行を容易にしており、ラリーのなかでもできるだけ自然な呼吸を心がけているようである。

3 ソフトテニスにおける運動制御と習熟過程

ソフトテニスに限らず、各種スポーツにはその基本となる動作があり、これらを指導現場では基本動作または基礎技能とよんでいる。一般にこれらの内容を学習する際、動作は単純なものから複雑なものへ、また、動作のスピードはゆっくりとしたものからすばやいものへとその段階を追って進めていく。

このとき生理学的には、その筋の働きを最高に維持する目的で動作は反射的な動作に意識を加え、さらに調整されたより高度な反射的な動作へと発展させ、形成されていく。

図5-8は、こうした学習過程において練習によってつくりあげられる運動の調節回路を示したものである。

練習前はAのような錐体路系の神経回路を用いて運動が行われるのに対して、練習などによって意識的な動作の変容を加えた反復学習がなされると、それらの経路は無意識的にまた反射的に動作がなされるように、錐体外路系の神経回路を用いて行われるようになる。

また、さらにこうした動作は練習による反復で再現性の高い確立された動作に定型化されるが、この定型化された動作は次の合目的的変容の過程で、新しい動作目的や運動の内容要素（動作時間の短縮や正確性など）が加えられることによっていったん崩れ、さらに高度な合目的的動作へと発展し、再び定型化される。

このようにスポーツ動作は、この「定型化」と「崩れ」を繰り返しながら上達が進み、より速く、より強くまたより高度に発展していく。

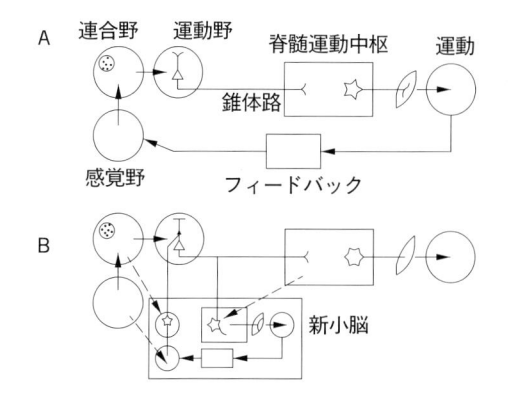

●図5-8／練習による運動の調節回路（伊藤）

4 ソフトテニスにおける エネルギー供給機構

いうまでもないが、人の運動は骨格に付着した筋肉の収縮によって引き起こされる。そして、人がその運動を維持するためには、当然のことながら筋肉へのエネルギー供給が必要となる。図5-9は、人の筋収縮のためのエネルギー供給系を示したものである。

図からもわかるように、筋肉の直接的なエネルギーはATPの分解によって得られるが、その量はわずかで、実際の運動では分解したATPを再合成して用い、そのために種々のエネルギー供給系が働いて運動が継続される。これらのエネルギー供給系をかいつまんでいえば、以下に示した3つの供給系が存在する。

① ATP-CP系
　筋活動に直接的に利用される化学的エネルギーである。
② 乳酸系
　糖（炭水化物の一種）の分解によって、ATP生産に必要なエネルギーを供給する。
③ 有酸素系
　酸素の介在によって、ATP生産に必要なエネルギーを供給する。

また、これらのエネルギー供給系は、図5-10に示すように、その導引に要する時間および継続時間に差がある。

ソフトテニスのプレーでいえば、ストローク1本の練習ではATP-CP系、5～10本のラリーになると乳酸系、ゲームになると有酸素系によってそれぞれ補給されることになる。

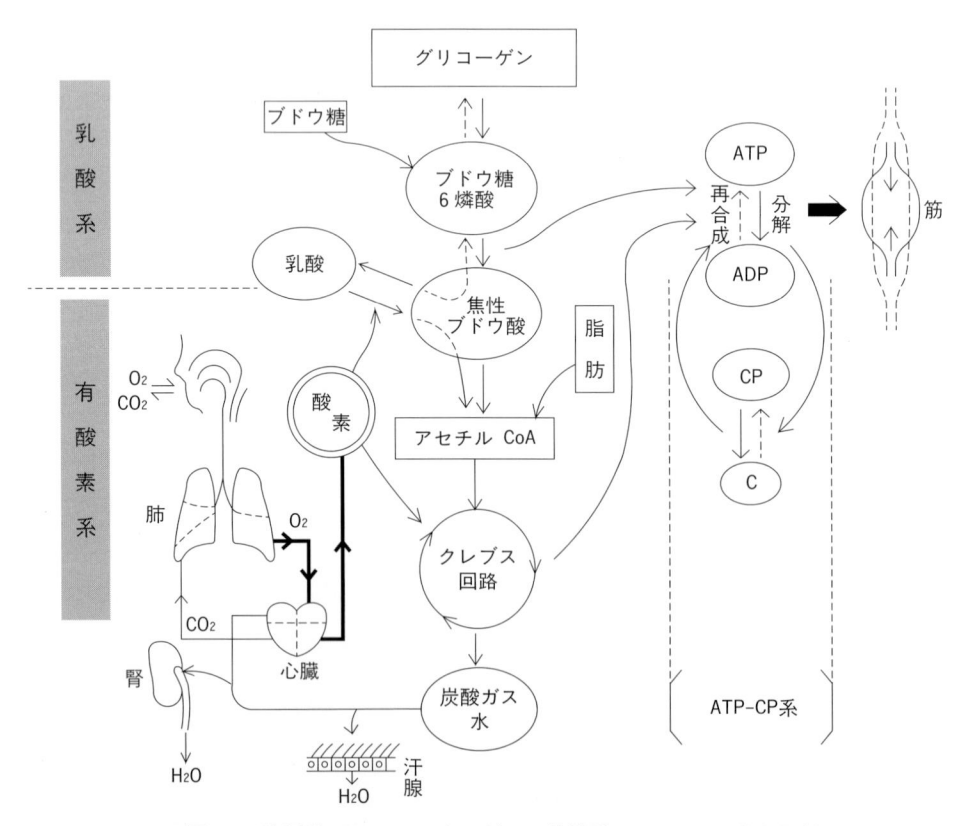

●図5-9／筋活動のためのエネルギーの供給系（金子原図、著者改変）

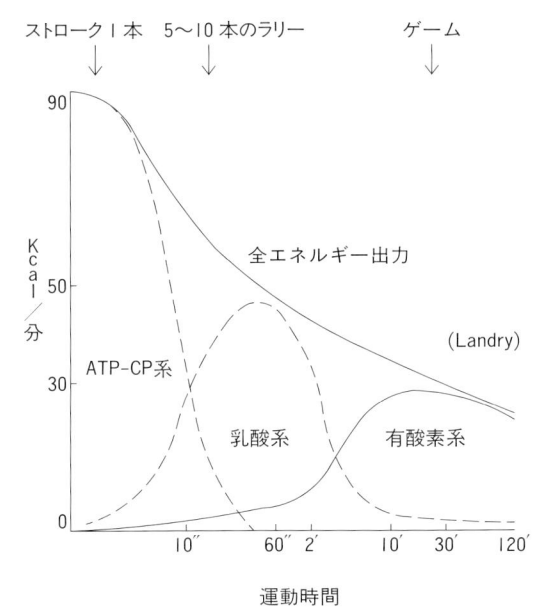

●図5-10／最大運動中の各種エネルギー供給機構

いうまでもないが、このようなプレーをより効率的に、また安全に持続するためには、それぞれの運動に必要なエネルギーを適切に供給する必要があり、一般にこれらはいわゆる通常の食事などによる食物によって体外から摂取され、体内で必要な代謝経路を介して運動エネルギーとして消費される。

したがって、ソフトテニスに限らず、スポーツマンでよいプレーを行うには、その食生活が重要なポイントであり、適切な食事がよりよいプレーを生むともいえる。（ソフトテニスのための栄養・食事については、次項のソフトテニスの栄養学を参照）

5 ソフトテニスにおける心拍反応

前項で述べたように人が運動するためには、その源となる筋肉の収縮が必要である。そしてその運動を持続するためには、心臓や肺その他の諸器官が正常に機能するとともに活性化されなければならないし、さらに、それらの諸器官がうまく機能するための自律神経系や内分泌系といった、生体の調節機構も適切に働かなければならない。

つまり、ソフトテニスをはじめとした一般のスポーツ活動は、人間にとって自らの生体機能全般を活性化する機会であり、逆説的には人が運動しようとしたとき、生体がうまく機能してくれるかどうかで、その人の身体的な予備能力（広い意味での健康度か？）がわかることにもなる。

それでは、ソフトテニスではどの程度の運動をしているのであろうか。人の運動は、前述したように筋肉をはじめ生体の諸機能が活動した結果である。したがって、見方を変えれば運動中、生体がどのくらいの活性レベルにあるかを推しはかることができれば、それがどの程度の運動になっているかが推察できる。

このようなとき、最近ではその人の運動時の脈拍を知ることによって、およその運動強度を知る方法がよく用いられる（これは、人が運動をすれば当然それに必要なエネルギー源や酸素の供給のために生体機能が活性化し、それにともなって心臓や肺の活動レベルも上がることから、運動中の心臓の拍動数〔いわゆる脈拍〕を測定することでおよその身体活動レベルを推定しようとしたものである。つまり激しい運動では心臓がどきどきし、緩やかな運動ではあまり心臓がどきどきしないという機構から、脈拍〔以後心拍数と記す〕を測定することで、いま行っている運動がどれぐらいの強度、あるいは生体負担になっているかを推定することができる）。

現在では、こうした心拍数の測定を活用して安全で効率のよいトレーニングや、健康のための運動処方、スポーツ活動の実践が行われており、ソフトテニスの指導者にとってもおおいに活用したい方法の1つである。

ここでは、著者が以前に記録した某女子大学ソフトテニス部員の1日の心拍数記録（図5-11）と、これまで報告されているソフトテニスにおける心拍数の測定結果を表5-1にまとめたので、参考にしていただきたい（ただし、これらのデータは旧

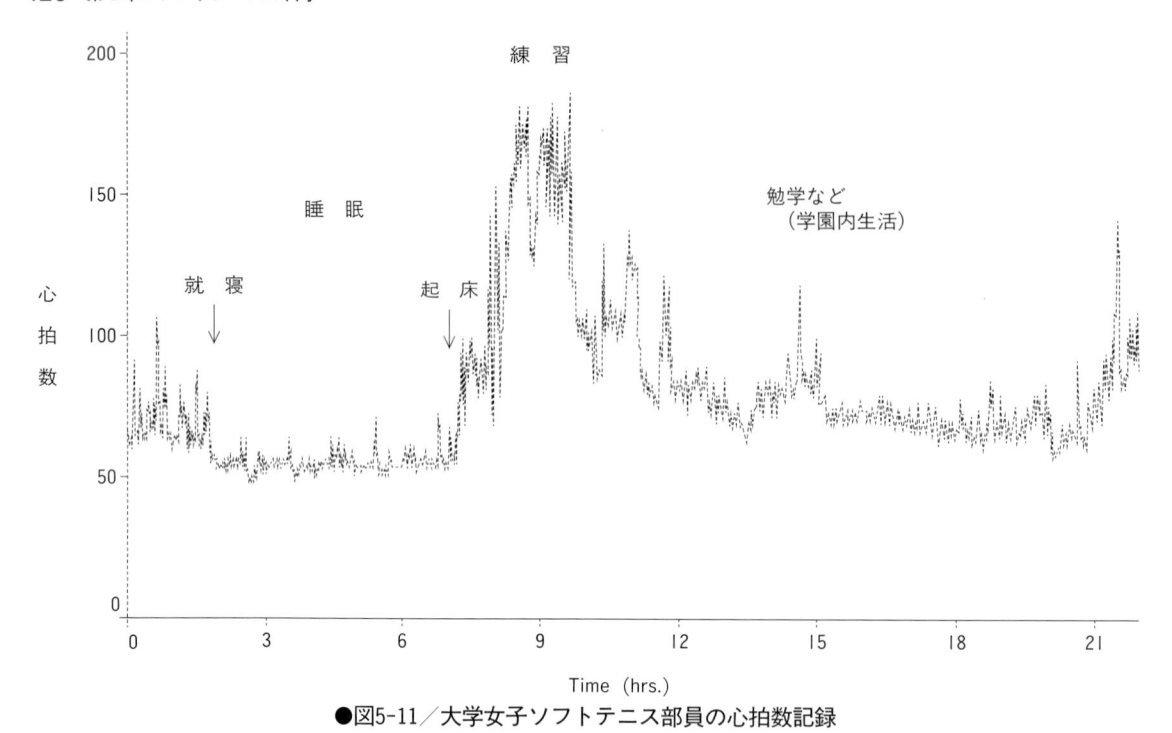

●図5-11／大学女子ソフトテニス部員の心拍数記録

●表5-1／ソフトテニスの心拍数

試合中	男	135〜180 beats/min
	女	130〜140 beats/min
		（伊藤一生ら1978、伊藤稔ら1978）
ゲーム形式練習	男	後衛　155 beats/min 前衛　139 beats/min
		（加賀谷・山本、1977）
	女	後衛　142 beats/min 前衛　150 beats/min
		（今井ら1980）
基本練習	男	練習内容および個人差により 120〜180 beats/min
		（加賀谷・山本、1977）
	女	練習内容および個人差により 100〜187 beats/min
		（水野ら1989）

ルール下でのゲームまたはゲームを想定しての練習などであり、新ルール下のゲームについてのデータは現在収集中である）。

また、近年では健康や体力づくりをその動機づけとしてソフトテニスを楽しむ人が増えていることから、ここではそうした対象を指導する指導者の参考となる、厚生労働省が提示した日本人のための運動所要量（運動の目標心拍数と運動時間が提示されている）、およびその指導における注意事項を付記しておく。

《健康づくりのための運動所要量について》
　現代の日本人の日常生活は、全体として身体活動量が低下しつつある一方、食事によるエネルギー摂取量は相対的に過剰傾向を示しており、健康におよぼす影響が懸念されている。
　そこで厚生労働省では、現代生活の中で健康を維持するために望ましい運動量のめやすとして、1989年から「健康づくりのための運動所要量」を

●表5-2／健康づくりのための運動所要量

〈最大酸素摂取量の50％強度の運動を行う場合の必要運動時間と目標心拍数〉

年 齢 階 級	20代	30代	40代	50代	60代
1週間の合計運動時間	180分	170分	160分	150分	140分
（目標心拍数　拍/分）	(130)	(125)	(120)	(115)	(110)

［注］　目標心拍数は、安静時心拍数がおおむね70拍/分である平均的な人が50％に相当する強度の運動をした場合の心拍数を示すものである。

〈最大酸素摂取量の60％強度の運動を行う場合の必要運動時間と目標心拍数〉

年 齢 階 級	20代	30代	40代	50代	60代
1週間の合計運動時間	90分	85分	80分	75分	70分
（目標心拍数　拍/分）	(145)	(140)	(130)	(125)	(120)

作成し、健康と体力（がん、心臓病、脳血管疾患などと運動）などの関係を示すとともに、健康づくりに適した運動強度と必要な運動量を提示した。

それによれば、年齢階級に応じて表5-2に示したような運動時間と運動強度が提示されている。（ここで前述したような運動中の心拍数が使われており、運動強度のめやすとして示されている。ちなみに、最大酸素摂取量とはある個人が運動によって体に酸素を取り込める最大量を示しており、おおむね人が持続的な運動をする際に最高にがんばったときの酸素摂取量に一致する。したがって、最大酸素摂取量の50％というのは、ほとんどの人が主観的にはらくだなと感じる程度の運動であり、最大酸素摂取量の60％の運動というのは、らくかもしくはややきついと感じるような運動にあたる）

また、運動所要量を利用する際には、

① 運動の持続時間

　体が有酸素運動として反応するための時間を考慮すると、少なくとも10分以上継続した運動であること。

② 1日の合計時間

　1日の合計時間としては20分以上であること。

③ 運動頻度

　原則として毎日行うことが望ましい。

などの点に留意することも合わせて提示されており、さらに健康づくりのための運動実施に際しては、以下に示した注意事項を守ることも同時に付記されている。

1）健康づくりのためには、運動強度が強ければ強いほどよいというものではない。また、運動時間が長いほどよいというものでもない。過度の運動は、かえって健康を害することがあるので、注意が必要である。

2）疾病を持っている者、成人病の危険因子を持っている者および日常の生活活動強度が著しく低い者が、健康づくりのための運動を行う場合には、医師の指導のもとに行うことが必要である。

3）健康人であっても、強度の高い運動を行う場合には、医学的検査により運動で危険が生じる可能性の少ないことを確認してから行うことが望まれる。

3. ソフトテニスの栄養学

ソフトテニスに限らず、スポーツが健康的にまた効果的に行われるためには、それらのプレーで消費したエネルギーと、プレーその他の運動でダメージを受けた筋肉をはじめとした組織の修復に必要な、栄養素の効果的な補給が極めて重要である。

ここでは、こうしたソフトテニスプレーヤーに必要な栄養と食事についてまとめておく。

1 ソフトテニスに適合した体づくり

ソフトテニスのトレーニングの章でも述べたように、ソフトテニスを安全にかつ効果的に行うためには、プレーに必要な体力づくりがまずその基本となる。

具体的には、長さ約12m、幅11mのコートを軽快に走り、跳び、止まり、さらにボールを打つといったプレーが求められることから、運動に直接必要でない余分な脂肪がなく、スピーディーでパワフルなプレーが可能なやや筋肉質な体格が求められるとともに、ダブルスでは、1日に30～40分前後の試合を少なくとも2～3試合、大会によっては7～8試合、シングルスでは、1時間かもしくはそれ以上の試合を1日に2～3試合はこなせるスタミナのある体が要求される。

こうしたプレーに必要なエネルギーはどのようにして供給されるのであろうか。

前項ソフトテニスの生理学でも述べたように、ソフトテニスをはじめとした人間の運動は、体の各部にある筋肉の収縮によってもたらされる。そしてその筋収縮のエネルギーは、①ATP-CP系、②乳酸系、③有酸素系——の3つのエネルギー供給系から与えられ、これらの基礎的エネルギーは、プレーヤーの通常の食事をはじめとした経口的栄養補給によってもたらされている。

したがって、こうした通常の栄養補給が適切で

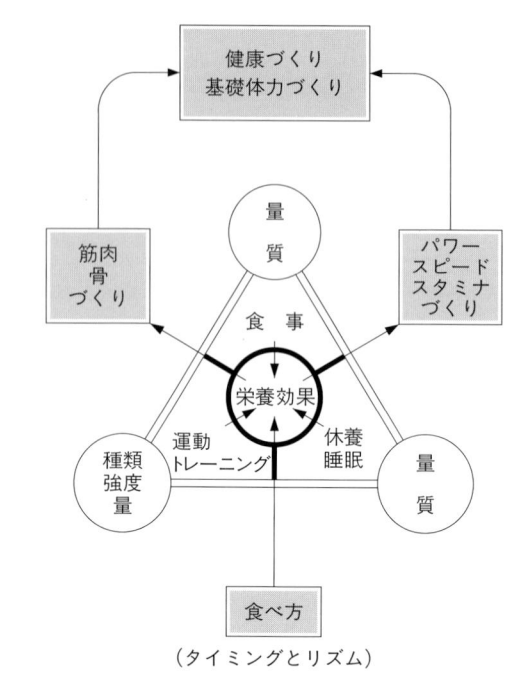

●図5-12／ソフトテニスに適合した体づくり
（鈴木原図）

なければ、いくら質の高い練習やトレーニングをしても、あるいはしようとしても決してうまくゆかず、いわばガス欠やオイル不足の自動車のようなもので、うまく走ろうにも走れないということになる。

つまり、栄養生理学的にソフトテニスのプレーがうまくいっているかどうかは、こうした食事などで身体内に取り込まれた栄養素がどのようなものであり、また、取り込んだエネルギーや栄養素が筋収縮のエネルギーなどにどれだけ効率よく、また、効果的に変換されているかということになる。

言葉を換えれば、ソフトテニスに適した体づくりとは、何をどのように食べ（栄養と食事）、どのように動くか（練習とトレーニング）ということであり、それに睡眠をはじめとした休養がマッチすることで、より効果的なプレーが可能となるのである。

❷ ソフトテニスプレーヤーの栄養補給

前述したように、人間の体は毎日の食事から得られる栄養によってつくられ、また、維持されている。したがって、栄養が不足または不適切であれば当然ながら体調は悪くなるし、運動能力も低下し、逆にそれが適切であれば体調はよくなり、運動能力も向上する。

しかし、こうした栄養というものは薬のような即効性はなく、ちょうどトレーニングで急に筋力がついたり、練習ですぐに技術が身についたりしないのと同じように、正しい食生活によって適切な栄養を継続的に補給しながら、適切な運動（練習やトレーニング）を継続することによってのみ、より優れたソフトテニスプレーヤーとしての体やプレーの育成が可能となるのである。

こうしたソフトテニスプレーヤーとして適切な栄養・食事内容とは、一体どのようなものであろうか。

図5-13は、それを評価または判定する基準となる栄養素とその役割を示している。ここでは、これらの栄養素についての詳しい説明は省くが、図に示したように、それぞれの栄養素が身体内で効率よくそれぞれの役割を果たすためには、適切な食品からの適切な摂取配分で栄養補給がなされることが極めて重要であり、少なくとも以下に示すような視点から食事内容が検討されなければならない。

① エネルギー消費量と摂取量のバランス
② 栄養素のバランス
③ 水分排泄量と摂取量のバランス

(1) エネルギー消費量と摂取量のバランス

食事をとるとき、まず何よりも大切なのは、消費量に見合った摂取量を心がけることである。

ここでいう消費量とは、一般には次のような式であらわされる。

消費量＝基礎代謝量＋運動量＋成長量

人間が運動をしなくても生命を維持してゆくために必要な最低限のエネルギー量である基礎代謝量に、ソフトテニスのプレーや通常の生活における労働や活動に必要な運動量と、年齢にもよるが発育や発達のために必要となる成長量を加えたものである。このことは表現を換えれば、当然個人差はあるものの、日々消費したエネルギーを随時補給することを意味しており、プレーヤーが自然に欲する食事内容をごく自然に摂取するという、最も基本的な考え方である。

つまり、食事量は特別な理由のないかぎり、お腹がすいた分だけ摂取するということであるが、一般には、そうしたプレーヤー自身の食感覚だけではなく、適正な体重が維持されているか、また、成長期やトレーニング期であれば、必要以上の身体の重たさを感じないかなどもその評価の基準と

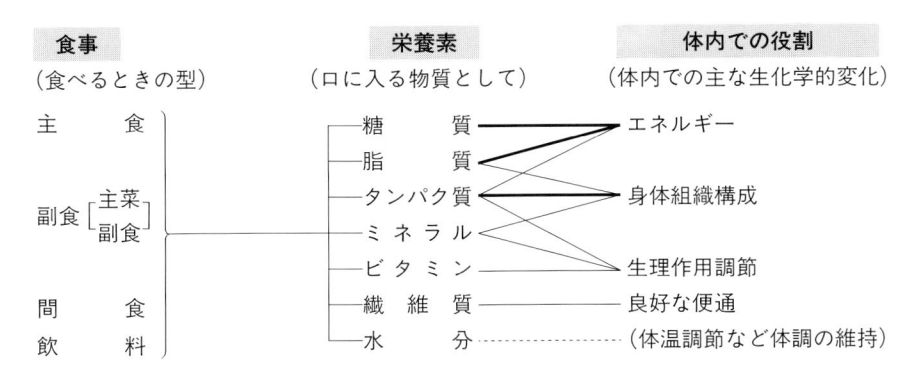

```
食事              栄養素           体内での役割
(食べるときの型)   (口に入る物質として) (体内での主な生化学的変化)

主食 ─┐    ┌─ 糖  質 ──── エネルギー
       │    ├─ 脂  質
副食 ─┤主菜├─ タンパク質 ── 身体組織構成
       │副食├─ ミネラル
       │    ├─ ビタミン ─── 生理作用調節
間食 ─┤    ├─ 繊維質 ───── 良好な便通
飲料 ─┘    └─ 水  分 ······ (体温調節など体調の維持)
```

●図5-13／栄養素とその役割

なっている。

ここで、こうしたエネルギー源の補給についてもう少し詳しくみてみると、糖質と脂質などのエネルギー源と運動形態の関係は、サルチンが示した図5-14のようになる。

図からもわかるように、運動中の酸素摂取が1分間に2ℓぐらいまでの運動（軽いジョギング程度の運動）では、筋肉中のグリコーゲンという糖質からのエネルギーと、脂肪からのエネルギーの割合が1：1ぐらいで動員されるのに対して、1分間に3.3ℓ以上の酸素摂取が必要になるような激しい運動では、ほとんどがグリコーゲンだけを使い、脂肪が使われないようになる。

ソフトテニスの運動形態は（ソフトテニスの生理学の項参照）、こうした運動のレベルからいうとこの図の右上方での運動が主体であり、エネルギー供給という点では、筋肉中のグリコーゲンの供給割合が高いスポーツといえる（とくに新ルールでのダブルスなどは運動強度、総運動量ともに高くなる傾向にあるようである）。

●表5-3／ナショナルチーム選手の栄養状態

	摂取 kcal	蛋白質 g	脂肪 g	炭水化物 g
男子選手	2968.2	96.0	105.8	350.67
	669.5	26.6	29.5	87.68
女子選手	2564.3	79.5	96.8	330.06
	612.1	15.8	24.0	100.06

表内の数字は平均値と標準偏差を示す（男子 n＝13、女子 n＝9）。

また、プレーを行ううえでとくに重要な集中力ややる気というのは人間の精神活動の産物であり、その源である脳やそれにつづく神経系の活動は、通常では血液に溶け込んでいる血糖に依存しているため、血糖が十分でないと集中力が減退し、やる気がうすれ、場合によっては思考力も低下してしまう。

ソフトテニスでは、こうした集中力の持続や戦略的な配球は絶対的に必要な要素であり、そうした点からも糖質の補給は極めて重要な内容といえるし、ソフトテニス選手の場合には、脂質よりも糖質を優先させて摂取すべきと考えられる。

参考のために、以前我々が行ったナショナルチームの調査結果を表5-3に示しておく。

前述した糖質、脂肪、タンパク質のカロリー比をみると、総摂取カロリー中の脂肪による摂取率が男子で32％、女子で34％と、一般にすすめられるスポーツマンの食事における摂取比の60：25：15と比較してもやや高脂肪傾向であり、競技特性からみてもその改善が必要と考えられる。

(2) 栄養素のバランス

次に忘れてはならないのが栄養素のバランスである。本来、各栄養素はその人がスポーツをするしないにかかわらず、体内に摂取されることによってそれぞれ違った栄養効果を発揮する。したがって、これらが十分に摂取されなかったり、消化・吸収できなければ体調は崩れ、病気を引き起こす原因となる。

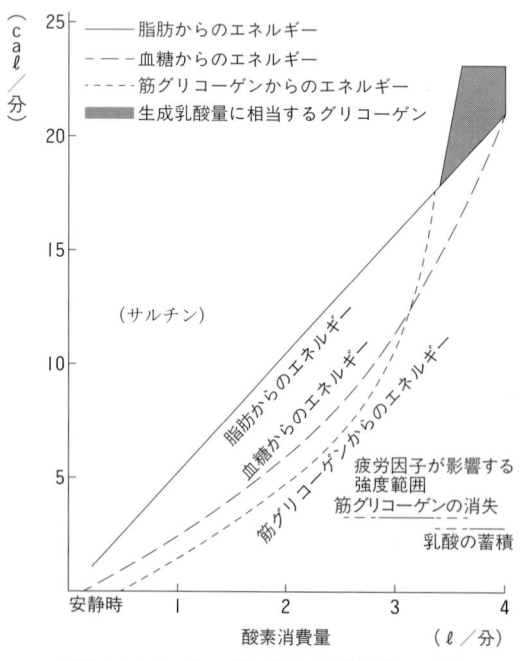

●図5-14／エネルギー源と運動形態の関係

例えば、タンパク質であれば筋肉や骨格、血液といった体の器官や組織づくりに使われるし、炭水化物であれば主に運動のエネルギー源として使われるといったように、それらは日々の食事の中で決して欠かすことのできないものといえる。

それでは、これらの栄養素をバランスよく配合した食事とはどのようなものであろうか？

その目安になるのが「日本人の栄養所要量」である（表5-4／p.126参照）。これは厚生労働省がこれまでの様々な研究結果などから、一般の日本人が健全に発育・発達して健康な生活を営むとともに、疾病を予防するために必要と思われる標準的なエネルギー量と、各栄養素の摂取量を示したものであるが、一般のソフトテニスプレーヤーであれば、この所要量にソフトテニスのプレーでより多く消耗されると考えられるいくつかの栄養素（ビタミンとミネラルなど）、およびエネルギー量（前項参照）を少し加算して補給してやることで、おおむね栄養のバランスが整うといえる。

しかし、この所要量を使った食事の評価ならびに改善法の作成を厳密にやろうとすると、食事内容を食品別に記録し食品成分表などを用いて栄養素別に分析する必要があり、特別な知識・方法を用いるので一般の人には少し難しすぎるきらいがある。

ここではスポーツマン、とくに一般的なソフトテニスプレーヤーや指導者が比較的容易に取り組める、食事における改善方法について記載しておくことにする。

① **6つの食品群からバランスよく何品かずつ選んで食べる**

前述した栄養素別の所要量の計算はできなくても、表5-5に示した6つの基礎食品群から、少しずつでもよいからバランスよく何品か選んで食べることで、各栄養素の所要量をおおむね満足した食事を用意することができる。

② **主食・主菜・副菜が揃うように組み合わせを考え、消化・吸収のよい食品を選ぶ**

6つの食品群	乳・乳製品 小魚、海草	タンパク質 カルシウム よう素 ビタミンB$_2$	身体組織構成 （血液、骨や肉をつくる）
	卵、魚貝類 肉、豆類	タンパク質 脂質 ビタミンB$_2$	
	いも類、穀類、砂糖	糖質 ビタミンB$_1$	エネルギー （力や体温となる）
	油脂	脂質 ビタミンA ビタミンD	
	緑黄色野菜 くだもの	カロチン ビタミンC カルシウム	生理作用調節 （体の調子を整える）
	その他の野菜 くだもの	ビタミンC カルシウム	

●表5-5／6つの食品群と栄養素

各食事で主食・主菜・副菜を揃えるように心がけることが、自然にバランスよく食べる助けとなる。

食品の選択に際しては、できるだけ消化・吸収のよいものを選び、食卓が色合いよく、また、おいしそうに見えるように配慮し、楽しく、くつろ

ソフトテニスプレーヤーの食事例

●表5-4／日本人の栄養所要量

年齢(歳)	身長(cm) 男	身長(cm) 女	体重(kg) 男	体重(kg) 女	生活活動強度 I(低い) 男	I(低い) 女	II(やや低い) 男	II(やや低い) 女	III(適度) 男	III(適度) 女	IV(高い) 男	IV(高い) 女	たんぱく質所要量(g/日) 男	たんぱく質所要量(g/日) 女	脂肪エネルギー比率(%)
0〜(月)	—	61.7	—	6.4	110〜120/kg								2.6/kg	2.6/kg	45
6〜(月)	—	70.7	—	8.5	110〜120/kg								2.7/kg	2.7/kg	30〜40
1〜2	83.6		11.5		100/kg								35	35	30〜40
3〜5	102.3		16.4		100/kg								45	45	30〜40
6〜8	121.9	120.8	24.6	23.9	—	—	1,050	—	1,350	1,300	1,200	1,200	60	55	25〜30
9〜11	139.0	138.4	34.6	33.8	—	—	1,650	1,500	1,950	1,750	2,250	2,050	75	65	25〜30
12〜14	158.3	153.4	47.9	45.3	—	—	1,950	1,700	2,200	2,000	2,550	2,300	85	70	25〜30
15〜17	169.3	157.8	59.8	51.4	2,100	1,700	2,400	1,950	2,750	2,200	3,050	2,500	80	65	25〜30
18〜29	171.3	158.1	64.7	51.2	2,000	1,550	2,300	1,800	2,650	2,050	2,950	2,300	70	55	20〜25
30〜49	169.1	156.0	67.0	54.2	1,950	1,500	2,250	1,750	2,550	2,000	2,850	2,200	70	55	20〜25
50〜69	163.9	151.4	62.5	53.8	1,750	1,450	2,000	1,650	2,300	1,900	2,550	2,100	65	55	20〜25
70以上	159.4	145.6	56.7	48.7	1,600	1,300	1,850	1,500	2,050	1,700	—	—	65	55	20〜25

年齢(歳)	カルシウム(mg) 所要量 男	カルシウム(mg) 所要量 女	カルシウム 許容上限摂取量(mg)	鉄 所要量(mg) 男	鉄 所要量(mg) 女	鉄 許容上限摂取量(mg)
0〜(月)	200	200	—	6	6	10
6〜(月)	500	500	—	6	6	15
1〜2	500	500	—	7	7	20
3〜5	500	500	—	8	8	25
6〜8	600	600	—	9	9	30
9〜11	700	700	—	10	10*1	35
12〜14	900	700	—	12	12	35
15〜17	800	700	—	12	12	40
18〜29	700	600	2,500	10	12*2	40
30〜49	600	600	2,500	10	12*2	40
50〜69	600	600	2,500	10	10	40
70以上	600	600	—	10	10	40

年齢(歳)	ビタミンA 所要量(μgRE) 男	所要量(μgRE) 女	許容上限摂取量(μgRE)	ビタミンD 所要量(μg)	許容上限摂取量(μg)
0〜(月)	300 (1,000IU)	300 (1,000IU)	1,200 (4,000IU)	10 (400IU)	25 (1,000IU)
6〜(月)	300 (1,000IU)	300 (1,000IU)	1,200 (4,000IU)	10 (400IU)	25 (1,000IU)
1〜2	300 (1,000IU)	300 (1,000IU)	1,200 (4,000IU)	10 (400IU)	50 (2,000IU)
3〜5	300 (1,000IU)	300 (1,000IU)	1,200 (4,000IU)	10 (400IU)	50 (2,000IU)
6〜8	350 (1,200IU)	350 (1,200IU)	1,200 (4,000IU)	2.5 (100IU)	50 (2,000IU)
9〜11	450 (1,500IU)	450 (1,500IU)	1,200 (4,000IU)	2.5 (100IU)	50 (2,000IU)
12〜14	600 (2,000IU)	540 (1,800IU)	1,500 (5,000IU)	2.5 (100IU)	50 (2,000IU)
15〜17	600 (2,000IU)	540 (1,800IU)	1,500 (5,000IU)	2.5 (100IU)	50 (2,000IU)
18〜29	600 (2,000IU)	540 (1,800IU)	1,500 (5,000IU)	2.5 (100IU)	50 (2,000IU)
30〜49	600 (2,000IU)	540 (1,800IU)	1,500 (5,000IU)	2.5 (100IU)	50 (2,000IU)
50〜69	600 (2,000IU)	540 (1,800IU)	1,500 (5,000IU)	2.5 (100IU)	50 (2,000IU)
70以上	600 (2,000IU)	540 (1,800IU)	1,500 (5,000IU)	2.5 (100IU)	50 (2,000IU)

年齢(歳)	ビタミンB₁(mg) 所要量 男	所要量 女	許容上限摂取量	ビタミンB₂(mg) 所要量 男	所要量 女	許容上限摂取量	ナイアシン所要量(mgNE) 男	女	許容上限摂取量(mg)	ビタミンC 所要量(mg)	許容上限摂取量(mg)
0〜(月)	0.2	0.2	—	0.2	0.2	—	2	2	—	40	—
6〜(月)	0.3	0.3	—	0.3	0.3	—	4	4	—	40	—
1〜2	0.5	0.5	—	0.6	0.6	—	8	8	10	45	—
3〜5	0.6	0.6	—	0.8	0.8	—	9	9	15	50	—
6〜8	0.8	0.7	—	1.0	0.8	—	12	10	20	60	—
9〜11	1.0	0.8	—	1.1	1.0	—	14	13	20	70	—
12〜14	1.1	1.0	—	1.2	1.1	—	16	14	30	80	—
15〜17	1.2	1.0	—	1.3	1.1	—	17	14	30	90	—
18〜29	1.1	0.8	—	1.2	1.0	—	17	13	30	100	—
30〜49	1.1	0.8	—	1.2	1.0	—	16	13	30	100	—
50〜69	1.1	0.8	—	1.2	1.0	—	16	13	30	100	—
70以上	1.1	0.8	—	1.2	1.0	—	16	13	30	100	—

いだ雰囲気で食事できるように工夫する。

また、前述したようにソフトテニスでは糖質の補給が重要なので、ごはんやパン、うどんといった主食となる糖質を、毎食しっかりと摂取することを心がけることが重要である。

③ 朝食を抜かないで1日3食必ず食べる

1日の活力源は、まず午前中の活力を朝食で、午後の活力を昼食で、そして1日の活力の総合的な補充と体づくりのための栄養補給を夕食でといったように、それぞれ目的をもってバランスよく分配して補給することが、体に余分な負担をかけずに上手に栄養補給する基本である。

最近の調査結果では、朝食を抜く人が増える傾向にあるようだが、スポーツマンはとくに心身の消耗が激しいので、朝食に卵、牛乳、のりなどのタンパク質や無機質を多く含んだ食事を心がけ、欠食せずにコンスタントな栄養補給を心がけることが大切である。

④ 新鮮な野菜を食べる

新鮮な食品を食べることは、決してスポーツマンだけに限られることではない。

最近のように乾燥食品やレトルト、さらには冷凍食品と様々な加工品が出回るようになると、ただでさえ不必要な塩分や糖分の摂取が増えてしまい、必要な栄養素をバランスよくとることが難しくなる。

また、こうした加工食品には保存料や着色料といった食品添加物の入った食品が多いために、有害な物質が体の中に入ったり、体への余分な負担が増えてしまう。したがって、食卓にはできるだけ新鮮な野菜を添え、新鮮な食品の色彩や味覚を楽しむ（食卓にはできるだけ旬のものを添えて食事を豊かにする）。

⑤ 果物、ナッツ（種子）類などでミネラルの補給を心がける

人は、運動すると筋肉やその他の組織でナトリウムやカリウムといったミネラルを消耗する。したがって、ソフトテニスプレーヤーのようなスポーツマンは、どうしてもその消耗に見合った量の補給が大切であり、こうしたミネラルはバナナやアーモンドで代表される果物やナッツに多く含まれているので、適宜その補給を図ることが肝要である。

とくに、新鮮な果物は適当な糖分や酸（果糖は運動中の血中脂肪酸の低下を抑制し、エネルギー供給系の持久性を高めるように作用し、オレンジなどの柑橘類に含まれるクエン酸はグリコーゲンの分解を助け、エネルギーの供給を効果的に作用する）とビタミン、ミネラルを含むので、野菜と同様に、その摂取を心がけるとよい。

(3) 水分排泄量と摂取量のバランス

次に大切なのが、水分の排泄量と摂取量のバランスである。

一般に成人では、通常の状態で1日におよそ2.5ℓの水を体外に排泄するといわれ、そのうち尿による排泄が約1.5ℓ、呼吸による排泄が約0.5ℓ、皮膚からの蒸発が約0.5ℓ、残りの少量が便によるものである。

したがって、人は通常でも正常な生命維持のために最低2.5ℓ程度の水分を何らかのかたちで補給する必要があり、一般にはその半分を食事で、残りを水やジュースなどの液体で補給している。

また、ソフトテニスをはじめとして激しい運動時には発汗などでさらに大量の水分を失うことから、その排泄量に見合った水分が適切にかつ十分に補給されることが、より安全でかつ効果的な運動実施の必要条件であり、もし十分な水分補給がなされなければ生体は脱水症状を呈し、極度の場合には生命の危険にさらされることもある。とくに熱暑下での運動に際しては、十分な水分補給への配慮が必要であり、不幸な事故を未然に防ぐ手だてとなる。

具体的な水分の補給についてであるが、これはいわゆる〝のどの渇き〟の訴えにしたがって適切に行うべきものであるが、緊張レベルの高い大会

などでは、プレーヤーの〝のどの渇き〟の訴えは曖昧でまたわかりにくく、その訴えにしたがっていては間に合わなかったり、一度に多量に補給しすぎて動けなくなったりする。

したがって、実際にはプレーヤーの経験度にもよるが計画的に水分の補給を行うことが適切であり、とくに熱暑時や運動量が多く発汗量の多いときには、大量の水を少量ずつ短い間隔で補給するのが望ましい。そうすることで胃への負担も軽減され、余分な生体負担をかけることなく運動が続けられる。

また、補給する水の性質については、できれば純粋な水だけではなく、同時に適切なミネラルを補足して供給するのがよいが、これも決して特別なものが要求されるというものではなく、運動中であれば果汁を薄めた飲物を用意するか、練習間の食事などで果汁や新鮮な果実あるいはスープなどを用意し、できるだけ自然なかたちで補給することが望ましい。

逆に塩分の過剰な摂取は、水分の摂取量とも関係するが、かえって生体の機能障害を引き起こすことがあるので注意が必要である（通常の食事で、前述した栄養バランスのとれた食生活に努めていれば、特別に運動中に塩分を多く摂取する必要はない）。

■参考文献

1) 日本体育協会『実践コーチ教本、コーチのためのトレーニングの科学』大修館書店　1981
2) 石井源信、水野哲也他『イラストで見る軟式テニス・ドリル』大修館書店　1989
3) 宮下充正『トレーニングの科学』講談社　1980
4) 日本体育協会『実践コーチ教本、コーチのためのスポーツ医学』大修館書店　1981
5) 健康・栄養情報研究会『第六次改定、日本人の栄養所要量　食事摂取基準』第一出版　1999
6) Rolf Donath/Klaus-Peter Schuler（奥恒行他訳）『勝つためのスポーツ栄養学』南江堂　1990
7) 水野哲也、大根田徹、門倉芳枝他『軟式庭球選手の食生活の実態調査』昭和60年度日本体育協会スポーツ医科学研究報告　No. 9, 132-136, 1986
8) 水野哲也、水野紅美「大学女子運動部員のエネルギー収支」東京医科歯科大学教養部研究紀要　Vol. 19；17-26, 1989

第6章 ソフトテニスのトレーニング

Chapter 6

1. 体力トレーニング

❶ ソフトテニスに必要な体力

ソフトテニスプレーヤーに必要な体力は、大きく2つの要素に分けられる。

その第1は、ラリーなどの際にボールのスピードに対応できる敏捷性を含んだスピーディーな動きに必要な体力であり、第2は、大会そのものを勝ち抜くための持久的体力である。

運動学的な視点からみるとソフトテニスは、長さ23.77m、幅10.97mのコートを、高さ1.07mのネットで2等分した区域で、互いに2人ずつのプレーヤーがラケットを使ってボールを打ち合う競技であり、その中で走る、跳ぶ、止まる、打つといった動作が求められるスポーツといえる。

具体的にいえば、後陣に位置するプレーヤー同士のラリーの場合、それぞれがベースライン上からシュートボールを打って、ネット付近で前陣のプレーヤーが対応するまでにおよそ0.4秒程度かかるが、このとき、前陣のプレーヤーは少なくともネット上で各コース（ストレートとクロス）に

おいて3分の2、つまり左右に約3～4mすばやく動ける能力が必要であるし、この際、後陣のプレーヤーはパッシングなども考慮すると横約11m、縦約7～8m動くことが求められる。ラリーが続けばこれらの動作をおよそ数秒から10数秒、シングルスでは1分から数分間持続する能力も要求される。そしてこのとき、ボールの配球に際して情緒の安定をはじめとした心理的能力も含めた、コースや深さといったボールコントロールの能力が要求されるので、敏捷性＋ボディーコントロールの能力もあわせて求められるといってよい。

また、大会そのものを勝ち抜くための持久的体力も重要なポイントとなる。具体的には、大会の種類にもよるが団体戦、個人戦を勝ち抜くためには1日5～7試合、多いときには10試合近くを戦い抜くスタミナが求められ、最近ではこのスタミナもよりパワフルな要素が求められるようになっている。そして、こうしたソフトテニスプレーヤーとしての諸種の資質は、これから述べる具体的なトレーニングプログラムだけでなく、食事や休養といったその他の生活習慣と有機的に相まって、すぐれたライフマネージメントとして実行さ

れることが不可欠である。

2 具体的なトレーニング法

　前述したように、ソフトテニスプレーヤーには、敏捷性とスピード、そして連続したストロークを支える足腰、さらに大会を乗り切るいわゆるスタミナが要求されるが、ここではこれらの養成を意図した具体的なトレーニング法を例示する。

(1) フットワークのトレーニング

　まず、ソフトテニスのためのトレーニングとして欠かせないのがステップワークプログラムである。とくにここにあげたサイド、クロス、バックのステップワークプログラムは、コートのどのポ

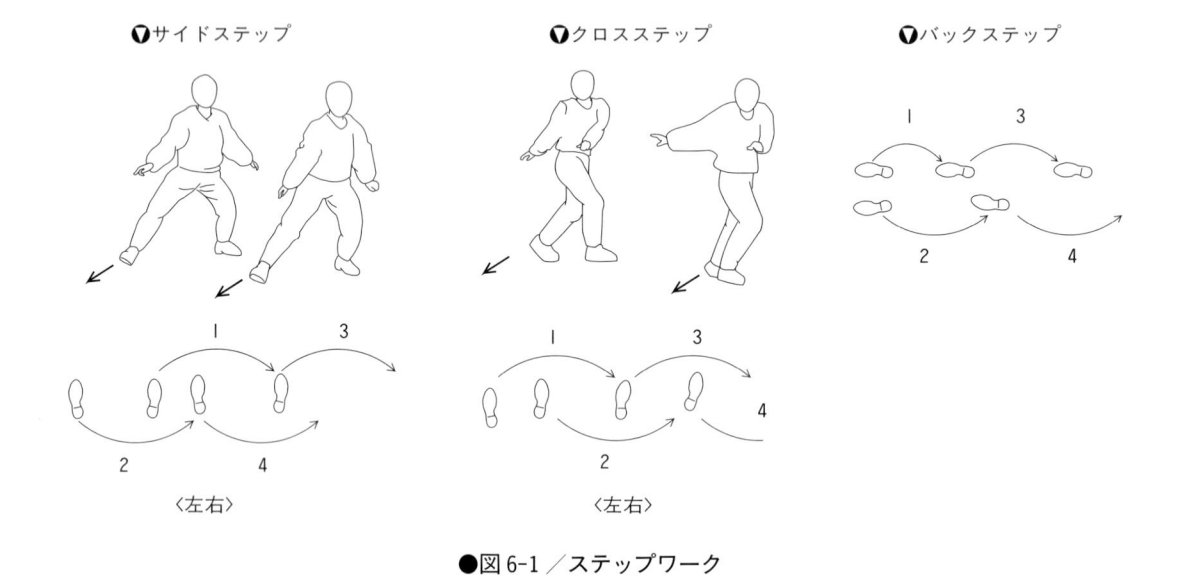

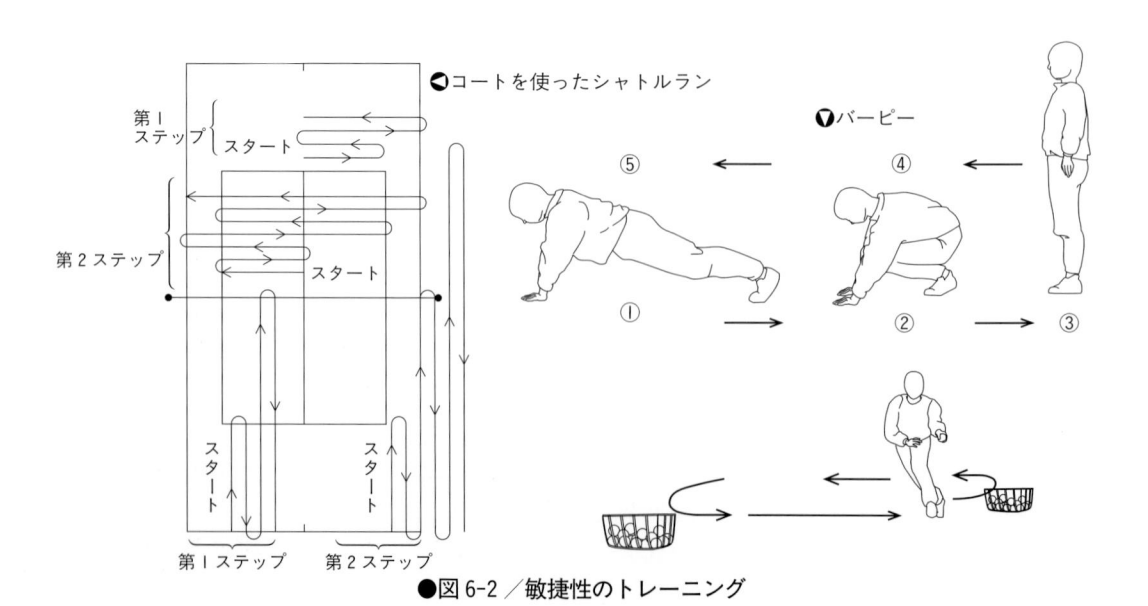

●図6-1／ステップワーク

●図6-2／敏捷性のトレーニング

ジションでも必要とされるフットワークのための基礎的トレーニングといえる（図6‑1）。

ウォームアップやクーリングダウンはもちろんのこと、初歩的な段階ではゆっくりとしかも1歩1歩しっかり動作を意識して、徐々にスピードをあげるとともに、上体の回転や動揺を抑えたり、膝を曲げた低い姿勢でのトレーニングへと発展させ、できるだけ実際のプレーに近い姿勢で、様々なステップができるように工夫するとよい。

(2) 敏捷性のトレーニング

敏捷性の養成には、全身の巧ち性を含めたバーピープログラムと、コート上での移動スピードを改善することを念頭においたシャトルランがその代表例である。

図6‑2は、コートでのシャトルランプログラムの一例であるが、いずれも前向きで全力ダッシュすることが原則である。

(3) 筋力を高めるトレーニング

ソフトテニスにおいては、それほどずば抜けた筋力が必要なわけではない。とはいっても、一般的スポーツマンに必要な基礎的な筋力は当然ながら必要であるし、体幹を支える脚力や腹・背筋力、サービスやスマッシュで使う肩や握力などの筋力の強化は、競技力の向上や障害の予防などの点から欠かすことはできない。

ここでは、器具を用いたウエイトトレーニング（図6‑3‑1～2／p.132～133）と、器具なしで行う基礎的な筋力アッププログラム（図6‑3‑3／p.134）を紹介しておく。

(4) 反射神経を鋭敏にするトレーニング

反射神経、とくにすばやい反応性はソフトテニスプレーヤーにとって欠かすことのできない資質といえるが、ここでは、その反応時間や敏捷性を向上させるトレーニングを紹介する。

トレーニングでは、何かの合図にしたがって左

コートでのトレーニング風景

右あるいは前後にすばやく移動することが基本となる。動きの合図には笛や拍手などの音と、旗や手信号などの目で見る合図の両方が用いられることが多いが、それはどちらでもよい。

構えの姿勢ではできるだけリラックスして、合図にしたがってすばやく左右・前後、さらには斜めと選択的に反応することがポイントであり、連続的にそして実戦的にトレーニングするように工夫する必要がある。

(5) 柔軟性を高めるトレーニング

柔軟性の向上には、ストレッチングが効果的である。内容的には図6‑4（p.135）にも示したように、体の各部所を伸展させるいくつかのストレッチング法が基本となるが、そのポイントは以下のとおりである。

① 反動をつけないでゆっくりと伸ばす。
② ストレッチしようとする筋肉に意識を集中し、心身のリラックス感を覚えるようにする。
③ 息をゆっくり吐きながらストレッチし、決して息を止めない。
④ 人と競争をしないで、よけいな力を抜いてマイペースで行う。
⑤ 体を温めたりして、できるだけゆったりした気分で行うように心がける。

●図6-3-1／ソフトテニスのためのウエイトトレーニング

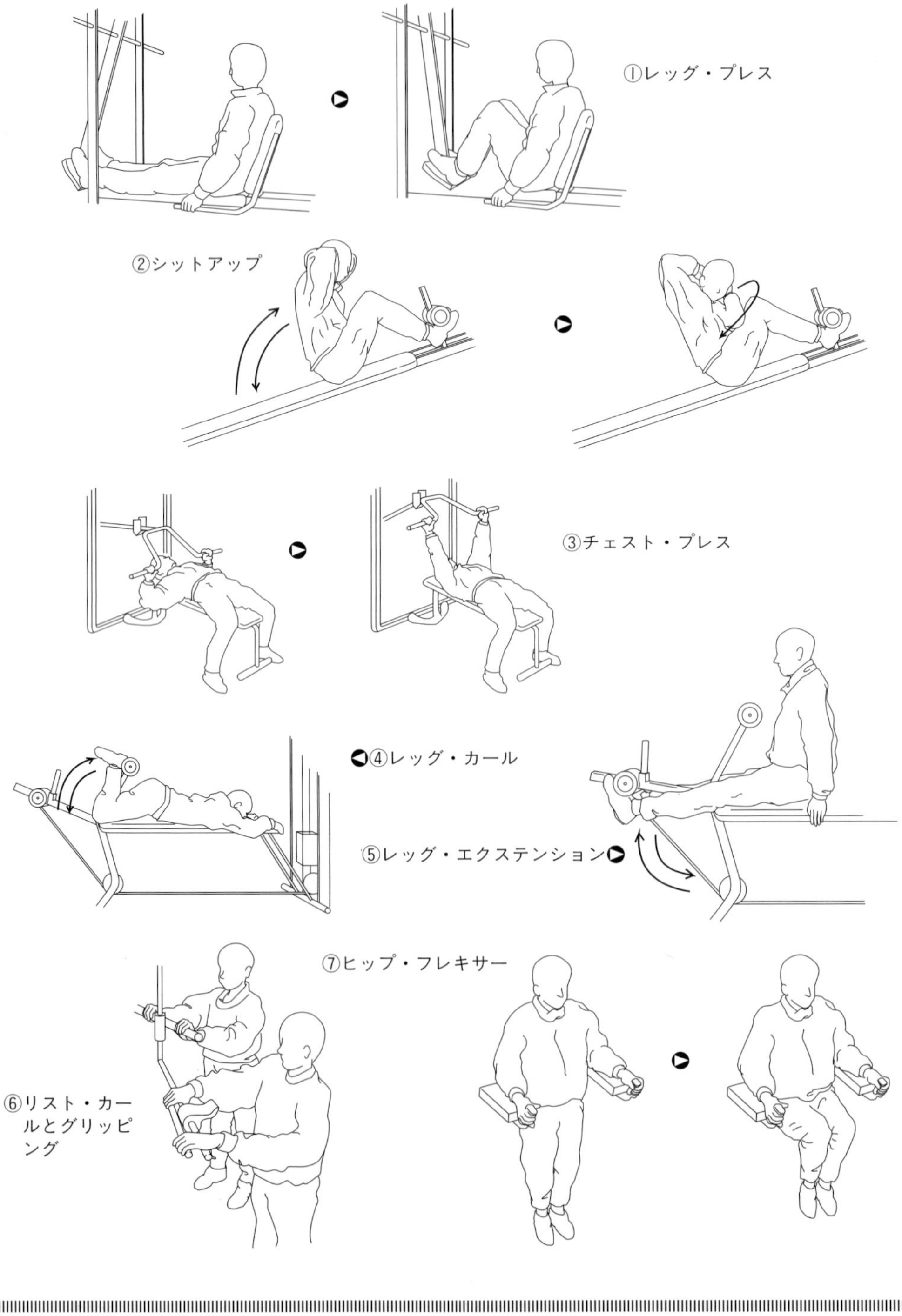

①レッグ・プレス

②シットアップ

③チェスト・プレス

④レッグ・カール

⑤レッグ・エクステンション

⑦ヒップ・フレキサー

⑥リスト・カールとグリッピング

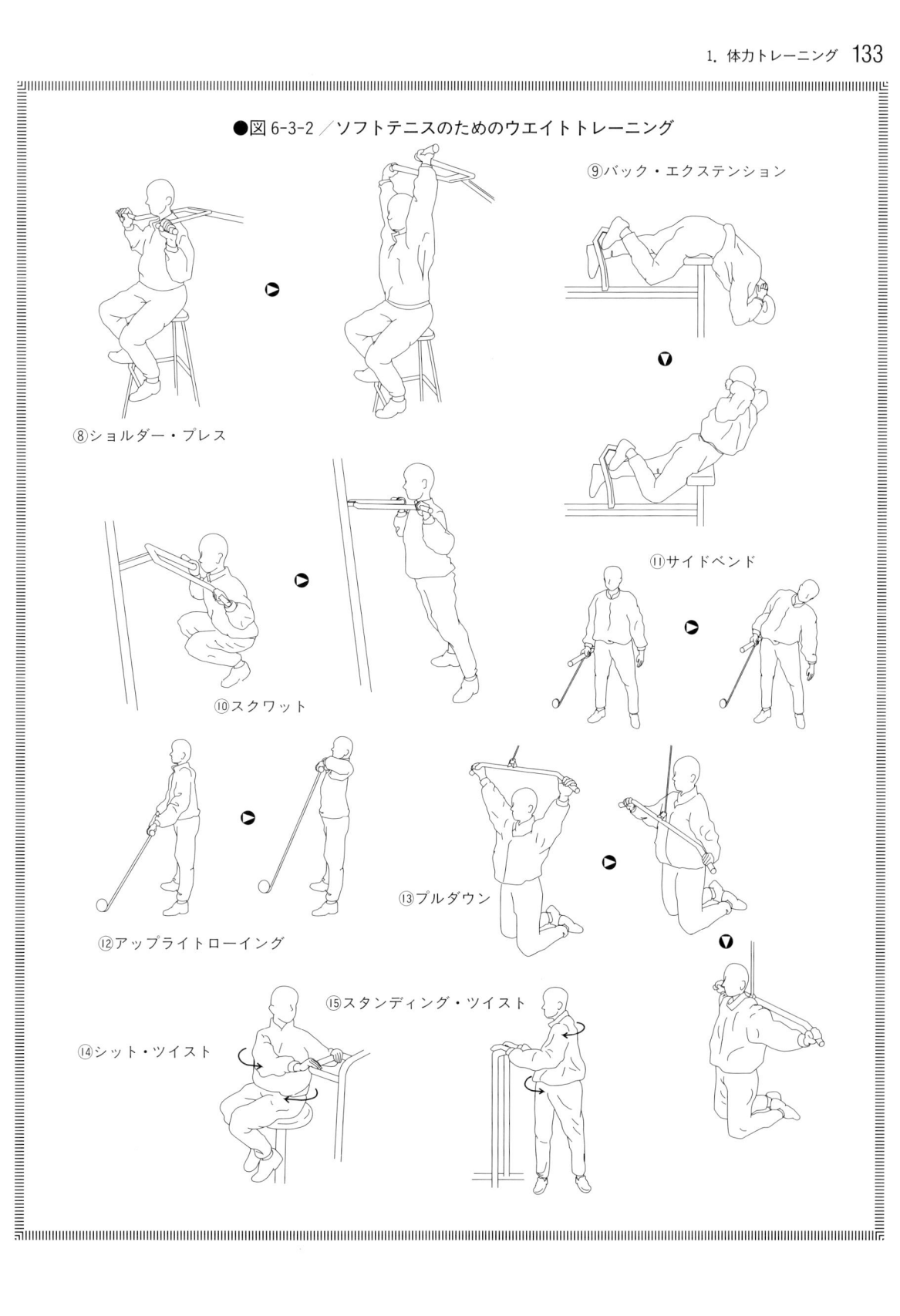

●図 6-3-2／ソフトテニスのためのウエイトトレーニング

⑧ショルダー・プレス

⑨バック・エクステンション

⑩スクワット

⑪サイドベンド

⑫アップライトローイング

⑬プルダウン

⑭シット・ツイスト

⑮スタンディング・ツイスト

●図6-3-3／特別な器具を使わない筋力トレーニング

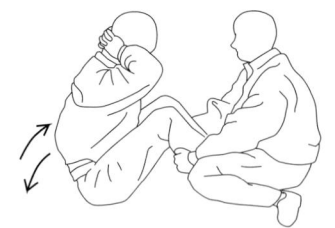

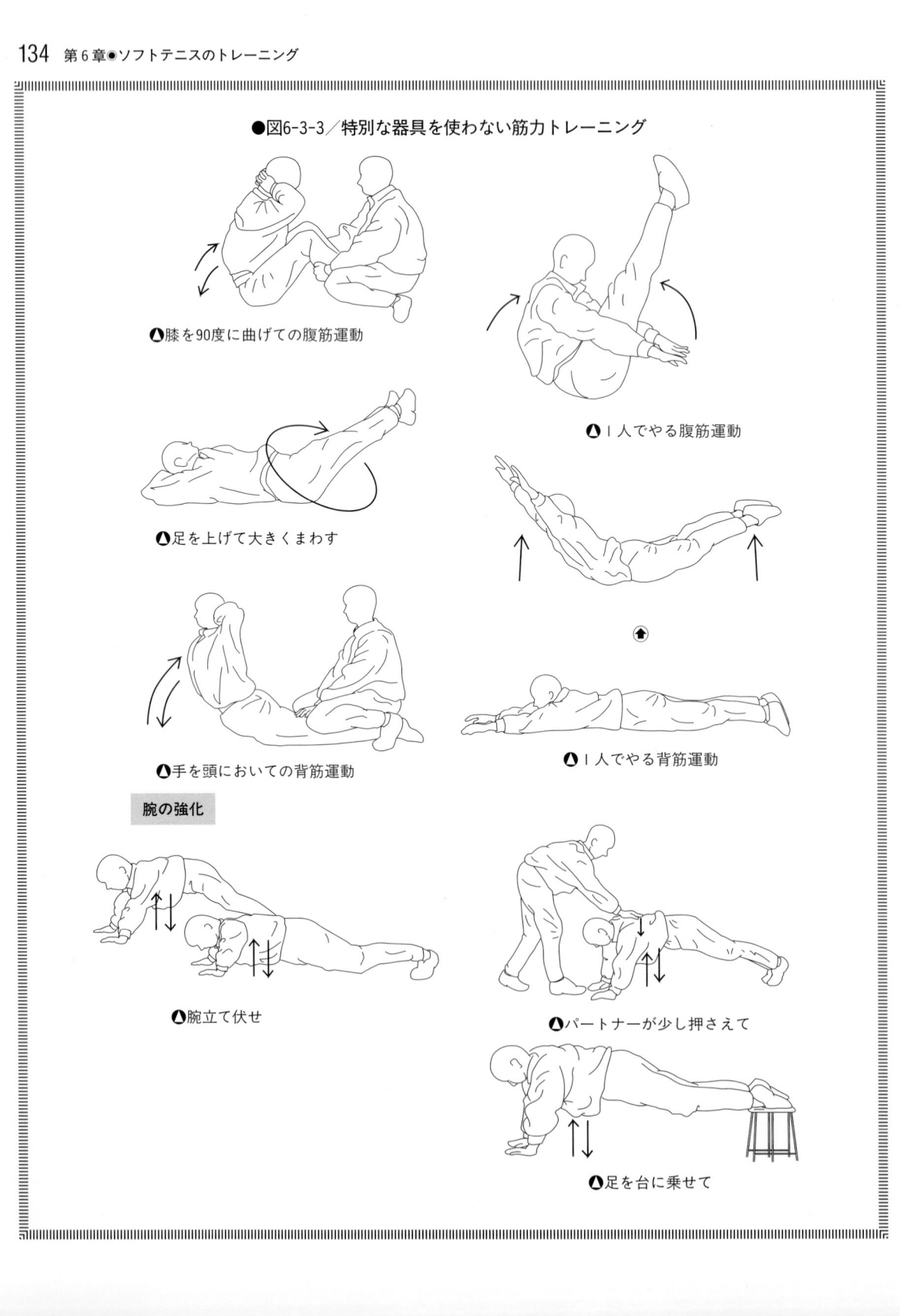

● 膝を90度に曲げての腹筋運動

● 1人でやる腹筋運動

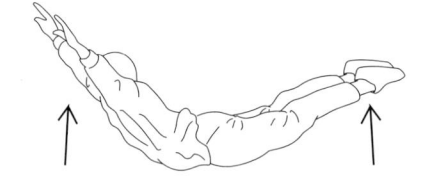

● 足を上げて大きくまわす

● 手を頭においての背筋運動

● 1人でやる背筋運動

腕の強化

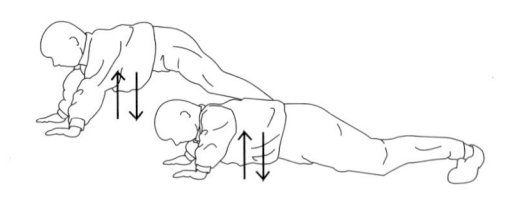

● 腕立て伏せ

● パートナーが少し押さえて

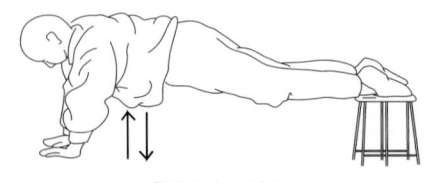

● 足を台に乗せて

1. 体力トレーニング　135

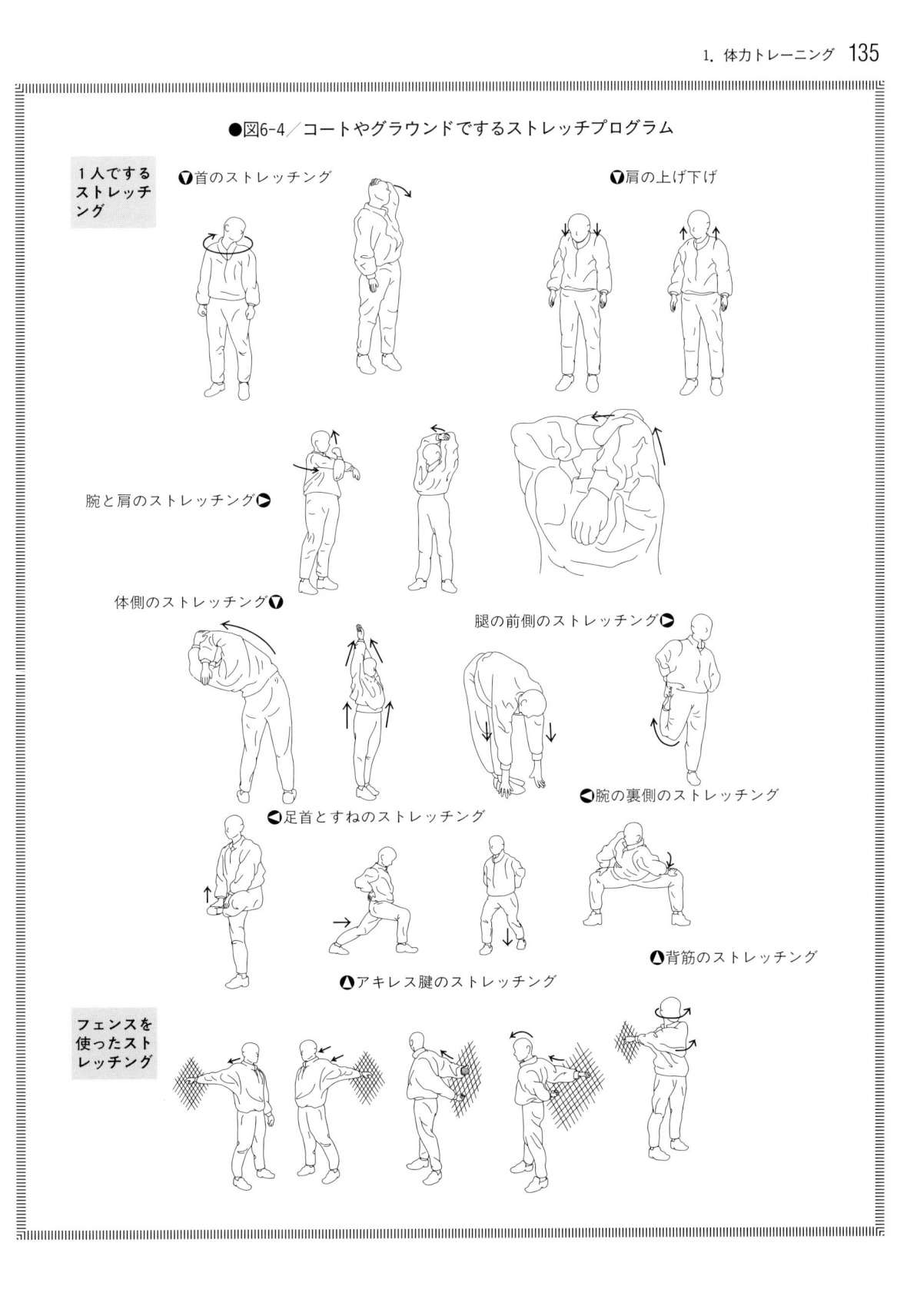

●図6-4／コートやグラウンドでするストレッチプログラム

1人でするストレッチング

❷首のストレッチング　　　　　　　　　　❷肩の上げ下げ

腕と肩のストレッチング ➤

体側のストレッチング ❷　　　　　腿の前側のストレッチング ➤

❹腕の裏側のストレッチング

◀足首とすねのストレッチング

❹アキレス腱のストレッチング　　　　❹背筋のストレッチング

フェンスを使ったストレッチング

(6) 調整力を高めるトレーニング

全身的な調整力を高めるためには、リズム体操やマット運動など、体の運動感覚を向上させるものを選択してプログラム化したい。音楽やリズムをバックグラウンドに流して様々な動きを行うダンスなどもよい。

また、ソフトテニス以外のサッカーやバスケットボールなどの球技、あるいはスキーなどいろいろなスポーツを楽しみながら行うのも、調整力の向上には役に立つ。とくに冬場の体力づくり期などでは、気分転換を含めてプログラム化するのがよいといえる。

また、なわとびを使った片足跳び、両足跳び、二重跳びなども調整力の向上に役立つ。

(7) スタミナ養成のためのトレーニング

スタミナづくりの代表的なトレーニングは、何といってもロードワークである。

最初はゆっくりでもかまわないので最低2〜3kmは走るようにし、体が慣れてきたら、20〜30mから100mぐらいの全力走を含むインターバル走へと発展させるとよい。

(8) 打球力強化のためのトレーニング

打球力の強化には、まず何といっても全身、とくに足腰の筋力と筋持久力の強化が大切である。なぜなら、打球力というのは決して上体の力で決定されるものではなく、スイング動作の力学的説明でも述べたように、足や脚さらには腰といった下半身の力で支えられ、そしてつくり出された力をもとに、腰の回転や上体の振りがうまく合成されたときに向上する。

したがって、ランニング系のトレーニングに図6-5に示したようなジャンプ系とスクワット系の筋力トレーニングを加えた総合的な下半身強化を行うとともに、それに見合った体幹の強化と、それらを生かしたスイングトレーニングが必要である。

▲スクワット　　▲ダブルニージャンプ　　▲バウンディング

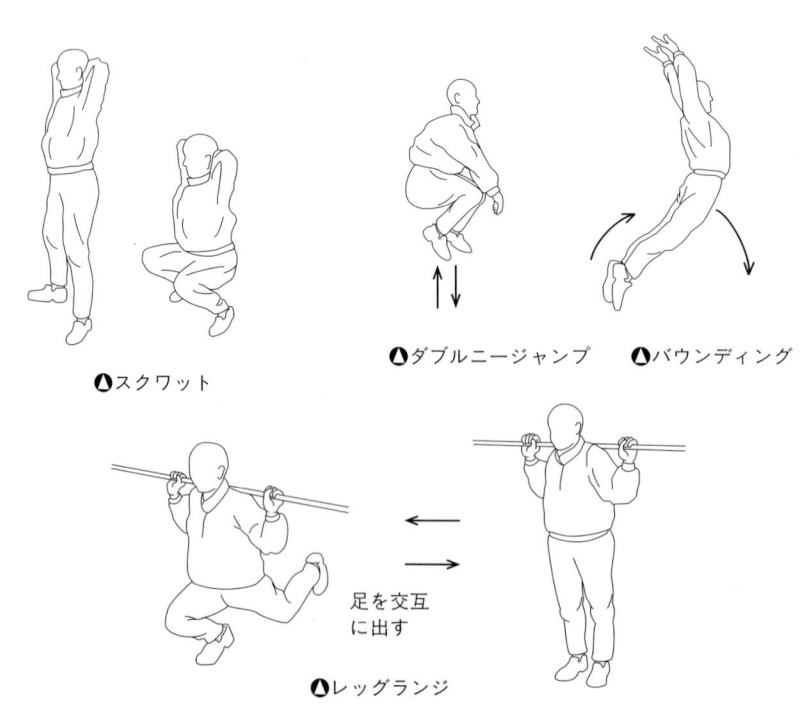

▲レッグランジ　　足を交互に出す

●図6-5／打球力強化のための下半身のトレーニング

⑼ ウォーミングアップとクーリングダウン

　体力トレーニングに限らず、技術練習においてもその効果性と安全性を高めるために、ウォーミングアップとクーリングダウンは欠かせない。

　図6-6は、一般的なウォーミングアップとクーリングダウンの配置図である。内容としては、ウォーミングアップにおいては、身体の活動性を高めるために文字どおり体を温めるためのジョギングや体操、心身のリラックスと機能性を高めるためのストレッチングと解緊運動などがその代表例である。また、運動のあとのクーリングダウンでは、活動性の高まった心身の鎮静化と疲労物質のすみやかな排除のために呼吸を整えるとともに、ウォーミングアップと同様にジョギングや軽い体操、ストレッチングなどで心身のリラックスを図るのがよい。

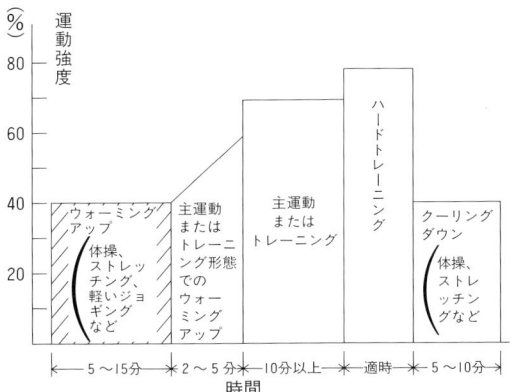

●図6-6／安全で効率的な運動（トレーニング）パターン

⑽ 具体的なサーキットトレーニングの一例

　これまでいくつかのトレーニング方法を述べてきたが、ここでは、ごく一般的なサーキットトレーニングプログラムの一例を示しておく。

❖基礎プログラム例

《原則》
1．最低でも週3日は実施すること。
2．1日、1時間30分はかけること。
3．実施した内容は必ずトレーニング日誌に記入すること。（クラブのトレーニング管理ノートを用いて記録する）
4．ウォームアップ、クーリングダウンを必ず行うこと。
5．積極的に取り組み、集中してやること。（けがの予防もあるので積極的な意識で取り組む）

《トレーニング内容》

● ウォームアップ（12～13分程度）
　○ 軽いランニング（体が温まる程度、5～6分程度）＋ステップワーク（左右のサイド、クロス、バック）
　○ 大股歩き（70～80％程度の力で、20m×2本）＋ジョグ（100％の力で、20m×3本）
　○ ストレッチ＋体操
　○ 解緊運動

● 本トレーニング（サーキットトレーニング）
① 腕立て伏せ（30回）
　↓　1回目15回、2回目以降20回×2セット
② シットアップ（90度膝曲げ補助者つき）
　　　1回目10回、2回目以降男子20回、女子15
　↓　回×2セット
③ 背筋運動（補助者つき）
　　　1回目10回、2回目以降男子20回、女子15
　↓　回×2セット
④ ダッシュ
　　　70％の力で30m×1本　＋ジョグ
　　　80％の力で30m×1本　（息を整える
　　　90％の力で30m×1本　程度）
　↓　100％の力で30m×3本
⑤ サイドステップ
　　　70％の力で15m左右各1本　＋ジョグ
　　　80％の力で15m左右各1本　（息を整え
　　　90％の力で15m左右各1本　る程度）
　↓　100％の力で15m左右各2本
⑥ ダブルニージャンプ
　　　1回目10秒、2回目以降男子・女子20秒×
　↓　2セット
⑦ 握力トレーニング
　　　古いやわらかいボールの握りしめ
　↓　20回×3セット

⑧バーピー
　　5回×1セット、3セット
● クーリングダウン
　○軽いランニング＋ステップワーク（左右のサイド、クロス、バック）
　○大股歩き（70～80％の力で、20m×3本）＋ジョッグ
　○ストレッチ＋体操
　○解緊運動→深呼吸

3 発育・発達を考えたトレーニング計画

　図6-7は、有名なスキャモンの発育曲線である。これに示されるように人間の身体の諸器官、組織の発達は決して一様ではなく、それぞれの器官や機能によって、発育または発達する時期やスピードが異なる。

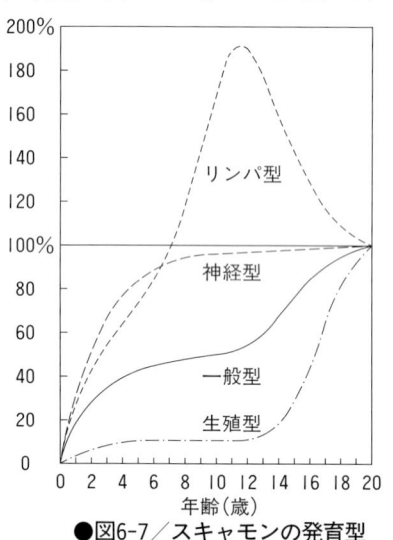

　したがって、それらを効率よく発達させるためには、対象となるプレーヤーの発育・発達の状態に合ったトレーニングプログラムの配列が極めて重要である。

　具体的には、宮下が示した図6-8にもまとめられているように、神経系つまり様々な動きのトレーニングは10～12歳前後までに、また、筋力などのパワートレーニングは、その発達が最も著しい13～14歳以降20歳前後に、そして戦略や戦術といった頭脳、つまり中枢神経のトレーニングは、その発育・発達期である思春期以降に、社会性を含めたフェアプレーやスポーツマンシップなどの、より優れたスポーツマンとしての精神的成長もあわせてしっかりと身につけさせるのがよいといえる。

　それぞれの内容については、別項においてそれぞれトレーニング課題別に具体的なトレーニング方法を提示しておくので、それぞれの対象の発育・発達段階に応じて主眼となる、トレーニング課題に対応したプログラムを計画・実施していただきたい（各体力、メンタルトレーニングの項参照）。

4 トレーニングの原則

　トレーニングを効果的に進めるために次に重要

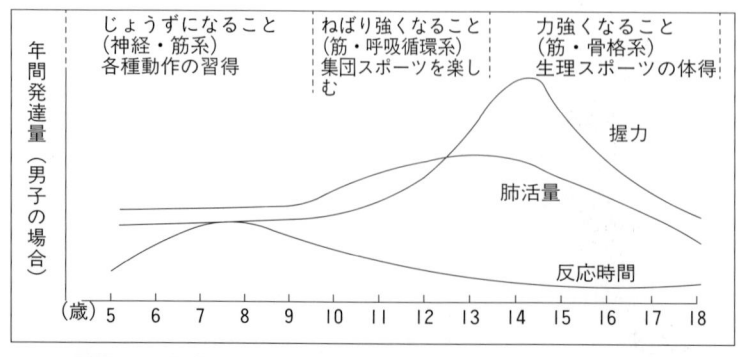

●図6-7／スキャモンの発育型

●図6-8／発育・発達にあわせたトレーニング計画〈宮下、1981〉

なことは、プレーヤーがトレーニング自体に積極的に取り組めるような配慮であり、これから述べるいくつかの原則は極めて一般的であるが、重要なポイントである。

(1) 意識性（自覚性）の原則

前述したようにトレーニングとは、プレーヤー自身が自らの意思でプレーに必要な心や体力や技能を鍛え、磨くものである。

したがって、プレーヤーはこれから行うトレーニングが自分のどのようなところにどのように効果があるかを理解し、主体性をもって積極的に取り組むことが大切であり、そうすることがとりもなおさずプレーヤー自身のトレーニングの効果を高め、楽しさを増すことにつながる。

(2) 個別性の原則

トレーニングにおける個別性は、とくに重要な原則の１つである。というのも、本来プレーヤーの能力はその１人１人の運動能力、可能性、さらにはスポーツを学習する際の特性や特異性などによって決定されるものであり、決して一様ではない。したがって、以下に示すような要因によって、その強度や量の工夫が必要である。

① 年齢

これはプレーヤーの生物学的年齢のことであるが、とくに子どもやジュニアの場合には、発育・発達とトレーニングの項でも述べたように、体の組織（とくに骨や靱帯、腱、筋肉など）が未成熟なため、その正常な構造に負担をかけすぎないことが重要であるし、成熟後はその老化の程度や体力レベルに合わせたトレーニング強度が選択されなければならない（図６-９参照）。

② 経験

これは、プレーヤーがソフトテニスに参加しはじめた年齢とも関連するが、一般にほぼその経験に比例して求められるトレーニングレベルも高くなる。

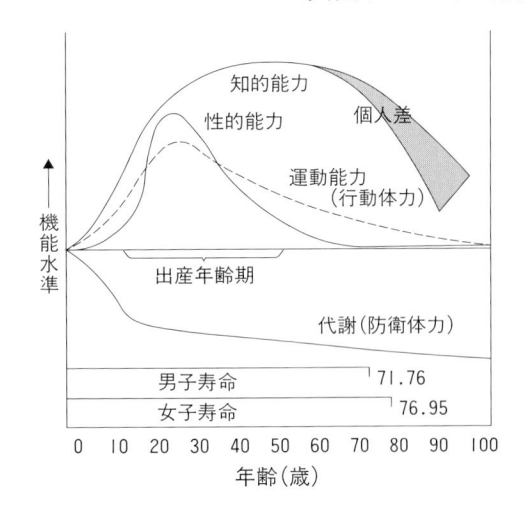

●図6-9／加齢にともなう諸機能の変化
（スチーグリッツによる）

したがって、異なった背景と経験をもつ選手が同一のグループでトレーニングするような場合、指導者は個人の可能性や特性を正しく評価し、必要に応じてプレーヤーとしっかりとしたコミュニケーションを図り、トレーニング内容を決定していかなければならない。

③ 性差

プレーヤーの性による特性は、その生理的機能の特性でもあり、したがって、同じトレーニングを行ってもそのトレーニング効果は当然異なる。

例えば、筋力トレーニングなどでは、女性は男性と比較してトレーニング効果の発現は遅く、また、長い中断をおかずに正確に続けることで効果が顕著となるし、腰部、腹部の筋肉の強化に際しては、骨盤の大きさや形状の差から適切な強化が必要である。

また、持久力トレーニングでは、耐えうる強度については男子より低いが、量についてはあまり相違はないようである。女性特有の月経についても、選手の心理あるいは生理的能力にかなりの影響をおよぼすので、正しい知識をもって対応することが重要である。

④ 健康状態

トレーニングの状態は、内容、強度、頻度さらにはそれらを行ったプレーヤーの効果などで表現されるが、それらの重要な決定要因として選手の健康状態があげられる。そもそも選手の健康状態というものは、そのコンディショニングの基盤である。

したがって、日々のトレーニングの限界や制限域の決定における第1の要因がその健康状態であるともいえ、そのような厳密な限界や制限域の決定や実施については、医師との密接な協力が重要である。

とくに、成人病その他のコントロールされた疾患の有無や日々の健康状態の変化は、できるだけプレーヤー自身が正直に指導者とコミュニケーションをとれるように配慮すべきである。

⑤ 練習やトレーニング以外での生活状態

指導者は、できるかぎりプレーヤーの練習やトレーニング以外の生活にも気を配りたいものである。これは選手に適正なトレーニング効果が発現しない場合などにとくに必要となることだが、いうまでもなく選手は常に全人的な存在であり、決して練習やトレーニング場面だけが特別な生活空間というわけではない。

したがって、学校や職場、家族や友人と一緒にいるときの行動もまた、指導者やコーチにとって重要な情報源となる。

(3) オーバーロードおよび漸増負荷性の原則

身体の諸機能はおおむねルーの法則にしたがう。つまり適度の刺激に対しては機能が増して組織も発達するが、過度になれば障害を起こしたり組織の萎縮が生じ、また、刺激がないか弱ければ、その刺激の強度に適応して機能が低下し、組織も萎縮してしまう。

したがって、トレーニングもその質と量が中途半端ではトレーニング効果は期待できないし、あまり強すぎても効果がない。

このような負荷のかけ方をオーバーロードの原則というが、一般的には〝少しきついな〟というのがそれに当たる。また、生体は健康であるかぎりオーバーロードをかけるとその刺激に対して適応を起こし、その心理的・生理的能力が改善される（これがトレーニング効果である）。

したがって、その改善度に即して負荷を徐々に増やしていかなければトレーニングが効果的でなくなる（漸増負荷性）わけだが、このときにあまり急激なトレーニング強度の増加は生理学的、とくに心理学的バランスに影響を与えてプレーヤーの適応能力をしのぐことになり、いわゆるオーバートレーニングや障害の原因となるので注意が必要である。

(4) 超回復性と反復、継続性の原則

前項で述べたように、トレーニングは生体の運動などの活動に対する適応として説明されるが、このときに重要になるのが、トレーニングにおける消費に見合った回復過程つまり休養である。

図6-10は、その活動期と休息期における活動能力を示しているが、トレーニングではその主役ともいえるエネルギーの消費過程だけではなく、当を得た休息による回復過程が極めて重要である。言い方を換えれば、効率的なエネルギー消費とそれにともなう超回復がいわばトレーニングによる新しい適応の芽といえ、その継続によって身体的・精神的能力が改善される。

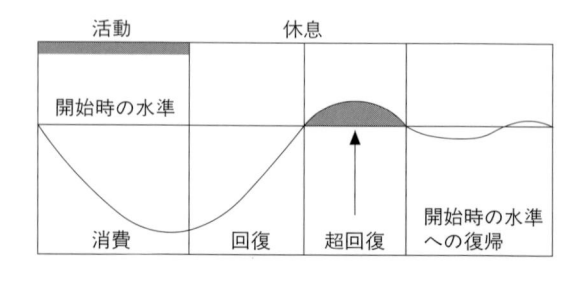

●図6-10／トレーニング時と休息時における活動能力の変化（オゾーリンほか、1966）

(5) 反復、継続性の原則

トレーニングは、これまで述べた原則にそって、繰り返し継続されることで効果があらわれる。つまり「継続は力なり」という言葉は、トレーニングの原則の代名詞ともいえる。

5 楽しいトレーニング計画

トレーニングを効果的にまた安全に行うには、その大切な要素として"楽しいトレーニング"の実行があげられる。ここでは、こうしたトレーニングを楽しく実行するためのポイントをいくつかまとめておく。

(1) 対象の動機や目的に即したトレーニング計画を立てる

トレーニングというものは、あくまでもプレーヤー自身が自らの目的に向かって自らが取り組むものであり、決して人にやらされてやるものではない。人にやらされていやいややっていたのでは、この項のテーマである"楽しさ"などはどこかにいってしまう。

したがって、トレーニングを楽しくやるためには、その第1条件は、やる人の動機や目的に即した内容で計画を立てることである。

(2) 対象の成長段階に即したトレーニング計画を立てる

前項で人間の発育・発達段階に応じたトレーニング計画が大切であることを述べたが、さらにトレーニングを楽しく、そして効果的に進めるためのポイントとして、対象の成長段階に応じたトレーニング計画の重要性があげられる。人は機能の発育や発達のほかに、精神（心理）的あるいは社会的にも常に成長を続けている。

図6-11は、有名なマズローが示した人間の成長欲求に基づく階層図であるが、この図にも示されるように、プレーヤーの成長も実に階層的でありタイミングがある。

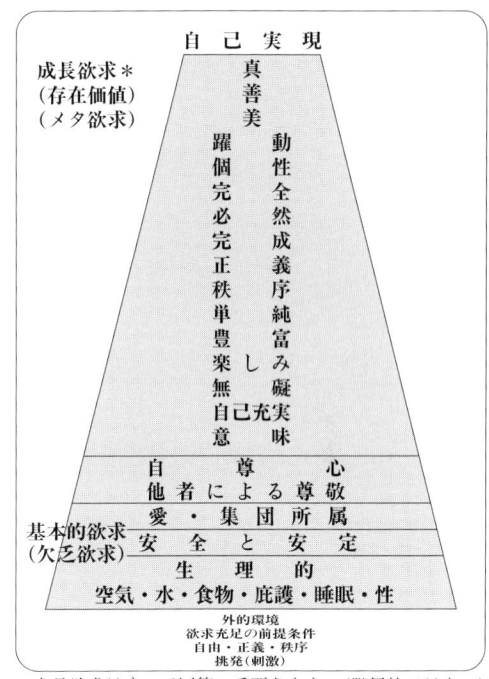

●図6-11／アブラハム・マズロー：欲求の階層
（フランク・ゴーブルの「マズローの心理学」1972）

＊成長欲求はすべて同等の重要さをもつ（階層的ではない）

したがって、指導者もそれに即した的確な課題提供と援助を行うことが極めて重要であり、そうすることで効率のよいプレーヤーの成長への手助けが可能となる。

(3) 一般的なトレーニングの原則を守る

前項で述べた一般的なトレーニングの原則に即した計画を実施することは、トレーニングの楽しさを増すためにも重要なことである。

とくに、以下に示した5つの原則については、真の意味でのトレーニングの楽しさを保証する原則といえる。

① 意識性（自覚性）の原則
② 個別性の原則
③ オーバーロードの原則
④ 超回復性の原則
⑤ 継続性の原則

(4) 運動学習の習熟過程に即したトレーニング計画を立てる

これは、どちらかといえば体力トレーニングというよりも、技術・技能に関するトレーニングをより効果的に、またより楽しくするためのものであるが、人や運動を学習していく際に、その習熟過程に即した計画を立てることでプレーヤーの興味が持続し、むだの少ない効率的な指導が可能となる。

図6-12は、ジュウエットらが分類した一般的なテニスの学習段階である。

(5) その他の工夫

これまでに述べたいくつかのポイントに加え、トレーニングをより楽しくする工夫としては、以下のものがあげられる。

① トレーニング課題別にトレーニング目標を設定し、必要に応じて適切な賞罰を与え、対象に対して随時達成感をもたせるとともに努力を承認し、対象の動機づけを援助し、主体性を持続してトレーニングに取り組めるようにする。

② トレーニング仲間をつくり、互いにはげまし合ったり、競い合ってトレーニング環境を明るい雰囲気にする。

③ 新たに適当な器具を考案したり、工夫を加えたりして、軽音楽などのバックグラウンドミュージックなどを用いたりして、常にトレーニング環境をより新鮮で創造的なものにする。

④ 同一の目的や課題をもった内容のトレーニングでも、常にプログラムに変化をもたせる。

⑤ なによりも指導者が誠意をもって対象に接すると同時に、楽しく明るい雰囲気で、できるだけプレーヤーとの間で、よりよい人間関係をつくりだしていく。

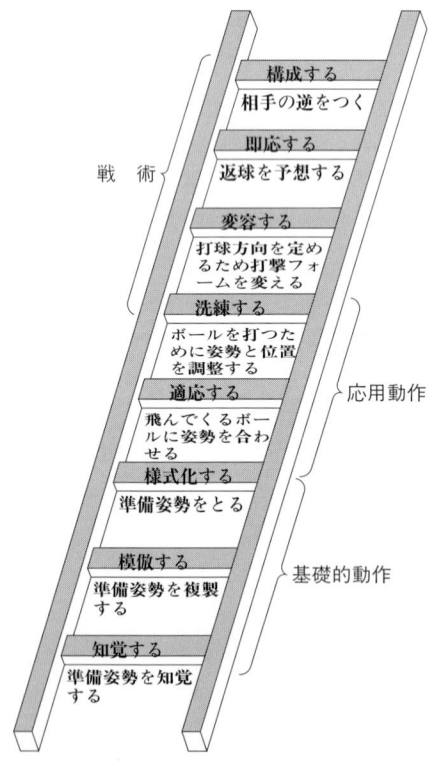

●図6-12／テニスの学習段階
ジュウエットらの提示した運動学習段階に、ドナルドらがテニスの例をあてはめた。

2. メンタルトレーニング

1 ソフトテニスに必要な心理的適性

技能の上達のために必要な心理的要素を、以下にあげてみる。

(1) 心理的要素
① 勝利達成欲求・やる気

うまくなりたいとか勝ちたいという意欲は、上達するうえで基本的に必要な要素である。

もちろんスポーツに取り組む態度にはいろいろあり、友達をつくることや体力をつけることやストレスを発散することなど、必ずしも勝つことだけではないが、「うまくなりたい」気持ちはだれでももっており、上達する意欲は欠かせないものである。

② 努力

人より多く練習するとか、最後まであきらめないとか、自分の限界までやり抜くといった、どんなことでも努力することの価値は大きい。

結果ももちろん大事であるが、努力すればかならず報われると考える態度、また、結果がよくないのは努力がたりないといった考え方で取り組ませることが大切である。

③ 集中力

練習や試合でもっているものをいかに集中して、力を発揮するかは重要な要素である。

とくに、試合で安定した力を発揮するためにも、不利な状況やプレッシャーのかかった状況で、ここ一番の強さを身につけることが大切である。

④ 自信

スポーツをすることによって自信を身につけることは、生活していくうえでも試合で実力を発揮していくうえでも大切な要素である。

⑤ 自制心

不安やプレッシャーによる緊張をいかにコントロールするかは、もっている力を十分に発揮できるかどうかにつながる。

雑念を払いのけてプレーしたり、ミスによる心理的な変化を外に見せないようにして、平常心でプレーできるような態度を身につけることが大切である。

(2) 性格的要素

次に性格的要素についてみてみよう。従来の日本ルールではポジションによって役割分担が明確になっていたので、性格的特性にも比較的はっきりした違いがみられた。優秀指導者の間でも次のようなことがいわれてきた。
①後衛は「粘り強く、協調性が旺盛でどちらかというと情緒が安定していて冷静沈着である」
②前衛は「積極的、攻撃的、支配的、明朗快活」

旧国際ルールにおいてはオールラウンドなプレーが要求されたが、やはり経験豊かな指導者などは性格を考慮したポジション決定をしている。改定された現行国際ルールでも日本ルールに近づくため、ポジションによるその傾向性は認められるであろうが、ダブルスはあくまで2人の各自の技術の特徴、戦術スタイル、価値観、理想とする展開などによって役割分担しながらコンビネーションを発揮するものである。その際ポジション選択、ダブルスのペア選択など性格的な要素を加味しながら指導する必要があろう。

2 ダブルスの心理

ソフトテニスは、ダブルスが主体の競技だが、現行国際ルールによるシングルスが一部採用されている。ダブルスのおもしろさは、なんといってもベースラインプレーヤーとネットプレーヤーのコンビネーションである。

以下に、よいコンビを生み出すための条件をあげてみる。

(1) 相性がよいこと

「相性」とは、お互いに性質がよく合うことをいうが、「馬が合う」とか、「意気投合する」とか、「肌が合う」といった表現がされるものである。

ペアが成立してなんとなくすぐにうまくいく場合もあれば、多少の時間が経過してもなかなかしっくりいかない場合もある。たしかに人間であれば好き嫌いもあり、性格的にも生理的にも合う人もいれば合わない人もいるのはしごく当然のことであるが、お互いに相性がよいと思うことは実力を発揮していくうえで大切なことである。

ただ、「相性がよくない」と思っても、1＋1が2以下にならないようにお互いの努力が必要であることはいうまでもない。そこに教育的な、人間としての成長がある。

(2) 考え方・価値観が似ていること

スポーツに対してどのような考え方で取り組んでいるか、また、勝敗に対してどのような価値観をもっているかは、ペアのお互いがうまくやっていくうえで大切なことである。お互いの気持ちが1つになるためには、同じような取り組み方が必要である。

たとえ考え方や価値観が違っていても、プレーに関してどのようなコンビプレーを展開していくかは、共通なものをめざすことが大切である。

(3) 長所を生かし短所を補い合う

コンビネーションの基本は、お互いのよさをどれだけ引き出すか、また、短所をどれだけ目立たないものにするかにある。

技術的には、例えば、バックが苦手なベースラインプレーヤーに対してセンターに打たせない、あるいはストレートにロビングを上げさせないような、ネットプレーヤーの配慮などが必要である。

精神的には、一方が消極的であればもう一方は積極的、服従的であればもう一方は支配的といった、2人の心理的な関係のバランスをとりながら、信頼関係を築いていく。

❸ ゲームの心理

ソフトテニスは、相手との身体接触の機会がなく、移動の範囲も比較的少ないが、それだけに相手のストロークや動作を読んだり、コースや戦況を予測する能力が求められる競技である。

すなわち、ソフトテニスというスポーツそれ自体が、作戦的思考を媒体として行われているわけで、ボールをヒットする瞬間は別として、「無心にプレーする」ことが困難なスポーツである。すべての瞬間に考える時間があるわけで、ベースラインプレーヤーがストローク（サービスも含む）をするときに相手と駆け引きをする、ネットプレーヤーが相手のボールを読んでポジションをとったり、モーションをする、ネットプレーヤー同士の心理的駆け引きなどは、プレーヤーとしてはプレーのやりがいがある一方で、見る側としても見ごたえのあるところである。

以上のような競技特性を理解して、ゲームにおける心理、とくに心理的戦略のポイントをあげてみる。

(1) 先制攻撃で精神的に優位に立つ

相手の気力、体力、精神力、技術、作戦といったものが、総合的に最適状態に達する前に先制攻撃をかけることによって、相手を動揺させ、その技術や作戦的展開における予想を崩すというものである。

とくにソフトテニスでは、試合時間は短い部類に入るため、この戦略は有効である。短期決戦で前半をリードできると、その後の展開が極めて有利なことは明らかで、自分たちの得意なパターンや戦法で、相手より先にリズムに乗ることができるのである。

これが成功し、さらに休まず攻め続けることができれば、相手が体勢を立て直したり、作戦を変更する余裕がなくなっていくために相手の精神的動揺は続き、一方、自分たちは精神的に安定し、

余裕をもってマイペースで試合を進めることができるのである。

(2) 相手に心理的負担をかける

いわゆるプレッシャーを、いろいろなかたちで相手にかける作戦である。

試合前というのは、普通どんな選手でも緊張し、不安をもつが、相手のそのような精神的傾向に便乗して、対戦相手の目の前でデモンストレーションを行うことも1つの方法である。

試合前のアップや最初の乱打の際に、意図的に高度のテクニックを見せつける。高い打点、力強いスマッシュ、安定したバックハンド、スピードあふれるストロークといった技術的なものから、体格のよさまでアピールできるものを大いに主張するのである。それによって相手に少しでも劣等感を植えつけられれば、相手の行動は無意識のうちに妨害をうけ、スムーズなプレーは難しくなり、ミスの可能性が出てくる。状況の認知・判断といったものが、プレッシャーをかけられたために動揺し、平常心をもって試合に臨めなくなるのである。

試合の中では、相手のウィークポイントを見きわめて、徹底的にそこを攻めたりすることでプレッシャーをかけることもできる。

相手のウィークポイントだけをねらって繰り返し何度も攻め続けるのである。この場合、欠点のようなものでなくても、「どちらかというと○○が苦手のようだ」といった程度のものでも十分に効果が期待できる。バックハンドとフォアハンドを比較してみてとか、右に移動してのストロークと左に移動してのストロークを比較してとか、スマッシュの追い方がフォアとバックではどうか、アタックとポーチの違いはどうかといったことなどである。

このように、自分の弱点をしつこく攻められると、相手は技術的にも体力的にも心理的にも消耗してくるものである。自分の弱点をしつこく攻められると、それだけ自分に対して不安感情をもつことになり、当然のように自信がなくなっていき、それをカバーしなくてはという余分な精神的努力を必要とするので、その結果として精神的消耗が促進するのである。

ときとして意識的に相手の意表をつくことや、油断させることも一種のプレッシャーとなることもある。予想もしなかったことをされたり、不意をつかれたり、セオリーを度外視したプレーなどをされることで、相手は自分たちに対する注意の幅を広げなければならず、警戒心は強まり、それだけ精神的エネルギーが消耗するのである。

(3) 自分やパートナーに暗示をかける

試合中のプレーヤーというのは、いつもと違う緊張状態のもとでプレーをしている。当然その緊張によって情緒も不安定である。このような状況下では、選手によっては他人への依存傾向が強まることがある。他人にはげまされたり、自分の行動の指針を自分以外の人間に求める傾向が出てきて、何か具体的な指示を誰かにしてほしくなるのである。

こうした状態では、パートナーや監督、コーチの存在が重要となる。彼らが、自信に満ちた態度で見守り、支持、賞賛、激励の言葉を与えることによって、選手自身の自分に対する評価を平常の水準以上に保たせることは、戦略上で大切な課題といえる。

選手は、コーチや仲間の「今日は調子がいいぞ」とか、「相手よりストローク力が上だぞ」、「その調子だがんばれ」といった支持的評価によって、精神の安定を回復していくのである。いかに自己の緊張のレベルをコントロールできるかどうかが試合の鍵を握るならば、気持ちを盛りあげたり、過緊張の状態から適度なレベルへ沈静下を試みたりするとき、暗示（自己暗示も含めて）はときとして効果を発揮するのである。

(4) 平常心で戦う

心理的戦略を効果的に行う場合、最終的に重要になってくるのは、「平常心、不動心」とよばれるものである。当然ながら勝つために自分たちも相手も心理的作戦と技術的作戦を駆使して戦うわけであり、こちらの戦略に対して相手も応戦して攻めてくる。このとき、予想外の展開、不利な状況下になっても決して動揺しないことが、自分たちのペースで試合を乗り切るために必要なことである。

この場合の平常心というのは日常生活のそれではなく、試合という緊張した状況における平常心のことである。

したがって、これを身につけるためには、日常のトレーニングから常に試合を想定して、それに近い興奮状態を経験しておくことがポイントになるだろう。

また、自分たちが不利な状況下では、下記の点が必要になってくるので、日頃からトレーニングしておきたい。

- 困難な状況下で混乱状態にならないための楽観的態度の習慣化。
- 他者から見た自己を考えることができる自己客観視の能力。
- 意外性ある解決策を思いつく中心転換的思考力。

ソフトテニスというスポーツは、ただ単に技術と体力だけのものではなく、勝つためには心理的な戦略が大きなウエイトを占めているのである。

4 セルフコントロールの養成

(1) スポーツと緊張

どんな課題においても大事な場面では、緊張がつきまとう。従来の研究では、図6-13のように、最高のパフォーマンスを生み出すためには、最適の緊張水準のあることが確かめられている。これを逆U字型理論とよんでいる。

以下で、緊張がプラスに働く「火事場の馬鹿力」

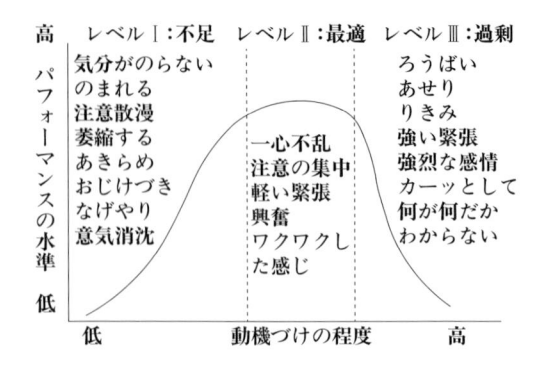

●図6-13／動機づけの程度とパフォーマンスの水準の一般的な関係、ならびにそのときにみられる心理状態（杉原）

と、マイナスに働く「あがり」についてみてみよう。

① 火事場の馬鹿力

人間は、過緊張あるいは危機的場面では信じられない力を発揮することがある。この現象を「火事場の馬鹿力」とよんでいる。

これに関連して、生理的限界と心理的限界という言葉が用いられる。普通の状態での筋力発揮は大脳で抑制されており、生理的限界の90％しか発現されていないのが、緊急な場面では、大脳の抑制がはずれて100％に近い筋力が発現されるということである。

一方、心理的限界とは、とてもできないといった自分の意識で決める限界のことで、生理的限界の約20％あたりにあるといわれる。

② あがりとは

スポーツの大事な試合で、ふだんの力の半分も出せずに悔やむことが往々にしてある。このように人の面前や観衆の中で行動するとき、過度の緊張によってふだんの平静さを欠き、精神を集中したり自分を統制することができずに、思うようにプレーができなくなる状態のことを、一般に「あがり」とよんでいる。

あがりの状態とは、具体的には次のような症候があらわれる。

喉がつまったような感じになったり、唾液がね

ばねばしたり、やたらにトイレに行きたくなる。また、頭がボーッとしたり、落ち着こうとしてかえってあせったりして、注意力の低下を引き起こす。また、よく起こる症状として、手足が思うように動かなかったり、むだな力が入って動きがぎこちなくなる。さらに、失敗をしないかと気になるとか、勝ち負けにこだわりすぎて負けることに対して不安を抱いたり、相手が落ち着いて強くみえて劣等感に悩まされたりする。

③ コートでできるセルフコントロール法
〈筋弛緩法〉

緊張していると思われる筋肉について、意識的に筋緊張と筋弛緩をつくりだすことによって、リラックスしようというものである。

例えば、肩に力が入っている場合には、両肩が首につくぐらいむりに上のほうへギュッと押し上げ、顔が赤くなるまで緊張状態をつくり、そのあとで一気に「脱力!」——という感じで肩を落とし、何度もそれを繰り返すというものである。肩に限らず、手先が震えている場合などには、「力いっぱいこぶしを握る—手のひらを開いてリラックスする」というものもある。

これらの動作にイメージや暗示的な用語を口ずさむことで、緊張を解くほぐすことができることもある。ギュッとしめることで「力が満ちてきて」、それを解放することで「不安や弱気が体から出ていき」、「新鮮な気持ちで試合に臨める」というものである。

なお、日々の生活の中で、きたるべき試合を想定して心理的コンディショニングづくりを心がけようとする場合は、ジェイコブソンの漸進的筋弛緩法が参考になる。

〈呼吸法〉

呼吸とボールを打つ動作を一致させることによって、ストロークやゲーム進行に安定したリズムを保つというものである。

一般に、ピンチのときは深呼吸をするが、ここでは息を吸うことよりも、むしろ吐くほうに意識を向けるのがよいだろう。

息を止めて打つ場合、筋肉は緊張を増し、ストロークは正確さを失うことがよくある。ボールを打つ瞬間に息を吐くようにすると、プレーにリズムが生じ、リラックスと十分な酸素補給ができる(息を吐けばその次は必ず息を吸う)というものである。例えば、極端にうなるように息を吐いてもよい。

セルフコントロール法としての呼吸法は、安静になれる場所で仰向けになり(閉眼がよい)、両手の手のひらを腹部にあてて、呼吸に合わせて上下する手に注意を集中させる。呼吸の方法は腹式呼吸が望ましく、心の中で次のように号令をかけ、それに合わせるとよいだろう。例えば、「鼻で吸って(イチ、ニ、サン)、止めて(イチ、ニ)、吐いて(イチ、ニ、サン)」というように行う。

〈視線のコントロール——ポイント間の視線のコントロール〉

落ち着きがなかったり、イライラしているときなどは、意外と視線に落ち着きのないことが多いものである。このような場合には、ストリング、ボール、ラインといった具体的な用具や、施設に視線をしぼるのがよい方法である。視覚上の焦点がより明確であれば精神上の焦点もより明確になる。

このように、視線をコントロールすることで集中力を高め、可能なかぎりの緊張度を維持できるのである。集中する対象(注意の対象)を明確にすることで、意識水準をコントロールできる。

〈ラケットヘッドのアップ〉

ラケットをブラブラさせて歩いたり、肩を落として歩くことが、やる気のなさや失望をイメージさせ、プレーに悪影響をおよぼすことがよくある。

相手にとってみれば、やる気のなさを明らかに示している選手を相手にするほど楽なことはない。常にラケットヘッドを上に向けて歩くことによって、自分にも相手にもゲームをまだ投げていないという意思表示をする。常にガッツな気持ち

の表現が大切なのである。

〈個人的なクセ（儀式）をもつ〉

　ピンチのときに、精神的なよりどころを自分で意図的につくりだせるわけで、個人的なクセをもっていてそれをすぐ実行できるということは、トラブル時に有効である。

　例えば、プレーの前に手をブラブラさせたり、意識的にフットワークを大袈裟にしたりすることで、自分のリズムを取り戻したり、心や体（脳や神経・筋肉）に待球の準備を知らせる効果もある。

　また、シューズのひもを結び直したり、軽く屈伸運動やストレッチをすることも効果的な方法である。

3. イメージトレーニング法

❖ イメージトレーニングの導入

　イメージトレーニングは、配球やポジションなどの戦略や、ストロークやボレーなどの技術を心の中で想像して行う練習法の1つである。

　イメージトレーニングの方法は、プレーヤーの特性を考慮して、プレーする環境に適応することが要求されるので、多種多様にわたっている。ここでは、一般的な原理と簡単な方法について紹介する。

(1) イメージトレーニングをはじめる前に

　イメージトレーニングをはじめるにあたって注意しておかなければならないことは、プレーヤーが想起するイメージの鮮明さに違いがあることを把握しておくことである。

　例えば、同じフォアハンドストロークのイメージを想起させても、鮮やかで生き生きとしたイメージを想起するプレーヤーもいれば、不鮮明で漠然としたイメージしか想起できないプレーヤーもいる。何となく漠然としたイメージしか想起できないプレーヤーよりも、細部まで生き生きしている鮮明なイメージを想起できるプレーヤーのほうが、イメージトレーニングの効果はよい。

　また、想起したイメージを操作・変換する能力も、イメージトレーニングの効果に重要な影響をおよぼす。コンビネーションプレーのイメージトレーニングを行うときには、イメージの世界にあらわれるプレーヤーを意図する方向へ移動させることが必要となる。

　また、「クロスのシュートを打って、ストレートにロブが返球されてきたら、ロブでつなごう」といった具合に、配球のイメージトレーニングを行うとき、心の中でボールがコート間を行ったりきたりする必要があるし、もちろんプレーヤーは走らなければならない。想起したイメージが、まるでVTRのポーズ画面を見ているかのように静的なものであったなら、イメージトレーニングの効果は期待できない。

　そこで、ふだんからこれら2つのイメージ能力を高めるような心がけが必要となる。

　以下に紹介したのは、イメージの想起と消失を意図的に繰り返すことで、イメージ能力を高める1つの方法である。

＊

|時　間|
15分～20分

|準　備|
妨害の入らない静かな場所で、リラックスした状態で行う。

|指　示|
あなたにとって特別な意味をもつイメージ、フォームや試合の場面を思い起こしてください。天候、コートの状況、応援を思い出してください。それがストロークなら打球したときの感触に注意を集中してください。プレーヤーが浮かんだら、その人の表情はどうですか？　できるだけ多くの細かい部分に注意を集中してください。

　今度は想起したイメージを消してください。そ

して、心の中に漠然とした空間をつくりだしてください。そこに映し出されたのは色のない漠然とした空間ですか？ しばらくの間、その漠然とした空間にだけ注意を集中させてください。

さあ、もう一度先ほどつくりだしたイメージを想起してください。最初につくりだしたイメージと違うものが浮かんできたら、漠然とした空間をふたたび思い浮かべてください。

鮮明なイメージをつくりだし、そして、それを消して漠然とした空間をつくりだし、また、最初の鮮明なイメージをつくりだす。こうしたイメージのコントロールがうまくできるようになるまで、時間をかけて練習を繰り返してください。

(2) ベストプレーイメージを想起しよう

鮮明なイメージの想起と消失の繰り返しは、すぐにはできないかもしれないが、このようなイメージのコントロールは、次のベストプレーイメージによるトレーニングの成功の糸口となる。

心の中に鮮明なイメージを想起することができれば、私たちの脳や筋肉は実際にプレーしたときと同じように働くのである。

シュブリルの振子を御存知だろうか？ 30cmほどの糸の先端に5円玉を結びつけて振子をつくる。肘を固定して5円玉が前後に振れるイメージを思い浮かべる。するとどうだろう。5円玉が少しずつ前後に揺れはじめるのである。幼い頃から自然に身につけた手や腕を前後に振るという動作の記憶が、イメージの想起によって活性化され、意識とは無関係に振るという動作が再現されるのである。

シュブリルの振子の原理は、運動のイメージトレーニングにもあてはまる。技術や作戦のイメージトレーニングを行うときには、過去に行った試合の中でのベストプレーイメージを想起しよう。ベストプレーの記憶がイメージ想起によって活性化され、コートでベストプレーを再現できることになる。

ただし、注意しなければならないことは、あなた自身が過去に実際にプレーした動きのあるイメージを想起することであって、他のプレーヤーのイメージであったり、動きをともなわない静止画像の想起であってはならない。

自分自身が実際にプレーしている能動的で動きをともなったイメージ、いわば遂行イメージを想起することが、コート上でのプレーの善し悪しにかかわってくる。さらに、ボールがラケットに当たった瞬間に感じる手の感覚をはじめとする身体の感覚、決めた瞬間に抱いた満足感などの感情、パートナーの表情や観衆の様子などなど……種々の属性であなたのイメージを装飾できるなら、ベストプレーの遂行イメージがより臨場感あふれた鮮明なものとなる。こうしたベストプレーの遂行イメージを鮮明に想起できるかが、オンコートでの成功の決め手となる。

また、ベストプレーイメージをいつでもすばやく想起するために、トリガーワードを設定することが必要である。トリガーとは"引き金"という意味である。イメージ想起の引き金となる言葉を決め、それを利用することで想起が容易に行える。マッチの最中には、配球やコンビネーションなど作戦を立てるためにイメージトレーニングが必要なことがある。ベストプレーの遂行イメージの想起に時間を要するのでは、その場に対応しきれないことが多い。そんなとき、トリガーワードを用いることで、即座にベストプレーイメージの想起が可能となる。

以下は、ベストプレーのイメージトレーニングを行うための教示である。

*

時　間

20分×3回

準　備

じゃまの入らない静かな場所で、深くリラックスした状態で目を閉じる。

指　示

あなたが伸ばしたいと思う技術、作戦、コンビネーションなど過去の試合の中で最高のプレーを思い起こしてください。たとえ負けた試合でも、最もすばらしいプレーであればそれでいいのです。最高のプレーとは、前衛の動きが見えたパッシング、ベースラインまで追いかけたスマッシュ、あるいは絶妙のコンビネーションプレーなど試合中に起こったプレーの一コマです。ただし重要なことは、プレーのはじめ、真ん中、終わりといった具合に、断片的にVTRのコマ送りのようにイメージするのではなく、プレー全体が連続している動きのある状態でイメージすることです。

うまくイメージできたら、そのプレーにかかわっている身体の感覚に注目しましょう。ボールがラケットに当たったとき、手の感触はどうでしたか？　肩は？　腰は？　打球は聞こえましたか？　心に浮かんだ身体の感じをすべて思い起こしてください。このプレー中、あなたはどんな感情をもちましたか？　優越感や満足感を感じましたか？　また、パートナーの顔の表情や息づかいは？　観衆はいましたか？　その様子は？

このような身体の感覚、感情、パートナーや観衆などの周囲の状態を思い出してベストプレーイメージを飾りつけましょう。

ベストプレーイメージがまるで本物を見ているかのように鮮明になったら、今度はそれに名前をつけてみましょう。その名前はベストイメージの想起の引き金となり、あなたが望むときにはいつでも想起が可能となります。それはサーブ＆ボレーとかベースラインスマッシュとかいうように簡単なものでいいのです。最初はベストプレーのイメージ練習をするときのはじめと終わりにこの言葉を繰り返しましょう。いずれ、この言葉とイメージが結合し、単なる言葉の暗示でベストプレーイメージを思い起こすことができます。

このような、ベストプレーによるイメージリハーサルがいつでも簡単にできるようになったら、今度は実際にコートでイメージトレーニングを試してみましょう。また、実際の試合の開始5〜10分ぐらい前にもリラックスしながらイメージトレーニングを行いましょう。あなたが心の中で見たイメージは、これからコートでプレーするときの青写真になるはずです。

■参考文献

1）日本体育協会『実践コーチ教本、コーチのためのトレーニングの科学』大修館書店　1981
2）石井源信、水野哲也他『イラストで見る軟式テニス・ドリル』大修館書店　1989
3）宮下充正『トレーニングの科学』講談社　1980
4）市村操一『プレッシャーに強くなる法―勝つためのスポーツ心理学』読売新聞社　1990
5）ジム・レアー（小林信也訳）『メンタル・タフネス―勝つためのスポーツ科学』TBSブリタニカ　1987
6）ジム・レアー（テニス・ジャーナル編集部編）『勝つためのメンタル・トレーニング』スキージャーナル　1987

第7章 ソフトテニス指導における健康管理と安全対策

Chapter 7

1. スポーツ障害と安全対策

1 疲労と環境

　スポーツ障害は練習過多により、外傷や事故は危険な環境によって発生する。安全対策としては、選手をいかに休ませるか、いかに安全な練習環境にするかが大切となる。選手の故障は指導者の責任といっても過言ではない。

　コンディショニングの一環として、全身・局所とも選手の身体的特徴と疲労状態を把握して、積極的に休養をとらせる勇気が指導者には必要である。選手も練習するだけではなく、コンディショニングやピーキングも強くなるための手段であることを理解しなければならない。指導者は故障を起こさないように、また、隠さないように、選手に自己管理の徹底を教育する必要がある。

2 メディカルチェック

　運動の負荷量と身体的な適応能の間に不均衡があると、外傷や障害が発生しやすくなる。そのため個々の選手のメディカルチェックを行うことで、運動器管の形態的・機能的な適応能を計測・検査し、臨床的に運動器官の異常状態を把握しておく必要がある。

　これがメディカルチェックである。整形外科的チェックでは、一般的な体力測定のほかに、筋肉の硬さをみる Tightness test（図7-1）、関節のルーズさをみる Looseness test（図7-2／p.152）、下肢の解剖学的な形態異常（図7-3／p.152）を調べ、さらに選手の外傷歴・障害歴も記録して個人カードを作成すると便利である。

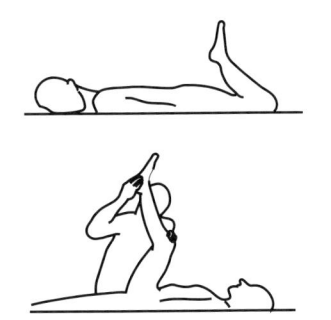

●図7-1／タイトネステスト（Tightness test）

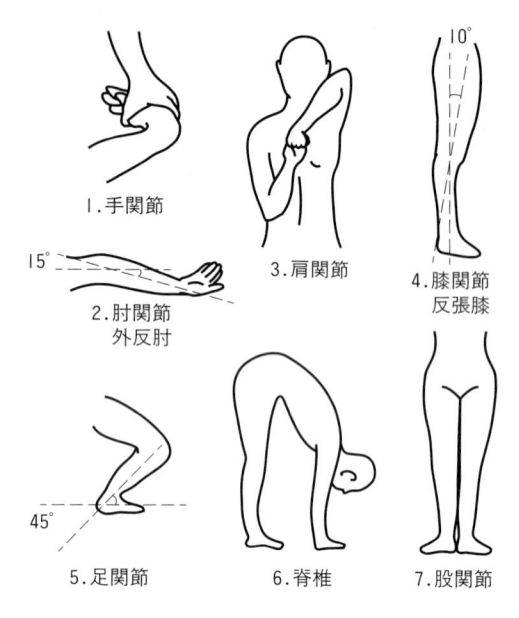

1. 手関節
2. 肘関節 外反肘
3. 肩関節
4. 膝関節 反張膝
5. 足関節
6. 脊椎
7. 股関節

●図7-2／ルーズネステスト（Looseness test）

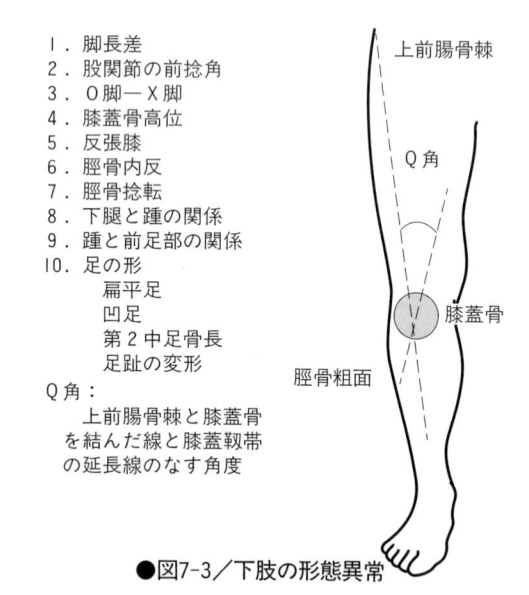

1. 脚長差
2. 股関節の前捻角
3. O脚─X脚
4. 膝蓋骨高位
5. 反張膝
6. 脛骨内反
7. 脛骨捻転
8. 下腿と踵の関係
9. 踵と前足部の関係
10. 足の形
    扁平足
    凹足
    第2中足骨長
    足趾の変形

Q角：
上前腸骨棘と膝蓋骨を結んだ線と膝蓋靱帯の延長線のなす角度

上前腸骨棘
Q角
膝蓋骨
脛骨粗面

●図7-3／下肢の形態異常

●表7-1／内科的メディカルチェック

1. 問診
   ①過去の病歴
   ②家族の病歴
   ③現在の症状
   ④薬歴（常用薬・アルコール・喫煙）
2. 一般的診察
   ①身長・体重
   ②血圧・脈拍
   ③貧血
   ④胸部聴打診
3. 血液学的検査
   ①赤血球数、白血球数、ヘモグロビン、ヘマトクリット
   ②総蛋白、総コレステロール、HDLコレステロール、尿酸、GOT、GPT、γ-GTP、アルカリフォスファターゼ、クレアチニン
4. 尿検査
   ①蛋白、糖、潜血
5. 循環器系検査
   ①心電図
   ②胸部レントゲン
   ③心臓超音波検査

突然死や喘息などが対象となるのは、内科的メディカルチェックである。突然死をきたす原因としては肥大型心筋症や冠動脈疾患などが多く、心臓疾患を検索（表7-1）することが主となる。喘息や腎臓病などの病歴、薬歴やアレルギーも個人カードに記録しておく。

2．スポーツ障害とその予防

ソフトテニスにみられるスポーツ障害は、使いすぎによるものがほとんどで、個別性を重視したトレーニングと休養が一番の予防になる。障害だけでなく肉離れなどの外傷も、ウォームアップ不足や慢性の疲労が関与している。疲労を蓄積しないためにも、ウォームアップやクールダウンを重視し、アイシングや温冷交代療法を実施することで少しでも発生を予防する。

障害を起こしてしまったらスポーツドクターの診断と治療を受け、復帰までのリハビリプログラムを組んでもらうことが早道で、針灸やマッサー

ジはその治療過程にある。

1 スポーツ障害

スポーツ障害には多くの障害と原因があるが、ここでは代表的な障害だけを取り上げる。

(1) テニス肘

肘の障害には、上腕骨の外側が痛む上腕骨外上顆炎と、内側の内上顆炎がある。障害部位は、前腕の筋肉が上腕骨に付着し靱帯となっている部分で、テニス肘になる前には前腕の筋肉の疲労や痛みが先行する。この時期に安静、ストレッチ、温冷交代療法などが有効である。外側の痛みは前腕の手首を背屈する伸筋群に負担がかかるために起こる。前腕の伸筋群は、打球時の衝撃を吸収する役割をもっており、筋力の弱い初心者や筋力が低下してきた中高年者に疲労が蓄積してきたときに起こりやすい。

女子選手にみられる外反肘（図7-2参照）ではテニス肘になりやすく、とくにリバースサービスを多用すると伸筋群は強制的に引き伸ばされ、徐々に筋肉の作用点である外上顆部に小さな損傷が生じ、やがて炎症を起こしてくる。

いずれにせよ、予防にはフォームの矯正、ラケットやガットの強度、グリップの太さのチェックをする。ストレッチ、アイシング、温冷交代療法などとともに、前腕・手首・握力の筋力強化が欠かせない。

(2) 腰痛

ソフトテニスでは、疲労性腰痛症がほとんどである。地球の重力に逆らい、2本足で立つ抗重力筋である腹筋の相対的・絶対的な弱化により、腰部への負担がかかりすぎ、さらにテニスによる腰部の捻転・屈伸運動が加わって腰痛が発生する。

中高年層では、腹筋の筋力低下により相対的に腰部への負担が大きくなるために、中・高校生では、腰部の筋肉が硬すぎるための過緊張に疲労が加わって腰痛となる。

次に多いのは腰椎椎間板ヘルニアで、成長過程にある青少年の柔らかい椎間板に過度の負担がかかることで起こる。下肢や臀部の痛みをともなうことが多い。

また、小・中学生時に腰部の過伸展、過屈曲が加わることで腰椎の分離症を起こすことがある。一種の腰椎の疲労骨折で、高校生以上になって頑固な腰痛がある場合には、腰椎分離症を疑う。

腰痛の予防には、腰部筋肉の柔軟性を高めるストレッチが大切で、温熱療法と腹筋の強化を積極的に行う。腰痛が強いときには、リハビリプログラムを組んでもらって治療に専念する。

(3) 肩痛

肩の痛みは、腕を持ち上げる筋肉が集まった腱板の障害が多い。腱板には解剖学的に脆弱部位があり（図7-4）、サービスやスマッシュで腕を上げることで関節に挟まれ、繰り返し小さな障害を受けて炎症を起こしたり、急な運動で部分的に断裂する。女子に多くみられるように、肩の関節がルーズで安定性が悪く、筋力の弱い選手は障害を起こしやすい。筋力の低下した中高年は、五十肩というかたちで腱板に炎症を起こしやすい。

ウォームアップを大切にし、スマッシュやサービスを多く練習した直後には、氷を使ったアイシングを実施する。その後は冷やさないようにして、ストレッチやマッサージで早く疲労や炎症を取り除くように指導する。

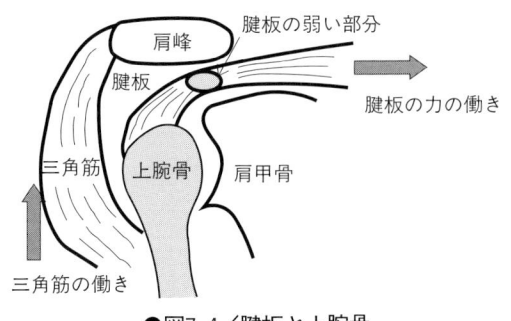

●図7-4／腱板と上腕骨

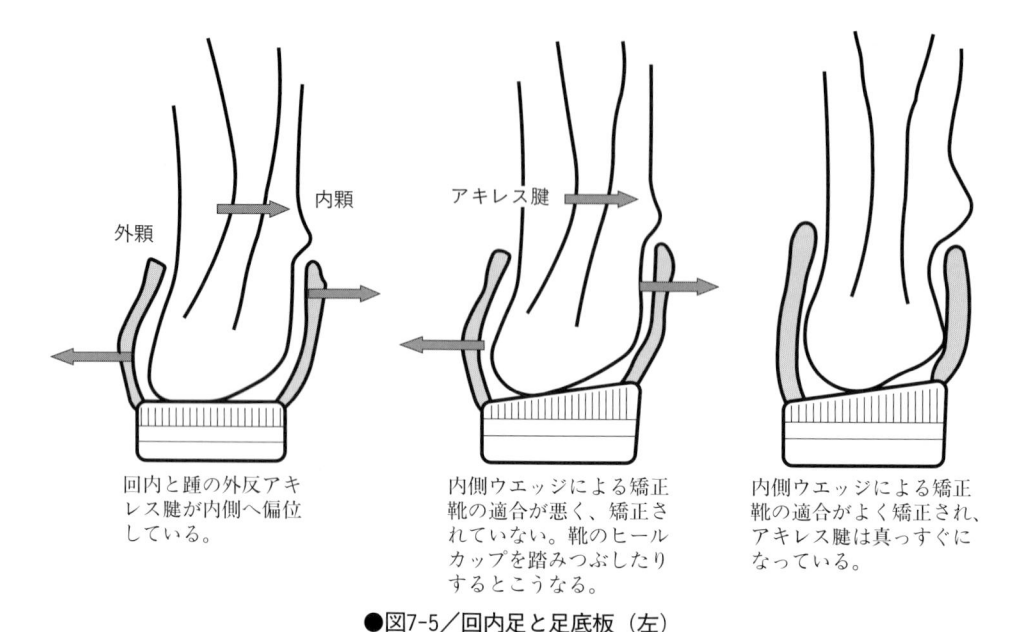

図中ラベル（図7-5、左から）：
- 外顆、内顆
- 回内と踵の外反アキレス腱が内側へ偏位している。
- アキレス腱
- 内側ウエッジによる矯正靴の適合が悪く、矯正されていない。靴のヒールカップを踏みつぶしたりするとこうなる。
- 内側ウエッジによる矯正靴の適合がよく矯正され、アキレス腱は真っすぐになっている。

●図7-5／回内足と足底板（左）

(4) アキレス腱炎

最近では、下肢に衝撃の大きいハードや、人工芝のコートサーフェイスが増加しており、アキレス腱やその周囲に炎症を起こすことも多い。

慢性のアキレス腱炎は、アキレス腱の断裂を起こしやすくなる。回内足（図7-5）の傾向にある女性や、O脚、下腿三頭筋の硬くなっている中高年では、とくに注意が必要である。

コートに合わせて、衝撃吸収能力が高いシューズを選択するようにする。シューズのヒールカップは、アキレス腱を保護するための工夫がなされており、踏みつぶすような履き方は厳にいましめるべきである。

また、アキレス腱の緊張を少なくし、回内足やO脚を矯正するため、インナーソールを工夫したり、足底板を使用することも有効である。練習時間も疲労をためないように考慮する。

(5) 膝の痛み

膝の痛みは、ランニングやジャンプのしすぎで起こるが、下肢の形態異常の影響が大きく、足底板などによる矯正と大腿四頭筋のストレッチ、運動直後のアイシング、温冷交代療法などが予防につながる。

下肢の伸展機構として、大きな力の働く膝蓋靱帯（図7-6）の炎症が最も多い。中・高校生では、大腿四頭筋が硬く過緊張となり、ジャンプやランニングのしすぎで起こる。膝蓋靱帯付着部の脛骨粗面が、筋肉の強い力で隆起して痛くなるオスグッド病も有名である。

膝の外側の腸脛靱帯が下腿骨との摩擦で炎症を

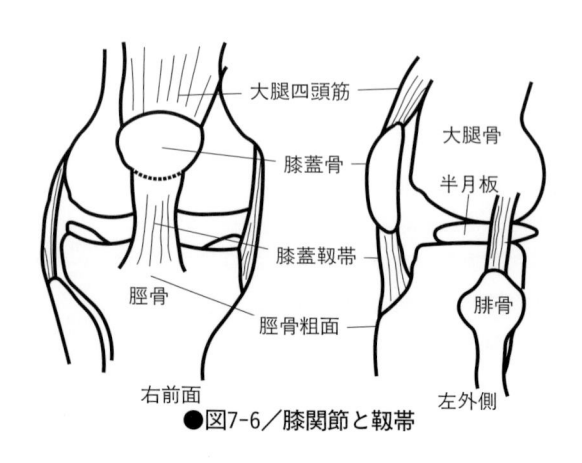

図中ラベル（図7-6）：大腿四頭筋、膝蓋骨、膝蓋靱帯、脛骨、脛骨粗面、大腿骨、半月板、腓骨、右前面、左外側

●図7-6／膝関節と靱帯

起こす腸脛靱帯炎は、O脚の選手でシーズンはじめに多い。膝蓋骨周辺ではタナ障害や膝蓋骨軟化症が、膝の内側では縫工筋、薄筋、半腱様筋腱などの付着部である鵞足の炎症がある。中高年では、退行性変性により骨軟骨が減少する変形性膝関節症がある。

(6) 外反拇趾・陥入爪

不適当なサイズや形のテニスシューズを履くことで、足の拇趾に障害を起こす。女性の場合には、日常生活で不適当な靴を履くことも多いために注意が必要となる。シューズによって拇趾が第2趾のほうへ圧迫（外反拇趾）されて重なり合い、拇趾の爪がくい込んで（陥入爪）炎症を起こす。手術が必要となることも多い。

シューズの選択は大切で、爪先で、前部と上下に1cmの余裕があり、動きによっても常に指が圧迫されないものを選ぶ。シャツとは違い、全員が同じメーカーにすることは誤りで、個人の足部や下肢の形態、あるいはコートの状態に合わせる必要がある。選択には足底板による下肢形態異常の矯正や、衝撃吸収能力まで考慮に入れるべきである。また、清潔にして深爪にならないように注意する。

(7) 疲労性骨膜炎と疲労骨折

ランニングやジャンプのしすぎ、コート状況と不適当なシューズなどにより、下腿や足部ごとに筋肉付着部に疲労性の骨膜炎を起こす。放置すれば疲労性の骨折をきたすようになるので、早期に受診する。

2 外傷

外傷は、疲労がたまって集中力がなくなると起こりやすくなる。人が集中力を保てるのは2時間が限度と言われており、2時間を超える練習では危険度は高くなる。ハードコートや人工芝では疲労度も高く、摩擦抵抗が大きくなって外傷も起こりやすい。

受傷後はただちにプレーを中止し、RICE療法を実施する。正確な診断がつかないのにテーピングを施して続行することは危険で、スポーツドクターの診断に任せる。女子選手によく見かける、両方の拇趾が対向する内股歩行（図7‐7）は、足関節捻挫や膝の外傷を起こしやすく、アキレス腱炎や膝蓋靱帯炎の原因ともなる。拇趾先は進行方向を向いて踵から着地するように指導し、ツイスティング運動（図7‐8）を行い、日常生活の歩行から矯正する。

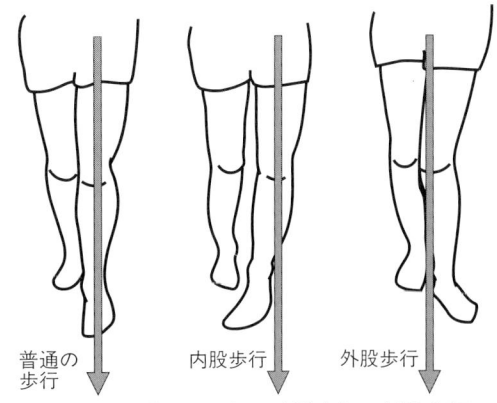

●図7-7／普通の歩行、内股歩行、外股歩行

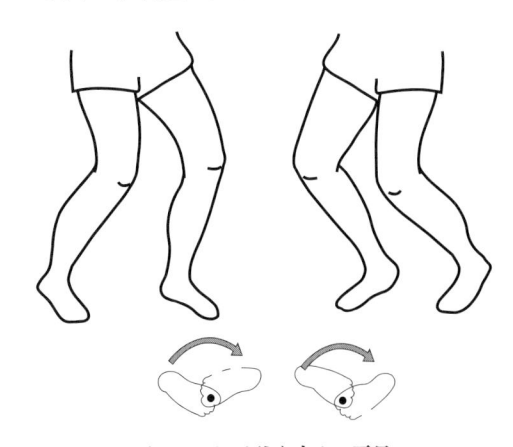

踵を浮かせて拇趾球を中心に両足一緒に回転する。このとき膝の向きとつま先を一致させることが大切である。リズミカルに交互に繰り返す。

●図7-8／ツイスティング

(1) 足関節捻挫

ソフトテニスで最も多いのが、足の裏が内側に返り、足首の外側の靱帯が損なわれる内反捻挫（図7-9）である。強固な外側靱帯も伸ばされたり、部分的に断裂し、重傷では複数の靱帯が傷害され、あるいは完全に断裂を起こす。

表7-2に重症度の分類と固定法を示した。靱帯に損傷がなくても、靱帯の付着していた部分の骨が欠けること（付着部剥離骨折）もある。

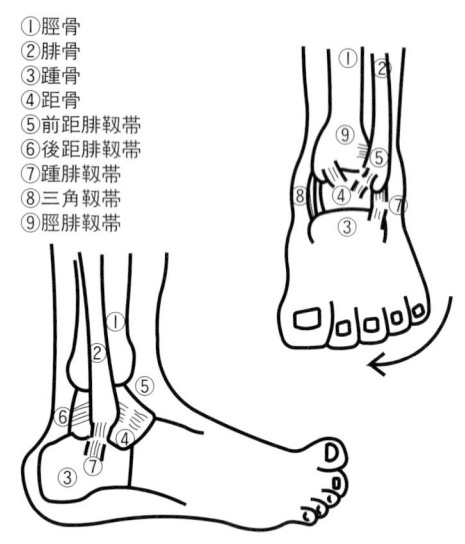

①脛骨
②腓骨
③踵骨
④距骨
⑤前距腓靱帯
⑥後距腓靱帯
⑦踵腓靱帯
⑧三角靱帯
⑨脛腓靱帯

●図7-9／足関節捻挫（外側側副靱帯）

●表7-2／捻挫の重症度と初期治療

Ⅰ度：靱帯の線維の部分断裂があり、局所の腫脹や疼痛は軽度である。
機能障害はほとんど認められない。
↓
弾力包帯固定かテーピング固定

Ⅱ度：靱帯の線維の大部分が断裂し、伸展されている。
局所の腫脹や疼痛は強い。
↓
下腿以下のギブス固定を1～2週間

Ⅲ度：靱帯の線維は完全に断裂し、関節の不安定性をともなう。
関節周囲のその他の組織（滑膜、関節包など）も断裂される。
↓
選手では手術による靱帯の修復を原則とする。
選手以外では3週間以上のギブス固定

(2) 肉離れ

下腿三頭筋（腓腹筋内側頭）の肉離れは、テニスレッグとよばれ、過度に下腿三頭筋が伸ばされて内側で膝に近いところで筋肉が損傷する。内転筋や大腿二頭筋の挫傷も多い。ウォームアップ不足と疲労や寒冷が遠因となる。

(3) アキレス腱断裂

寒冷、疲労、老化、トレーニングやウォームアップの不足、下肢の形態異常、アキレス腱炎の既往などが誘引となる。強い力で引き伸ばされたり収縮したときに起こし、下腿をまるで殴られたような衝撃と音があり、つま先立ちができなくなる。

(4) 膝の外傷

膝の外傷では、内側側副靱帯の捻挫が最も多い。滑りの悪いコートで急にストップしたときや、反対に砂や雨でスリップしたときに起こる。

前衛が片脚を横に出して相手のスマッシュをフ

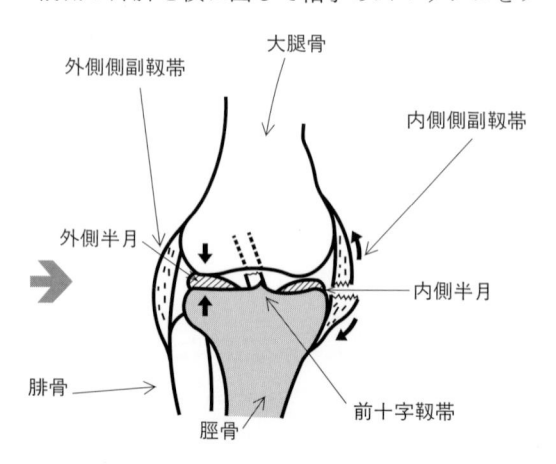

●図7-10／膝関節捻挫（内側側副靱帯損傷＋外側半月損傷＋前十字靱帯損傷）

ォローする場面は多いが、このときに片脚にだけ体重をかけると危険である。重症例では、膝の中の十字靱帯や、外側の半月板を同時に損傷することもある（図7-10）。

(5) 下腿痙攣

外傷ではないが、疲労によって下腿三頭筋の痙攣を起こすことが多い。とくに硬いコートや湿度の高い状態、寒冷時、ウォームアップ不足、トレーニング不足で起こりやすい。ただちに安静し、痙攣を抑えるようにゆっくりと足を背屈させて下腿を伸展させ、一時的に氷で冷却する。

痙攣が収まったら疲労の回復を早めるために、今度は温めるようにして、軽いマッサージとストレッチを施す。

3 熱中症

夏に多い暑熱障害（熱中症）は、生命の危険をともなうこともあり、注意が必要である。筋肉では、運動によって大量の熱が産生される。一方、皮膚の血管は拡張し、汗を体外に出すことで体内の熱を下げようと働く。熱は体と周囲環境との温度差によって拡散するため、周囲の温度が高すぎると熱の逃げ場がなく、発汗があっても体温は下がらないことがある。

また、汗は蒸発することで体の熱を奪うが、湿度が高く汗が蒸発できない状態では放熱が行われず、水分と塩分のむだづかいとなる。

このような高温環境や多湿環境では、試合中でも水分補給と冷たい水や氷による冷却が必要となる。シャツが汗で肌に張りついた状態では熱の放熱は起こりにくく、風通しをよくするために、シャツを取り替えさせるなどの注意が必要となる。暑熱障害は、必ず医療機関を受診させる。

(1) 熱痙攣

炎天下の激しい練習で大量の発汗があると、水分と塩分が失われて脱水に近い状態となる。ここで水分だけ補給して塩分を補給しないと、筋肉の痙攣が起こりやすくなる。

しかし、痙攣は筋肉の疲労による場合が多く、実際にはそれほど食塩の摂取を考える必要はない。水分補給は冷たい麦茶や水でも十分で、飲みたいと感じたときには不足していると考え、塩分の入ったスポーツドリンクなどを飲めばよい。

(2) 熱疲労

運動によって皮膚や筋肉の血管は拡張し、他の臓器から大量の血液が移動する。一方、大量の発汗で体内は脱水状態となっており、血液の移動で、脳や心臓などでは血液が不足する状態となる。体温は高くならず、顔色は青くなって失神することもある。

頭を低く、足を高くして血液を頭部に集め、風通しのよいところに寝かせて水分補給を行う。

(3) 熱射病

高温多湿の環境下の運動では、汗による熱の放散がなされず体温が異常に上昇する。熱中症の中では最も重症で、中枢神経の障害を起こして、頭痛、吐き気、めまい、運動障害、意識障害、痙攣などの症状が出る。

軽症から死亡する症例まで様々で、インドアや雨上がりではこまめな冷却が必要となる。

(4) 横紋筋融解症

筋力の弱い新入生などが起こしやすく、死亡率の高い、筋肉の組織が壊れる横紋筋融解症という疾患がある。

これは、筋肉の使いすぎで、激しい筋肉痛とともに熱が異常に上昇して血尿が出る。壊れた筋肉細胞が腎臓につまり、腎不全となることもある。

(5) 水分補給

激しい運動後には、水分の喪失で体重が約3％は減少し、運動能力も著しく低下する。炎天下で

発汗の多いときにはそれ以上の水分喪失があり、水分の補給は少量ずつ、こまめに行う。1時間ごとよりも15分ごとに欲しいだけ補給したほうが効果的で、考え方としては失った分を補給するよりも、これから失う分をあらかじめ蓄えておくつもりでよい。

また、温かいものよりも冷たいもの(10℃)のほうが吸収がよく、冷却ということからも効率的である。一度に大量でなければ胃痙攣を起こすこともない。塩分や糖分が濃いものは吸収が遅く、脱水に対する水分補給としては遅れてしまう。

はじめは水や麦茶だけで水分を補給し、その後必要に応じてスポーツドリンクなどで塩分や糖分を補給するようにする。

3. コートでの救急処置

1 RICE(S)療法

スポーツ選手は、比較的捻挫や打撲を軽くみる傾向がある。骨には異常がないということで、受傷直後にはそのまま放置し、あとで慢性の痛みに悩まされることが多い。実際には骨折が軽症で、捻挫や打撲のほうが重傷ということも多い。軽症と思っても、ただちにRICE療法を実施する（図7-11）。

受傷部位では、皮下で靱帯や筋肉が損傷され、内出血や腫脹が起こる。内出血は、血管が破れて血液が組織の間、筋肉の中、関節の中に出てくる状態である。

腫脹は、血管は壊れないものの、細胞や細胞間質あるいは血管から水分が滲み出たものである。

RICE療法をただちに実施して、内出血や腫脹を極力抑える。

(1) REST(安静)

処置の最初は安静で、ただちに運動を中止して休ませ、様子をみる。

外傷だけではなく、どこかに痛みを訴えたり、コムラ返りや気分が悪くなったりしたときにも同様である。

(2) ICING(冷却)

次に、受傷後はただちに冷却し、これ以上の内出血や浮腫を防ぐ。冷却には氷が最適で、学校などでは、体育教官室や保健室に冷凍庫を設置して氷は常備するようにしたい。氷がなければ水道水や飲物自販機の缶で行う。市販のコールドパックも有効だが、高価なことと、再使用できなかったり形が自由にならないことが問題となる。コールドスプレーは、アイシングには適しない。

冷却は20分程度が適当で、あまり長く時間をかけると凍傷を起こすことがある。アイシングでははじめに痛みを感じ、次に熱く感じ、そして徐々に麻痺してくる。この時点で一度冷却を中止し、感覚が戻るまで様子をみたあとに、再び冷却する。部位によってはバケツに氷と水を入れて冷却する。

慢性の痛みや障害の予防にも、運動直後の冷却は効果的である。

(3) COMPRESSION(圧迫)

外傷部位を圧迫して、腫脹がこれ以上ひどくなるのを防ぐ。圧迫が強すぎると受傷部位より末梢の血流が悪くなるので、外傷の程度によって圧迫する部位や加える力に注意する。

R est　安静
I cing　冷却
C ompression　圧迫
E levation　挙上
S upport　支持

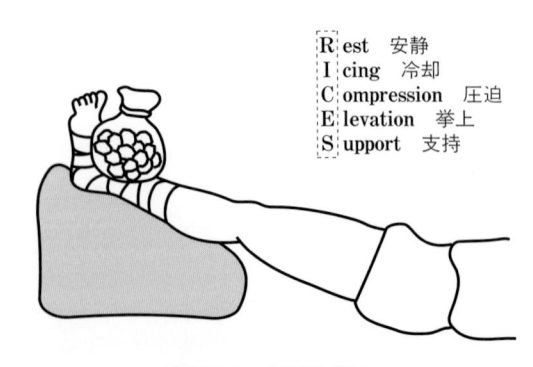

●図7-11／RICE療法

氷の入ったビニール袋を軽く固定する程度の圧迫がよい。

(4) ELEVATION(挙上)

水分は、静水圧で上から下へと移動する。患部を心臓よりも高く挙上することで、腫脹が起こることを防ぐ。

気分が悪いときや意識障害時には下肢を挙上し、頭部への血流を増すようにするとよい。

(5) SUPPORT(支持)

捻挫や骨折では副木や三角巾、テーピングなどを使用することによって受傷部位が安定し、安静効果もあり痛みがらくになる。

しかし、軽症であっても、テーピングをして練習を続けることは避ける。

2 出血性の外傷

ソフトテニスでは出血性の外傷は少ないが、転倒時に擦過傷をつくったり、ラケットによる思わぬ打撲事故もある。

出血性の外傷が発生してもあわてないで、出血部位を圧迫固定するRICE療法を実施する。汚れた部位を水で洗い流し、ガーゼで圧迫し、医療機関で受診する。冷却には血管収縮と鎮痛作用もあり、受傷部位の圧迫、冷却、挙上で十分に出血は止まる。ゴムや紐で傷口の周囲を縛ることは、かえって出血を増やすこととなるので好ましくない。

3 蘇生法

指導者は、救急時の処置の1つとして、意識、呼吸、脈拍などのバイタルサイン(生命徴候)の見方と、人工呼吸を含めた蘇生法を習得しておく必要がある。

蘇生法は日本蘇生学会、日本救急医学会、日本赤十字社などで実技講習会を実施している。ここでは道具を使わない、いわゆるＡＢＣを紹介する。

A(air way)は気道の確保を、B(breathing)は人工呼吸、C(circulation)は循環(心臓マッサージ)のことである。

(1) 意識の確認

まず最初に、意識の有無を確かめる。大声で呼びかけたり、体をゆさぶったり、頬を強く叩く。眼を開けたり、返事をしたときには意識がある。返事や反応がない場合には、呼吸しているか、心臓が動いているかを確かめる。

(2) 呼吸の確認

鼻や口に耳を近づけたり、手のひらで呼気を感じたり、胸や腹の動きを見る。腹も胸も動いていなければ呼吸は停止している。また、息は感じられないが、胸と腹が反対方向に動いているとき(奇異呼吸)には、気道閉塞を起こしている。気道は意識がないときに舌根が沈下したり、嘔吐物や血液により閉塞する(図7-12)。

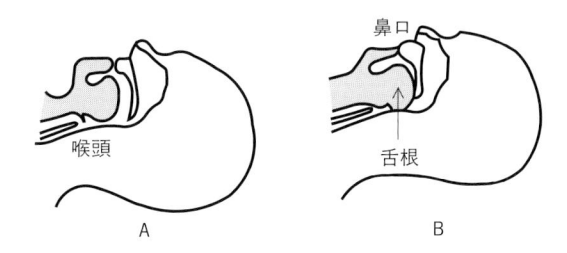

Aの状態から、意識消失により舌根が咽頭後壁に沈下し(B)、気道が閉塞する。

●図7-12／舌根沈下による気道の閉塞

まず気道の確保を行う(図7-13／p.160)。流動物があるときには顔を横に向け、示指で頬を内側から引き下げて、固形物は口をこじ開け、右手の示指でかき出す。顔を横に向けたまま額を右手で抑え、左手で下顎を引き上げる。

完全に呼吸が止まっていれば気道を確保し、吹き込んだ空気が鼻から漏れないように鼻をつまんで息を吹き込む。

頭部の後屈

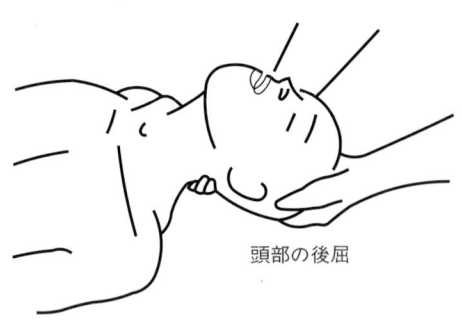

片手を頸部に、他方の手掌を前額部に当て、頭部を後屈する。
肩の下にタオルなどを入れてもよい。

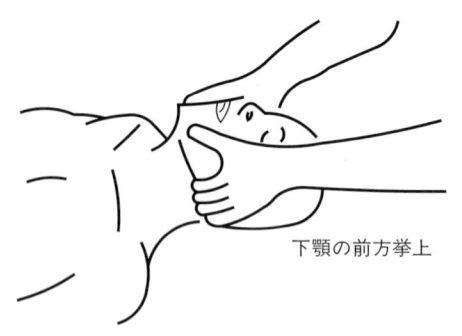

下顎の前方挙上

頭部を後屈させ、両小指を下顎角に当て、下顎を前上方に引き上げる。

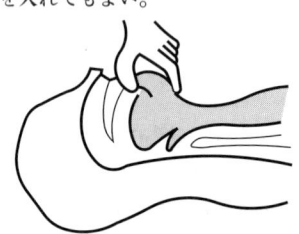

頤（オトガイ）の挙上

頭部を後屈させ、母指を下顎の歯にかけ、他の指は頤にかけて挟み、下顎を前上方に引き上げる。

●図7-13／気道の確保

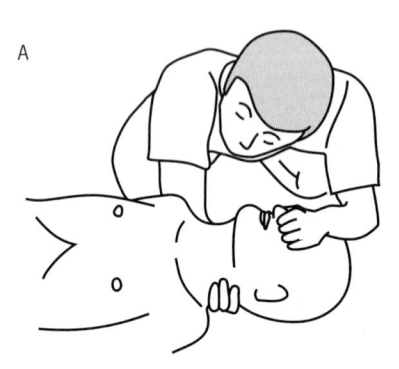

A 片手を肩の下に入れ頭部を後屈する。反対の手掌で前額部を押しながら、母指と示指で鼻をつまむ。

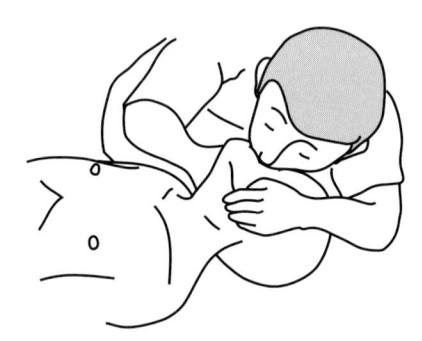

B 深く息を吸い込み、呼気を口をおおうようにしながら強く吹き込む。

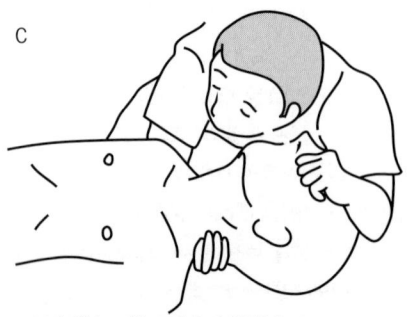

C 口を離して胸の動きを観察する。このときに呼気を感じる。

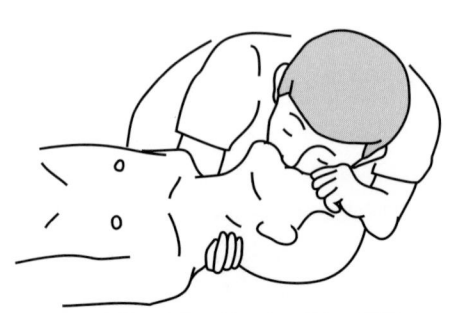

D 小児のように顔が小さければ鼻腔ごと口でおおい、人工呼吸する。

●図7-14／人工呼吸

これがいわゆるマウス・トゥー・マウス（図7-14）で、1～2秒程度かけてゆっくりと2回、大きく息を吹き込む。横目で胸が盛り上がるかどうかをよく見て確認する。口を離せば自然に息は吐き出され、術者が吸い込む必要はない。5秒に1回の早さでこれを繰り返す。

(3) 心停止

ショック状態のときには、脈の確認は末梢では触れにくく、首の頸動脈を触れるのが確実である。示指と中指で喉ぼとけの甲状軟骨に触れ、そのまま指先を脇にずらして軽く押しつけるようにすると、頸動脈を触れることができる。

6～7秒触れて脈が触れないときには、心臓が止まっているものと考え、ただちに心臓マッサージが必要となる。心臓が動いていても頸動脈が触れなければ、脳への血流はないものと考え、心臓マッサージは必要である。

心臓マッサージは、胸部の中心にある胸骨の下方を、両方の手掌を重ねて押す（図7-15）。

両肘を伸展したまま、重ねた手をしっかりと見て垂直に、腕の力ではなく体重をかけるようにし、手を置いたまま力をゆるめて戻す。1分間に80～100回の早さで続ける。力の入れ具合としては、中・高校生や成人では、4～5cm胸がへこむぐらいの強さで行う。

(4) 1人で行うとき

他に人がいなければ、人工呼吸と心臓マッサージを同時に1人で行う。大声で人を呼ぶ一方で、人がくるまではがんばる。

人工呼吸を2回すばやく行い、次に心臓マッサージを15回行う。この繰り返しをしながら誰かがくるまで続ける。

(5) 2人以上で行うとき

人工呼吸と心臓マッサージをする人の分担を決め、人工呼吸を2回すばやく行い、今度は別の人

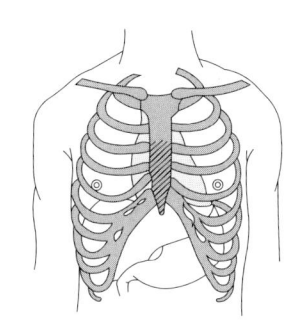

圧迫部位
心臓は胸郭の中心で胸骨の下にある。斜線部分を圧迫する。
肋骨は骨折しやすく、圧迫しない。

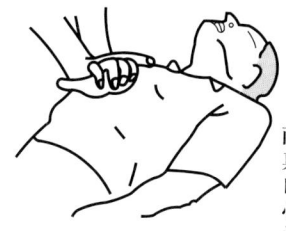

両手手根部を重ね、両肘を真っすぐ伸展する。
自分の体重をかけることで**心臓は圧迫され、マッサージとなる。**

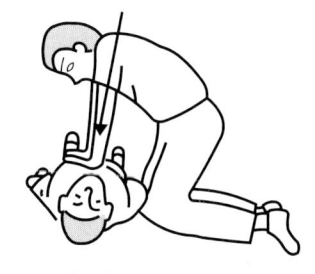

●図7-15／心臓マッサージ

が心臓マッサージを15回行う。誰かくるまでこれを繰り返して行う。

救助者が交代するときには、現在行っている人の反対側から合図とともにすばやく交代し、そのまま人工呼吸と心臓マッサージを続ける。

4 救急箱

(1) 救急箱の中身

救急箱は練習、試合、合宿には必要なもので、けがや急病のときだけではなく、テーピングや練習後のアイシングにも使えるように工夫する。市販の救急箱は小さすぎて内容が不足するので、試合や練習では、トレーナーズキットなどのテーピングセットの中身を必要最低限とし、かわりに必要な救急薬品などを加えて工夫をする。合宿など

長期の遠征の場合には、他の薬品も加えた別のバッグも用意する。

表7-3は、トレーナーズキットを基本とした救急箱の中身である。消毒液は市販の無色のものとし、ガーゼは滅菌ずみのものを大小3種類は備える。傷口に脱脂綿は使用しない。ビニール袋は氷を入れたり嘔吐物を入れたりできる。袋の口を閉じる輪ゴムも用意する。

氷は、別にアイスボックスに飲み物と一緒に用意する。2センチ立方ぐらいのキューブアイスがアイシングには便利だが、果物を前日から冷凍しておき、氷の代用とするのもよい。

テープや包帯はテーピングキット以外に、一般的な薄い弾性包帯も必要となる。救急絆創膏も切傷などの創部を一時的に固定したり、靴ずれなどにも使える。シーネはいわゆる副木で、簡単に形を変えられるような製品もある。市販されていないものに優れた製品も多く、医療機関で分けてもらうようにする。何もなければ段ボールをちょうどよい長さに切って代用する。

虫刺されやカブレのためにステロイド外用薬は必要で、日焼けやちょっとしたやけどにも使える。鎮痛消炎剤の外用薬は、最近は種類も豊富になっており、温熱タイプもあってマッサージにも使える。湿布薬は、温熱タイプと冷却タイプの両方が必要となる。

(2) 内科的な薬

多少の内科的な飲み薬は揃えておかなければならないが、薬を飲んで練習を再開したりするのは好ましくない。合宿や遠征先での夜間の救急薬と考え、あくまでも医療機関にかかるまでのつなぎとする。

鎮痛消炎剤は打撲や捻挫、頭痛、生理痛に用いる。解熱作用もあるので風邪にも効果的で使用頻度は高い。薬剤アレルギーがあることを考慮して2種類以上準備する。風邪薬は、咳止めと鼻水用の薬を用意する。総合感冒薬は多剤が一緒に調合されているが、救急薬品としては効果的ではない。

試合の多くは休日に開催されるので、地区の休日診療所や当番医療機関を確認しておく。チームの顧問ドクターをもつのも重要で、医療材料や薬品を分けてもらったり、休日や時間外にもむりを聞いてもらえるかもしれない。

●表7-3／救急箱（トレーナーズキット）の中身

●救急箱（トレーナーズキット）
　市販されているトレーナーズキットのテープ類は必要最小限にし、救急用品や薬剤を加える。
　備品リストと関係機関の連絡先を書いて貼っておく。
１．外傷のために必要なもの
　①テープ類（テーピングセット）
　②包帯類
　③消毒液
　④ガーゼ類
　⑤外用薬
　⑥ビニール袋
　⑦シーネ類
　⑧アイシング用具
　⑨ハサミ・爪切り・カッター
　⑩その他、三角巾・体温計・生理用品・目薬・副木・綿棒・バンドエイドなど
２．内科的な薬剤
　①消炎鎮痛剤
　②カゼ薬
　③胃腸薬
　④便秘薬
　⑤酔い止め・吐き気止め
３．その他
　①10円玉2～3枚
　②テレホンカード
　③うがい薬
　④バンドエイド類
　⑤輪ゴムなど

4. コンディショニング

1 リハビリテーション

外傷後は、軽症と思っても医療機関（スポーツドクター）を受診し、治療だけではなく安静期間、冷却期間などの指示、その後のリハビリテーションの方法、あるいはトレーニング法の指示などを受ける必要がある。安静期間がすぎると、復帰のために積極的なトレーニングを行うが、受傷部位のトレーニングだけではなく、それ以外の部位も同時に行うことも必要である。

2 コンディショニング

スポーツ障害や事故を起こさないためにも、コンディショニングは非常に大切である。練習や試合後には、早く帰りたいためにクールダウンを省略してしまうことがないように注意し、疲労を残さないように体の手入れをする。

アイシングが必要な箇所には練習終了直後に必ず実施させ、大切な「自己管理」を教育する。

3 温冷交代療法

ストレッチとともに、自分でできる理学療法で、アイスマッサージと温熱マッサージを交互に繰り返す。強制的に血管を収縮・拡張させることで炎症を早く消退させる。スポーツ障害や外傷の後療法に有効な治療法である。

紙コップに水を入れて冷凍した氷を、紙コップの紙をむきながら2～3分局所をマッサージする。次にお湯の中で軽く2～3分マッサージし、これを交互に5～6回繰り返す。最後にお湯で10分程度よく温め、ストレッチも加える。

4 スポーツマッサージ

スポーツマッサージは、古くは古代からパフォーマンスを高める手段として用いられている。過去には、マッサージの効果が誇張されて喧伝されていた。

現在では、マッサージ以外の他の機能的な方法として、ストレッチやPNFなどのウォームアップ、クールダウンが確立され、マッサージよりも高い評価を得ている。マッサージも生理的効果、心理的効果ともに有益であり、他の理学療法とともに用いれば、パフォーマンスを高めることができる。

生理的効果は筋肉の緊張の調整で、筋肉が運動により過度の緊張状態にある場合、筋肉内の毛細血管は収縮し、局所の循環障害を起こしている。マッサージによって局所の循環障害と代謝障害を改善し、筋肉の柔軟性を高めることができる。

手技としては軽擦法、揉捏法、強擦法、叩打法、振せん法がある。軽擦法は軽くなでる方法で、末梢から中枢側へ、四肢から心臓へと向かって行うマッサージのウォームアップのようなもので、はじめから強いマッサージでは、筋肉は反射的に防御機能が働き、かえって緊張が強くなってしまう。手掌を使って、マッサージのはじめと終わりに用いる。

揉捏法はもむ操作で、軽擦法よりも深い筋肉に効果的で、筋肉の付着部から起始部へ、遠位部から近位部へと向かってもむ。強すぎると筋肉はかえって緊張し、痛みをともなうこととなる。

強擦法は、強くすることで硬くなった筋肉の緊張をのぞく方法で、常に他の方法と組み合わせて用いることで有効となる。

叩打法は、痛みがある場合にはすすめられず、振せん法は、四肢に用いるが手技が困難である。

5 テーピング

テーピングをしてある程度運動が可能となるため、あたかも魔法の手段のように考えられることもある。しかし、テーピングが有効な障害(部位)とそうでない障害(部位)、あるいはしてはならない障害（部位）もある。関節の動きと、筋肉・靱

帯の走行をまず理解しなければならない。

骨折などのように、時間をおいてからハレがひどくなる場合もあり、しっかりしたテーピング固定をしてしまうと血流を阻害して、かえって痛みも強くなる。テーピングに際しては、外傷の正確な診断と程度、あるいは回復状態をしっかりと把握しておかなければならない。

(1) 応急処置としてのテーピング

あくまでも患部の安静を目的として行うもので、正しい診断がなされない限りプレーを続けるためのものとは考えない。

患部を全体的におおってしまうテーピングでは循環障害を起こすので、テープを貼らない部分を残し、添木（副木）などの簡単な固定だけで診断ができるようにして様子をみる。

(2) 予防としてのテーピング

フットボールやバレーボールで行われているもので、外傷の前歴がなくても未然に防ぐ目的で、足関節、手関節、指関節などに行われるが、ソフトテニスでは必要ない。安易な予防的テーピングは、他の部位におよぼす影響が大きく、膝や肩には行わないのが一般的である。

(3) 再発予防のテーピング

たとえ痛みや症状がなくても、損傷された靱帯が正常な機能をもっているか否かわからない。リハビリ中に競技に復帰したり、慢性症状を呈する場合には、再発を予防するためのテーピングが必要となる。

選手を障害の再発に対する不安感から開放し、また、患部を常に意識することも再発の予防になる。また、下肢の形態異常などを矯正する目的で行われることも多い。

6 その他の装具

外傷の予防や再発の防止あるいはリハビリのために、テーピング以外の装具を用いることがある。これも痛みを我慢してプレーするためではなく、治療のための装具が中心となる。

例えば、ガニ股など解剖学的な形態異常が膝の痛みの原因であれば、靴のインナーソールや足底板で矯正することで治療できる。膝の靱帯損傷であれば、ブレースを装着することで関節の安定性が得られる（写真）。

テニス肘用のエルボーバンドや、オスグッド病のバンドも同じ目的で用いられる。

5．ドーピング・コントロール

1 ドーピングとは

ドーピングとは、競技能力を高めるために薬物などを使用することである。ドーピングは
　①競技者の健康を害する
　②フェアプレーの精神に反する
　③反社会的行為である
という理由からルールで禁止されている。「ずる」くて、「危険」な行為を容認することは、スポーツの健全な発展を妨げるからである。

ルールでは禁止リストに示される物質の使用や禁止方法の行使がドーピングに当たる。ドーピング検査で禁止物質が検出されれば、治療目的であっても原則として制裁がかせられる。治療目的で使用したといういいわけを認めると、ドーピングの規制が成り立たなくなるからである。したがって、ルールをよく理解し、治療目的で薬を使用する時もアンチ・ドーピングルールに詳しいスポーツ・ドクターに相談するなどの注意が必要なのである。

2 なぜ国体でドーピング検査か

メジャーな競技大会では、競技や記録の公正さを保つため、厳正なドーピングコントロールを実施することが世界的な流れになっている。このよ

うな世界のアンチ・ドーピング活動に合わせ、わが国最大の総合競技大会である国体でも、ドーピング検査を導入することになっている。

(1) 検査方式と方針
- 世界アンチ・ドーピング規定に則って、国体ドーピング・コントロール規定がつくられている。
- 検査方式は、競技会検査と競技外検査を平行して実施する。
- 競技会検査では検査態勢の整った競技から順次実施してゆく。
- それ以外の競技は競技外検査で実施する。
- したがって全選手に検査対象となる可能性がある。

3 ドーピングに関する薬の知識

(1) かぜ薬（市販の総合感冒薬・鼻炎薬）
①かぜを治す薬はない
　かぜの原因を取り除く薬はない。かぜ薬を使うのは、発熱、咳、たん、のどの痛み、だるさ、などの症状を楽にするためである。症状を楽にして、無理に体を動かすことは回復を遅くするだけなのである。かぜを早く治すには、栄養を良く暖かく安静にして、体力を温存することである。
②総合感冒薬には禁止物質が含まれることが多い
　総合感冒薬には十分注意するべきである。禁止物質であるエフェドリン類を含むことが多いからである。薬の外箱で成分をチェックし、メチルエフェドリン、エフェドリン類、フェニルプロパノールアミン、麻黄（マオウ）、葛根などは禁止成分となっている。
③競技会の5日前までにはかぜ薬をやめる
　禁止物質が含まれていても、注意書き（添付文書）通りの服用量で、服用をやめてから5日以上経っていれば、陽性になる可能性はほとんどない。特に心配する必要はないといえる。

④鼻炎の薬にも要注意
　総合感冒薬と同じく要注意である。禁止物質であるフェニルプロパノールアミンが含まれることが多く、花粉症などの症状が強い時には注意書きの量以上に飲んでしまう危険もあるためだ。鼻炎スプレーも成分をチェックする必要がある。咳止めとして含まれているコデインは、注意書き通りの服用量であれば麻薬とは見なされないので、禁止物質ではない。
⑤カフェインも禁止物質
　カフェインはコーヒー、紅茶、緑茶などの食品にも含まれ、栄養補助、滋養強壮ドリンク類、総合感冒薬や痛み止めの薬にも含まれていることがある。カフェインがどの程度含まれているかは要注意だが、普通の服用量（コーヒーを2～3杯飲む程度）であれば陽性になる可能性はほとんどない。

(2) 漢方薬
①漢方薬には複雑な成分が含まれている
　漢方薬も「薬」である。その成分は大変複雑で、成分を調べることも困難といえる。漢方薬にも明らかに禁止物質を含むものがあり、麻黄（マオウ）、ホミカ（ストリキニーネを含む）はその代表である。漢方薬は生薬を使うので、名前が同じでも製造会社、原料の産地、収穫の時期などで成分が違うことがある。成分が全部記載されていないとチェックできない上に、成分の含有量が一定していないのが普通である。

　漢方薬も、基本的にはチームドクターのチェックを受けて、成分のはっきりしないものは避けた方が無難といえる。

■参考文献
1) 財団法人日本ソフトテニス連盟『国内におけるドーピング検査に関する規約』2001

第8章 ソフトテニスのルールと審判法

Chapter 8

1. ルールの本質

1 ルールとは

　ルールとは、一般に人間の集団における規則であり、それにしたがうことによって秩序のある日常生活を営み、人と人との間にトラブルが生じないようにする取り決めである。そして、それに違反する者には罰則が適用されるものと考えてよい。

　スポーツにおけるルールは、その競技が公正かつ安全に、楽しく、能率的に行われ、しかも競技にある一定の秩序をもたらすものと考えてよい。

　したがって、スポーツにおけるルールの内容は、ある競技がスムーズに運ばれるための条件を定めることと、プレーヤーがどのように行動すればよいかについて決められている規則なのである。

2 スポーツ・ルールのもつ役割

① 何を競い合うかなどの目標や、それにいたるまでの手続きを定めている。

　ルールは、そのスポーツが何を競い合うのか、すなわち得点（ポイント）なのか、距離なのか、それとも時間なのか。そして、それはどのように判定されるのかなどの手続きが定められている。

② どのようにして目標を達成するかについての選手の行動が定められている。

　1人で対戦するのか2人か、または多人数でチームを構成して行うのか。どんな用具を使用してよいのか、どんな運動をしてよいのかなど、選手の行動が指示されている。

③ 違反した場合の制裁を定めている。

　選手が行動に違反した場合に、秩序をもとに戻し、維持するためにどうしたらよいか。違反者にどのような罰を与えるかなどが定められている。

④ 日常的な世界を排除する役割をする。

　スポーツのルールは、「日常の世界」と「スポーツの世界」とを区別して、スポーツを遊戯的世界として確立する役割をもっている。例えば、試合の開始と終了は時間的に、コートを指示する白いラインは空間的に、「スポーツの世界」と「日常の世界」とが区別されており、その中では日常の秩序は一切排除され、その働きが停止さ

れている。これに利害・打算を排除したならば、完全な遊戯的世界が成立することになる。

⑤ 勝利を正当にする役割をもつ。

スポーツ・ルールは、結果として競技における勝敗が明らかになるように定められている。そして、勝利が異論なく自分の側に優越性があることを証明するためには、あくまでも対戦の条件が平等であり、共通の目標を求め、認められた行動で競わなければならないことが定められている。

⑥ 勝敗の未確定性を保障する役割をもつ。

競技する前から優劣が明白で、勝ち負けがわかりきっていては優越性を証明しようとする意欲も、その必要性もなくなってしまう。したがって、競技そのものが意味のないものになってしまう。

競技を競技として成立させ、プレーヤーの意志・不屈の闘志・全力を傾倒する努力を発揮させるには、勝利へのチャンスが参加者に平等に開かれていなければならない。努力すれば、全力をつくせば、創意工夫を加えれば勝てるかもしれないという条件の中で行われてこそ、競技は真の競技となる。

スポーツ・ルールはこうした競技における勝敗の未確定性を保障するために平等の条件を設け、また一方、参加者の能力に明白な優劣がある場合には「ハンディキャップ」を設け、勝敗の未確定性が確立されている。テニスなどにおけるポイントカウントの集合がゲームカウントになり、ゲームカウントの集合がセットカウントになり、それぞれあるセクションを設けているのも、この勝敗を未確定にする役割をもっているのかもしれない。

⑦ 緊張感や興奮状況をつくり、そのバランスを保持しようとする役割をもつ。

スポーツ・ルールは、参加者をそのスポーツ独自の緊張感や興奮状況に導いていく。この緊張感や興奮状況が強くなりすぎると競技は危険な状態になり、不安が生じてくる。また、逆に弱すぎると興味がなくなり参加者が意欲を失ったりする。そのバランスが保持されるように定められている。

⑧ そのスポーツの興味を保つ役割をもつ。

⑦で、スポーツ・ルールはそのスポーツの独自の緊張感や興奮状況を導く役割をもつことを説明したが、この緊張感や興奮状況が適当であるならば、参加者にとって楽しさが生まれ、そのスポーツをやっている良さが理解できるように定められている。

⑨ 参加者の安全を保つ役割をもつ。

参加者が競技に勝とうとする欲望、また、勝利への情熱は非常に強いものである。「身の危険をも省みず」無謀な行動に走ることもしばしばある。競技の状況によって強烈な情緒的な興奮は、ときには理性を失わせることもある。こうした状況の中で危険を避け、参加者の安全が確保できるように定められている。

⑩ 競技と闘争とを区別する役割をもつ。

競技は、ある目標を中心にしてお互いにルールを守り合って競争することにより、相互に刺激し合い、高め合っていくこと（共存）を意味する。それに対して、闘争とは相手を倒すことが目的であり、「邪魔者は消せ」ということにつながり、そのためには手段を選ばない行為もあえて辞さないという理論に裏づけられたものである。

その点で、「スポーツにおけるルール」の社会的な役割として重要なことは、"against（敵対＝対立）"でなく、"with（共存＝共同）"でなければならないことが定められている。

2. 競技規則

ダブルスのマッチ

第1章 総則

（目的）
第1条 競技（ダブルスマッチ）を実施するために必要な事項を定めることを目的とする。

第2章 ソフトテニスコート

（ソフトテニスコート）
第2条 ソフトテニスコートはコート、アウトコート、ネット、ネットポスト及び審判台をもって構成する。

（コート及びアウトコート）
第3条 コート及びアウトコートは同一平面の平坦なスペースで、プレーに支障のないように整備されていなければならない。ただし、アウトドアにおいては排水を考慮し、プレーに支障のない程度に傾斜をつけることができる。

（コート及びアウトコートのサーフェイス）
第4条 コート及びアウトコートのサーフェイスは、アウトドアではクレー、砂入り人工芝又は全天候型ケミカル等とし、インドアでは木板、砂入り人工芝、硬質ラバー、ケミカル等とする。

（コート）
第5条 コートは、縦23.77m、横10.97mの長方形とし、区画するラインの外側を境界とし、その中央をネットポストで支えられたネットで二分される。

（コートの名称並びに長さ）
第6条 コートの区画及びラインの名称と長さは次のとおりとする。

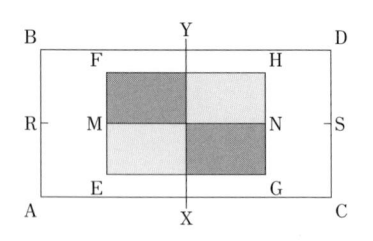

■ レフトサービスコート
□ ライトサービスコート

（線名）	（区画）	（長さ）
サイドライン	AC，BD	23.77m
ベースライン	AB，CD	10.97m
サービスサイドライン	EG，FH	12.80m
サービスライン	EF，GH	8.23m
サービスセンターライン	MN	12.80m
センターマーク	R・S	ベースライン内側から中へ10cm

（コートのラインの幅）
第7条 コートのラインは原則として白色で、幅は5cm以上6cm以内とする。ただし、ベースラインの幅は5cm以上10cm以内とする。

　［解説1］
　　本条では、ラインと色に関する一般原則を示している。
　　ラインの種類とは、消石灰、紙テープ、ビニールテープ等がある。
　　マッチ中にラインのテープが破損し、又は移動した場合は、ラインテープがあったと考えられる外側をもって境界とする。その判定はアンパイヤーが行う。

（アウトコート）
第8条 アウトコートはコートの周囲のスペースで、ベースラインから後方に8m以上、サイドラインからは外側に6m以上であることを原則とする。

2 コートが2面以上ならぶ場合、隣接するコートにおいて接するサイドラインの間隔は5m以上であることを原則とする。

（ネットポスト）
第9条 ネットポストは直径7.5cm以上15cm以

内とする。
　［解説２］
　　１．ネット巻き器がネットポストの外側に付いている場合は、ネット巻き器もネットポストの一部分とみなす。
　　２．移動式ネットポストで両側のネットポストを支えるパイプがネットの下部にある場合は、そのパイプもネットポストの一部とみなす。ただし、ネットポストを立てるための台・支持棒はネットポストとはみなさない。

（ネットポストの位置）
第10条　ネットポストはサイドラインの中央部の外側に位置し、両サイドラインから同一の距離に垂直に固定させる。
２　両ネットポストの間隔はその外側において12.80mとし、その高さは1.07mとする。ただし、設備等の状況によりやむを得ない場合は、ネットポストの高さを1.06mから1.07mまでの範囲内とすることができる。

（審判台）
第11条　審判台の座席の高さは1.50mを標準とし、ネットポストから審判台の最も近い部分の水平距離で60cmのところに置くものとする。

第３章　用　具

（ネット）
第12条　ネットの規格は次のとおりとする。
(1)　色は原則として黒色とする。
(2)　高さは1.07mとする。ただし、設備等の状況によりやむを得ない場合は、1.06mから1.07mまでの範囲内とすることができる。（ネットを張った時の高さは、サイドラインの上において1.06mから1.07mとし水平に張るものとする。）
(3)　長さは12.65mとする。
(4)　網目は縦横とも3.5cm以内の四角形とする。
(5)　ワイヤーロープは長さ15m、直径4.5mmを標準とする。
(6)　上端は両面において幅5cm以上6cm以内の白布で被う。
(7)　ネットの両端はネットポストに、下端はコートに接着させる。

（ボール）
第13条　ボールは空気の入っているゴム製品で、原則として白色とし、その規格は次のとおりとする。
(1)　バウンドの高さは、マッチを行うコートにおいてボールの下端が1.50mの高さから故意に力を加えることなく落下させた場合、コート面で弾んだ後の最高到達点がボールの下端で70cmから80cmまでの範囲となるよう調節する。
(2)　重さは30g以上31g以下とする。
(3)　直径は6.6cm（±0.1cm）とする。
　［解説３］
　　公認球は、白色及び黄色であるが、大会要項でボールの色について触れていない場合は、白色のボールを使用する。なお、競技に使用することによってボールが自然に変色した場合は、そのボールは元の色のままであるとみなす。

（ラケット）
第14条　ラケットは両面のプレー特性が同一になるように設計され、フレームにストリングを張ったものとし、打球面は平面でなければならない。この場合において、ストリングの張り上がり状態はおおむね均一でなければならない。
２　フレームはいかなる材質、重量、寸法、形状であっても良い。
３　ストリングはフレームに結合しており、交互に交錯していなければならない。
４　ストリングはボールに過度の変化を起こさせるようなものであってはならない。

［解説4］
1. ラケットの長さ、フレームの大きさは記載していないが、（財）日本ソフトテニス連盟でラケットを公認し、公認マークを貼付したラケットであること。
2. 打球面に異物を取り付ける等で、ボールに特別な影響が与えられる場合は、そのラケットの使用を認めない。判断はレフェリーが行う。

第4章　競技

（プレーヤーの心得）

第15条　プレーヤーは互いにマナーを尊重し、次の事項を守らなければならない。

(1) 過度のかけ声、又は相手を不快にする発声をしないこと。

(2) マッチの開始から終了まで連続的にプレーし、次の行為をしてはならない。ただし、サイドのチェンジ及びファイナルゲームに入る場合又は第17条第2項に規定するショートマッチにおける10ポイント終了後のサイドのチェンジの場合は、ポイントの終了から1分以内に次のポイントを開始する態勢に入るものとする（レッツプレイ）。

　ア　相手がレシーブの構えをしているのにサービスをせず、又は相手方がサービスをしようとしているのにレシーブの構えをしないこと。

　イ　故意にゲームを長びかせる行為をすること。

　ウ　マッチの進行に支障となる状態でパートナー同士の打ちあわせをしたり、又は休息をすること。

　エ　ゲーム終了後次のゲームにうつる構えをしないこと。

　オ　ファイナルゲーム内のサイドのチェンジの場合に休息をすること。

　カ　ラケットの修理をすること。

(3) アンパイヤーの指示に従いプレーすること。

［解説5］
プレーヤーの心得を第15条にまとめた。過度のかけ声・連続プレー等プレーヤーの心得を示しているが、その判定は、アンパイヤー判断とする。

（マッチ）

第16条　プレーヤーは競技規則に従い、フェアプレーに終始しなければならない。

2　マッチは2人をもって1ペアを編成し、各プレーヤーは常に1本のラケットを用いて競技を行う。

3　ボールは相対するペアで、交互に、いずれか1人のプレーヤーによって打たれなければならない。

（ゲームの回数）

第17条　マッチは通常7ゲーム又は9ゲームで行う。

2　ショートマッチとして15ポイントマッチ、3ゲーム又は5ゲーム、ロングマッチとして15ポイント、3ゲーム、5ゲーム、7ゲーム又は9ゲームを1セットとし3セット又は5セットマッチを行うことができる。

［解説6］
ゲームは、4ポイントの先取（デュースを除く）が原則であるが、特別な理由でマッチを短縮することになった場合、ファイナルゲームのみのマッチ形式とした上で、15ポイント先取とし、5ゲームマッチと同じ程度の内容として実施できるようにした。

（ゲームの勝敗）

第18条　ゲームは4ポイントの先取で勝ちとする。ただし、双方のペアが3ポイントずつ得た場合はデュースとし、次のとおりとする。

(1) デュースの後1ポイントを得た場合、そのペアのアドバンテージとなり、その後続いて1ポイントを得た場合はそのゲームの勝ちと

(2)　アドバンテージの次に相手のペアが1ポイント得た場合はデュースアゲンとなり、以後はデュースの場合と同じとする。
2　7ゲームマッチにおいて、双方のペアが3ゲームずつ得た場合、次のゲームをファイナルゲームとし、次のとおりとする。なお3ゲームのマッチにおいて双方のペアが1ゲームずつ得た場合、5ゲームのマッチにおいて双方のペアが2ゲームずつ得た場合及び9ゲームのマッチにおいて双方のペアが4ゲームずつ得た場合も同様とする。
　(1)　前項の規定にかかわらず7ポイントの先取をもって勝ちとする。
　(2)　双方のペアが6ポイントずつを得た場合はデュースとし、第1項各号の規定を適用する。
3　15ポイントマッチにおいては、第32条第2項に準じて行い15ポイントの先取をもって勝ちとする。この場合において、双方のペアが14ポイントずつ得た場合はデュースとし、第1項各号の規定を適用する。

（マッチの勝敗）
第19条　複数ゲームでマッチを行った場合は、過半数のゲームを得たペアの勝ちとする。
2　複数のセットでマッチを行った場合は、各セットごとに過半数のゲームを得たペアが当該セットを得るものとし、過半数のセットを得たペアを勝ちとする。

（サービス）
第20条　サービスはサービスをするプレーヤーが、トス（サービスをしようとして手からボールを放すことをいう。以下同じ）をした瞬間に始まり、ボールがコート（アウトコートを含む）に落ちるまでの間に、そのボールをラケットで打った瞬間に終わるものとする。
2　片手しか使えないプレーヤーはラケットを用いてトスをすることができる。

　［解説7］
　　片手しか使えないプレーヤーは、サービスを行うためにラケットで2度打つことを認めており、片手しか使えない小学生等でラケットでもトスが上げられない場合、有利にならない方法であれば、1度コート又はアウトコートにバウンドさせ、弾んだボールでサービスすることも認められる。その判断はレフェリーが行う。

（サービスの時期）
第21条　サービスは正審のコールがあった後、レシーバーに用意ができていることを確認して、すみやかに行わなければならない。
　［解説8］
　　サービスを行うに当たり、次の2つの前提条件がある。
　1．正審のコール（カウントのコール・レット或いはフォールトのコール等）があったこと。
　2．レシーバーの用意ができていることを確認すること。
　　この2つのうち1つでも欠けていたら、そのサービスはレットとなる。したがって、正審はサービスのイン・フォールトにかかわらず「レット」とコールをしなければならない。
　　サービスを行うプレーヤーは、上記の2つの条件が整ってからサービスを行わなければならない。

（サーバー及びレシーバー）
第22条　プレーヤーはネットに向かって相対し、サービスをするペアをサーバーといい、レシーブをするペアをレシーバーという。

（サービスをする位置）
第23条　サービスは、サイドライン及びセンターマークのそれぞれの仮想延長線の間で、ベースラインの外で行わなければならない。

［解説9］
1．ラインは5cmから6cmの幅があり、サービスをする位置の有効範囲は、サイドライン及びセンターマークの仮想延長線の外側が限界となる。また、サービスのトスに至る動作もこの範囲内で行わなければならない。
2．サービスの動作中、空間的にはラインを越えても実際にラインを踏んだり規定された範囲外に足がついたりしなければ認められる。

（サービスをするプレーヤー）
第24条　サービスはサーバーの1人が行い、ネットに向かってセンターマークの右側から始め、右・左交互に対角線上の相手方サービスコート内にボールを打ち込む。
2　2人のプレーヤーは同一ゲーム中に2ポイントずつ交替でサービスを行い、同一ゲーム内ではサービスの順序を替えることができない。

（サービスのフォールト）
第25条　サービスがフォールトとなる場合は次のとおりとする。
(1)　サービスされたボールが直接正しいサービスコート内に入らなかった場合。ただし、第26条に規定するレットに該当する場合を除く。
(2)　サービスをしようとして手から放したボールを打たなかった場合。
(3)　サービスをしようとしてボールを2個同時にトスするか、又はサービスをしようとして、ボールを手から放してそれを打つまでの間に、もう1個のボールを手から落とした場合。
(4)　サービスをする際、ボールがラケットに2回以上当たった場合。
(5)　サービスされたボールが、直接次のいずれかに触れた場合。
　ア　アンパイヤー
　イ　審判台又は付帯する施設・設備
　ウ　パートナーのラケット（手から離れたものを含む。次号において同じ。）、身体又は着衣（プレーヤーが身体につけている服装等で帽子、タオル、眼鏡等を含む。次号において同じ。）
(6)　サービスされたボールがネット又はネットポストに触れた後、次のいずれかに該当した場合。
　ア　コート、アウトコート、審判台、フェンス等に触れる前にサーバーのラケット、身体又は着衣に触れたとき。
　イ　サーバーのラケット、身体又は着衣がネット、ネットポストを越え、又はネット、ネットポストに触れたとき。
(7)　第23条の規定に違反した場合（フットフォールト）。
2　サーバーは第1サービスがフォールトになった場合、第2サービスを行うことができる。

［解説10］
1．第1項第2号には、打ち損なった場合も含まれる。
2．第1項第3号の場合は、そのサービスがフォールトである。ただし、ポケット等に入れていたサービスに用いなかったボールが落ちた場合は含まれない。
3．カットサービスは、第1項第4号に該当せず、ボールがラケットに当たった回数は1回とみなす。

（サービスのレット）
第26条　サービスがレットとなる場合は次のとおりとする。
(1)　第21条の規定に違反するものと正審が判定した場合。
(2)　サービスされたボールがネット又はネットポストに触れた後、次のいずれかに該当した場合。
　ア　そのボールが正しいサービスコートに入った場合。
　イ　そのボールがコート又はアウトコート、

審判台、フェンス等に触れる前に、次のいずれかに該当した場合。
　①レシーバーのラケット（手から離れたものを含む）、身体、着衣に触れた場合。
　②レシーバーのラケット（手から離れたものを含む）、身体、着衣がネット、ネットポストを越えたり、触れたりした場合。
　③レシーブをするプレーヤーのパートナーがサービスされたボールが入るべきサービスコートに触れた場合。
(3)　レシーブをするプレーヤーがレシーブを終わる前に、次のいずれかに該当すると正審が判定した場合。
　ア　アンパイヤーが判定を誤ったためにプレーに支障が生じた場合。
　イ　不慮の突発事故又は他のコートで使用しているボール（そのマッチで使用しているボールを、直接関係者でない者が投げ入れたものを含む）若しくはそのマッチに直接関係のない者の行為によってプレーが妨害された場合。
　ウ　失ポイントになることが双方のペアに同時に発生したとき。
(4)　その他正審が特に認めた場合。
2　サービスがレットとなった場合は、そのサービスをやり直す。

［解説11］
1．第1項第1号の場合、そのサービスが入ったか否かにかかわらず、そのサービスのやり直しをする。
2．第1項第3号の「レシーブを終わる前」とは、サービスするプレーヤーが手からボールを放した瞬間から、レシーブするプレーヤーが有効にサービスされたボールをツーバウンドする前に打つまでの間をいう。
3．第1項第3号アは、レシーブするプレーヤーが実質的に返球可能な状態と判断できる場合において、アンパイヤーの判定がプレーに影響を及ぼした場合に適用する。例えば、サービスのボールにスピードがあり、アンパイヤーのフォールトの判定の有無を問わず、レシーブをするプレーヤーがレシーブすることができないと認められるような実質的に返球不可能な状態は含まない。この例の場合にアンパイヤーが誤ってフォールトの判定をしたときは、レットにせず、判定をインに変更してレシーバーの失ポイントとする。実質的に返球可能かどうか、つまり誤った判定によりプレーに支障を生じたかどうかの判断は、正審が行う。
　この取扱いは、ラリーが続いている際に、同様の事態が生じた場合の取扱いを記している「解説15」の1と同一の理論による。
4．第1項第3号のイの場合、そのコートで使用しているボールが他方に行っていたのを、そのマッチの直接関係者でない者が投げてよこしたりしたときは、その時に限りそのコートで使用していないボールと同じ扱いとする。
5．第1項第3号のウの事例は、レシーブをするプレーヤーがワンバウンドの内にレシーブすることができず、ツーバウンドしたと同時にサーバーの一人がネットに触れた場合等が考えられる。

（サービス時の失ポイント）
第27条　第1サービス及び第2サービスがともにフォールトとなった場合は、ダブルフォールトとして1ポイントを失う。

（レシーブ）
第28条　レシーブは有効にサービスされたボールを、ワンバウンド後ツーバウンドする前に打つものとする。

（レシーブの順序）
第29条　レシーブの順序は次のとおりとする。
(1)　レシーバーはそれぞれライトサービスコート又はレフトサービスコートのいずれかでレ

シーブするものとし、同一ゲーム中替えることはできない。
(2) レシーブはライトサービスコートから始め、右・左交互に行うものとする。

（レシーブ時の失ポイント）

第30条　レシーブにおいて失ポイントとなる場合は次のとおりとする。
(1) レシーブすべきボールを有効に返球できなかった場合。
(2) サービスされたボールが直接レシーバーのラケット、身体又は着衣に触れた場合（ダイレクト）。
(3) 有効にサービスされたボールがツーバウンドする前に、レシーブするプレーヤーのパートナーのラケット、身体又は着衣に触れた場合（インターフェア）。
(4) レシーブをするプレーヤーがレシーブを終わる前に、パートナーがそのサービスコートに触れた場合（インターフェア）。
(5) 第29条第1号の規定に違反したことが発見された場合（インターフェア）。ただし、そのポイントに限る。

（サービス・レシーブ又はサイドの選択）

第31条　プレーヤーは、マッチ開始前にサービス、レシーブ又はサイドの選択を行う。

（サービス・レシーブ及びサイドのチェンジ）

第32条　サービスとレシーブは、ファイナルゲームを除き、1ゲームを終わるごとに相手方と交替して行い、奇数ゲームを終わるごとにサイドのチェンジを行う。
2　ファイナルゲームは、2ポイントごとに相手方とサービスのチェンジを行い、最初の2ポイント終了後と以後4ポイント終了ごとにサイドのチェンジを行い、サービス及びレシーブは次のとおりとする。
(1) 双方の4人のプレーヤーは2ポイントずつサービスを行う。
(2) 最初の2ポイントのサービスをするプレーヤーはそれまでの順序に従い、本来サービスの権利を有するペアのいずれかのプレーヤーとする。
(3) 3ポイント目及び4ポイント目のサービスは最初にレシーブを行ったペアのいずれかのプレーヤーが行う。また最初の2ポイントをサービスしたペアのいずれかのプレーヤーが、3ポイント目の相手方サービスをレシーブする。
(4) 5ポイント目及び6ポイント目のサービスは最初の2ポイントのサービスを行ったペアのもう1人のプレーヤーが行う。
(5) 7ポイント目及び8ポイント目のサービスは、3ポイント目及び4ポイント目のサービスを行ったペアのもう1人のプレーヤーが行う。
(6) 以後、第2号から第5号までの順序に従いサービス及びレシーブを行う。
(7) サービス及びレシーブの順序は同一ゲーム中替えることはできない。

［解説12］
　ファイナルゲームで、最初のサービス（レシーブ）の交替後の3ポイント目は、第2項第3号の規定により、ペアのうちどちらがサービス（レシーブ）をしてもよい。ただし、以降は順序を変えることはできない。

（サービスの順序又はサイドの誤り）

第33条　サービスのチェンジ又はサイドのチェンジの誤りが発見された場合は、インプレー前であればそのポイントから、インプレー後であれば次のポイントから訂正する。それまでのポイントは有効とし、誤りに気づいてもインプレーではプレーを中断しない。
(1) サービスのチェンジを誤った場合（チェンジサービス）。サイドのチェンジを誤った場合（チェンジサイズ）。
(2) パートナーとのサービスの順序を誤った場合（ローテーションチェンジ）。

(3) サービスコートの順序を誤った場合（ローテーションチェンジ）。
2 誤りが第1サービスのフォールトの後に発見された場合は、その時点で正しい順序に訂正し、第1サービスから行う。

　　［解説13］
　　　誤りに気づいてもインプレーでは、プレーを中断しない。中断した場合は、中断したペアの失ポイントとする。ただし、サービス時にレシーバーが気付き、レシーブ体勢に入らず「タイム」と言って中断することは認められるが、レシーブ後は中断したプレーヤー又はペアの失ポイントとする。

（判　定）
第34条　イン又はアウトの判定は、ボールの落下点により行う。
2 ラインに触れたものはすべてインとする。

（インプレーにおける失ポイント）
第35条　インプレーにおいて失ポイントとなる場合は、次のとおりとする。ただしサービスのレット又は第1サービスのフォールトになる場合はこの限りでない。
(1) 打球が直接ネットを越さなかった場合（コールなし）やボールがネットの破れ目、ネットの下又はネットとネットポストの間を通った場合（スルー）。ただし、次の場合を除く。
　ア　打球がネット又はネットポストに触れて、これらを越えて正しく相手方コートに入った場合。
　イ　ボールがネットポストの外側を回り、又はネットポストの外側に触れて、相手方コートに正しく入った場合。
(2) 打球がアウトコートに落ちた場合、又は直接そのマッチのアンパイヤー、審判台、その他の施設・設備に触れた場合（アウト）。
(3) ボールがツーバウンドする前に返球できなかった場合（ボールがツーバウンドする前に、そのマッチのアンパイヤー、審判台、その他の施設・設備に触れた場合を含む）。ただし、相手からのボールが一度コートにバウンドした後、ネット又はネットポストにはね返り、そのボールがもう一度バウンドする前に、正しく返球した場合は有効返球とみなす。
(4) 打ったボールがプレーヤーの身体又は着衣に触れた場合（ボディタッチ）。
(5) ラケット、身体又は着衣が、次のいずれかに該当した場合。ただし、打球の惰性でラケットがネットを越えた場合、及び相手方アウトコートに触れる等明らかな打球妨害（インターフェアー）にならない場合を除く。
　ア　空振りしてラケットがネットを越えた場合、及びネット（仮想延長線上を含む）又はネットポストを越えた場合（ネットオーバー）。
　イ　相手の打ったボールがネットに当たり、そのボールがネットを押し、又は風のためにネットがふくらみプレーヤーに触れた場合及びネット又はネットポストに触れた場合（ネットタッチ）。
　ウ　そのマッチの審判台若しくはアンパイヤーに触れた場合（タッチ）。
　エ　ラケット、身体又は着衣が、相手方コート、相手方プレーヤーのラケット、身体又は着衣に触れた場合（インターフェア）。
(6) 打球の際、そのボールがラケットに2回以上当たり（ドリブル）、又はボールがラケット上で静止した場合（キャリー）。
(7) ボールがラケットのフレームに触れて返球できなかった場合（チップ）。
(8) 手から離れたラケットで返球した場合（インターフェア）。
(9) ボールがコート内の他のボール（そのマッチで使用のものに限り、インプレーになる時点では他のサイドにあった他のボールが、風などのため異なったサイドに移動した場合を含む。ただし、故意に相手サイドに移動させ

たと正審が判断した場合はインターフェアとなる）又はコート内に落ちている帽子、タオル（プレーヤーが身につけていた）等に当たって返球できなかった場合（コールなし）。

(10) ラケット、帽子又はタオル等が、プレーヤーから離れて直接ネット若しくはネットポストに触れた場合（ネットタッチ）。ラケットが一旦コートに落ちてから触れた場合も含む。

(11) プレーヤーがコート又はアウトコートに落ちていた帽子、タオル等（ボールは含まない）を、手、足、ラケットで押しやったものが直接ネット若しくはネットポストに触れた場合（ネットタッチ）及びそのマッチのアンパイヤー又は審判台に触れた場合（タッチ）。

(12) 明らかな打球妨害になった場合（インターフェア）。

[解説14]
1．条文中にある「審判台」「アンパイヤー」は、そのマッチの審判台及びアンパイヤーである（審判台の横に照明用ポールがあってもそのポールは含まない）。
2．サービス時及びレシーブ時における失ポイントについては、第27条及び第30条に記されている。
3．カットによるストロークは、第6号に該当せず、ボールがラケットに当たった回数は1回とみなす。
4．ラケットの〔いちょう〕部分の開いている三角形の空間にボールが挟まって止まった場合は、キャリーを適用し失ポイントとする。

(ノーカウント)
第36条　インプレーにおいて、次の場合はノーカウントとし、第1サービスからやり直すものとする。ただし、サービスのレットになる場合を除く。
(1) アンパイヤーが判定を誤ったためにプレーに支障が生じた場合。

(2) 不慮の突発事故又は他のコートで使用しているボール（そのマッチで使用しているボールをそのマッチの直接関係者でない者が投げ入れたものを含む）若しくはそのマッチに直接関係のない者の行為によってプレーが妨害された場合。ただし、正審が認めた場合に限る。
(3) 失ポイントになることが双方のペアに同時に発生した場合。
(4) その他正審が特に認めた場合。

[解説15]
1．第1号はプレーヤーが実質的に返球できる状態にあった場合であり、アンパイヤーの判定の如何にかかわらずポイントが決定する状況にあった場合は、判定の訂正のみを行う。その状態の判定は正審が行う。[解説11]の3を参照。
2．第3号はボレーをしたボールが有効打となりツーバウンドすると同時にボレーをしたプレーヤーがネットタッチをした場合等が想定される。
3．ボールが選択制である試合でマッチ中にボールが変わった場合、すでに決定したポイントは有効とし、次のポイントからボールの種類を訂正する。
4．ボールがパンクした場合は有効とする。

(タイム)
第37条　マッチ中、次の場合はタイムをとることができる。
(1) プレーヤーに突発的な身体上の支障が生じ、プレーの継続ができなくなり、これを正審が認めた場合。ただし、同一人が1回につき5分以内とし、かつ同一マッチで2回以内とする。
(2) 正審が特に必要と認めた場合。

(禁止事項)
第38条　プレーヤーはマッチ中パートナー以外の者から助言及び身体上の手当てを受けてはなら

ない。ただし、正審がレフェリーと協議の上必要と認めた場合を除く。
2 マッチを行うプレーヤー及びアンパイヤーその他特に認められた者以外は、マッチ中ソフトテニスコートに入ってはならない。ただし、大会要項の中で、プレーヤー以外に「部長・監督・コーチ（外部コーチを含む。以下同じ。）」がソフトテニスコート内に入ることが、認められた大会においては許容された時間内でプレーヤーに対して「監督・コーチ」が助言する事を認める。
3 大会主催者は助言をする位置を定めることができる。その位置がフェンスの中にある場合は、そのマッチ中助言をするものは原則として移動することができない。

（棄　権）
第39条　次のいずれかに該当したプレーヤー又はペアを棄権とし、相手方の勝ちを宣告する。負けとなった者が、すでに得たポイントとゲームは有効とする。
(1) 参加申込を行った大会に、参加しなかった場合。
(2) 特別の理由による、プレーヤー又はペアからの申し出に対し、レフェリー（競技責任者）が認めた場合。
(3) プレーヤーが身体上の故障により、タイムが認められ、許容時間内に回復ができなかった場合（タイムアップゲームセット）。
(4) マッチ中にプレーヤーから身体上の故障により申し出があった場合。ただし、正審が認めた場合に限る（タイムアップゲームセット）。
(5) 大会運営規則第11条により競技ができなくなった場合（レフェリーストップゲームセット）。

　　［解説16］
　　大会の途中でマッチができない状況になった場合の処置として棄権（すでに得たポイ

ント及びゲームは有効）と失格（大会の最初にさかのぼって失格とし、順位は空位）に条項を分けた。
１．大会参加の受付は、大会要項に定められた時間内とし、この時間内に受付を行わない場合は、第39条第１号に該当することになる。ただし、特別の理由が申請された場合は、その内容を審査し、レフェリー（競技責任者）が決定する。
２．第39条第２号及び第４号は、プレーヤー及びペアに棄権する権利を認めることを前提とした処置である。第２号の「特別の理由」とは、家族の慶弔などやむを得ない事情で大会の途中から参加できなくなった場合などが該当し、第４号は、第37条第１号の許容時間を取る前に申し出た場合が該当する。
３．団体戦においてオーダーを誤って同一人を２回以上記入して提出した場合は、大会運営規則第９条第２項第２号を準用し、後のペアを棄権とする。

（異議の申立て等の禁止）
第40条　プレーヤーはプレーの進行及び判定に関し、アンパイヤーに対して異議を申し立て、又は結果を不服として故意にプレーを中断してはならない。
2 前項の規定は、プレーヤーがアンパイヤーに対して質問をすることを妨げるものではない。ただし、質問に対する結果については、前項の規定を適用する。

　　［解説17］
１．プレーヤー（監督・コーチを含む）が異議の申立てを利用して、マッチの流れを変えようとすることも禁止するものである。
２．プレーヤー（監督・コーチを含む）がボールの落下点を確認するため、ネット及びネットの仮想延長線を越えてはならない。また、自陣の前であっても落下点に近寄っ

てはならない。

3．プレーヤー（監督・コーチを含む）がボールの落下点の痕跡を消すことを禁止する。もしプレーヤー（監督・コーチを含む）自身が消した場合はインターフェアとみなし失ポイントとする。

4．質問、提訴は個人戦のときはプレーヤー、団体戦のときはチームの監督（コーチを含む）又はそのプレーヤーのいずれかがアンパイヤーに申し立てることができる。ただし、ポイントの判定についてはそのポイントに限る。

5．質問に対しては、アンパイヤーは審判規則第14条により判定する。

（警　告）

第41条　第15条、第38条及び第40条に明らかに違反したと認められる場合、正審はプレーヤー（団体戦の場合は部長・監督・コーチを含む）に対し警告（イエローカード）を与える。

（失　格）

第42条　レフェリーは主催者の大会要項に示した参加条件に違反していることを発見した場合は、競技責任者と協議し、該当するプレーヤー（団体戦においてはチーム）の失格を宣告する（レフェリーストップゲームセット）。この場合は大会の最初にさかのぼって失格とし、順位は空位とする。

2　正審は次の各号に該当する場合には、レフェリー及び競技責任者と協議の上プレーヤー（団体戦においてはチーム）を失格とし相手方の勝ちを宣告する（レフェリーストップゲームセット）。
　(1)　そのマッチへ出場の通告を受けたプレーヤーがコートに出場しない場合。
　(2)　団体戦においてあらかじめ提出されたオーダー順に出場しない場合。
　(3)　1マッチ中に、警告が3回目におよんだ場合（レッドカード）。

[解説18]

1．第42条第2項第1号により、そのマッチへ出場の通告を受けたプレーヤーがコートに出場しない場合、審判規則第20条を適用し、アンパイヤーがコートに到着後、5分経過で警告1回とし、3回をもって失格とする（15分間経過で失格）。なお、警告を受けたプレーヤーが失格する前（警告2回まで）に出場した場合は、それまでに与えられた警告はそのマッチ中有効となる。したがって、マッチ中に累積した警告が3回となった時点で失格となる。ただし、特別な理由で申告された場合は、その内容を審査し、レフェリー（競技責任者）が決定する。

2．団体戦でマッチ開始後（インプレー）にオーダー通りに出場していないことが判明した時点で、第42条第2項第2号を適用し、そのチームを失格とする。ただし、団体戦が終了した後に判明した場合は、この規定は適用しない。

3．団体戦におけるマッチで、第42条第2項第3号に該当した場合は、当該選手が所属するチームが失格となる。この場合、最終対戦ですでに団体戦の勝敗が決定していた場合でも適用され、相手チームの勝ちを宣告する。ただし、団体戦の終了後（挨拶終了）は、この限りではない。

（提　訴）

第43条　アンパイヤーの判定について、その判定が競技規則の解釈と適用に誤りがあると認められる場合は、プレーヤー（団体戦の場合は監督・コーチを含む）はレフェリーに提訴することができる。

2　レフェリーの裁定に対しては、プレーヤー（団体戦の場合は監督・コーチを含む）は再度提訴することはできない。

3　マッチ終了の挨拶をした後においては、プレーヤー（団体戦の場合は監督・コーチを含む）

は提訴を行うことはできない。

　［解説19］
　　提訴は次のポイントに入った場合は行うことができない。ただし、ポイントカウントの誤りについては、そのゲーム内に、ゲームカウントの誤りについては、そのマッチ内に限り提訴することができる。

（マッチの中止と再開）

第44条　天候その他の事情でマッチが一旦中止又は延期になった場合は、その後のポイントから引き続き再開することを原則とする。

2　コートを変更し、又は後日再開する場合のサイドは、そのマッチでサイドを選択したペアが選ぶものとする。ただし、同日同一コートで再開の場合は中止前のままとする。

（規則上の疑義）

第45条　マッチにおいてこの競技規則に定めのない事項が発生した場合は、アンパイヤーはレフェリーと協議して決めるものとする。

　［解説20］
　　次に掲げるような場合が該当する。
　・コートの上に木の枝がのぞいている場合。
　・体育館で天井にボールが当たった場合。

シングルスのマッチ

（目　的）

第1条　競技（シングルスマッチ）を実施するために必要な事項を定めることを目的とする。シングルスのマッチの競技規則に定めるものを除き、ダブルスマッチの各規則をシングルスマッチにも適用する。

（コート）

第2条　コートは両方のサービスサイドラインをベースラインまで延長したライン（サイドライン）とベースラインで囲まれた縦23.77m、横8.23mの長方形とする。

（コートの名称並びに長さ）

第3条　コートの区画及びラインの名称と長さは次のとおりとする。

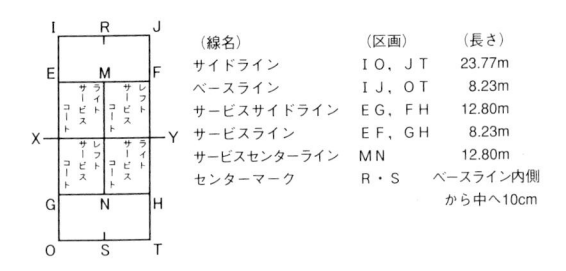

（線名）	（区画）	（長さ）
サイドライン	IO, JT	23.77m
ベースライン	IJ, OT	8.23m
サービスサイドライン	EG, FH	12.80m
サービスライン	EF, GH	8.23m
サービスセンターライン	MN	12.80m
センターマーク	R・S	ベースライン内側から中へ10cm

（サービス及びレシーブ）

第4条　サービスはファイナルゲームを除き、相対するプレーヤーが、1ゲームずつライトサービスコートから右・左交互に行い、相手のプレーヤーがレシーブを行う。

2　ファイナルゲームのサービスは、本来サービスの権利を有するプレーヤーから始め、相互に2本ずつ行い、相手のプレーヤーがレシーブを行う。

（マッチ）

第5条　マッチは通常7ゲームで行う。

附　則

この規則は、2004年4月1日から施行する。
この規則は、2005年4月1日から施行する。

3. 審 判 規 則

第1章　総　則

（目　的）
第1条　競技における審判に関する必要な事項を定めることを目的とする。

第2章　審判団

（審判団）
第2条　大会においては審判団をレフェリー及びアンパイヤーで構成する。
2　レフェリーは1人以上5人以内とし、その中の1人をレフェリー長（審判団統括責任者）とする。
3　アンパイヤーは原則として競技に使用するコート1面につき4人とする。ただし、大会に参加するプレーヤーが審判を行うことを定めている場合はこれを考慮し、大会主催・主管団体があらかじめ委嘱するアンパイヤーの総数を削減することができる。
4　大会主催・主管団体は、必要に応じコート主任を置くことができる。

　　　［解説21］
　　　レフェリーとアンパイヤーは職務が異なるため、原則として兼職すべきではない。

（レフェリー）
第3条　レフェリーはアンパイヤーの指導・助言を行うとともに、アンパイヤーに競技規則及び審判規則の解釈又は適用に誤りがあるとして、プレーヤーから提訴があった場合は、その内容を把握した上で裁定を行う。

（コート主任）
第4条　コート主任は担当するコートの競技進行を促し、必要によりアンパイヤーに指導・助言を行う。

（アンパイヤー）
第5条　アンパイヤーは一つのマッチに正審1人、副審1人を原則とし、副審を省略することができる。また、正審、副審の他に線審2人を置くことができる。

（アンパイヤーの任務）
第6条　アンパイヤーは競技規則に従い、プレーヤーの円滑なプレーの進行を促し、公正かつ迅速に正確な判定を下さなければならない。
2　正審は、審判台上において、マッチの進行を担当し、定められた判定区分を判定するとともに、他のアンパイヤーの判定区分については、他のアンパイヤーのサイン及びコールを確認した後に、これを尊重して明確にコールし、採点票に記録する。
3　副審及び線審は、第9条第2号又は第3号に規定する位置において、定められた判定区分の判定を担当するとともに、正審を補佐する。
4　副審と線審は区画線による判定区分についてはサインをもって、その他の判定区分についてはサインとともにコールをもって正審に通告する。
5　副審はボールの管理をするとともに、ボールのバウンドの調節を行う。

第3章　審　判

（アンパイヤーの心得）
第7条　アンパイヤーはプレーを公正かつ円滑に進行させるため、次の各号に掲げる事項について心得ておかなければならない。
(1)　競技規則及び審判規則をよく理解して、その運用を適切に行うこと。
(2)　服装は大会主催・主管団体が特に指定する場合を除き、ソフトテニスにおいて通常使用される服装とする。
(3)　マッチのアンパイヤーとなったときは、次の事項を守ること。
　ア　プレーヤーより先に準備を整えて、プレ

ーヤーの出場を促すこと。
イ　言動が適切であるよう努めること。
ウ　マッチが円滑で明朗に進行するよう努めること。
エ　判定は公正に行うとともに、時機を失しないようにすること。
オ　コールは第10条の規定に基づき、大きな声で行うこと。
カ　サインは第11条の規定に基づき、明確に行うこと。
キ　当該マッチのアンパイヤー同士の連携を密にすること。
ク　他のアンパイヤーの判定区分については、その権限を侵さないこと。

（アンパイヤーの判定区分）

第8条　アンパイヤーの判定区分を次のとおりとする。
(1) 区画線による判定区分（付図参照）
　ア　正審　AC，EG，MN，XY
　イ　副審　BD，FH，EF，GH，XY
　ウ　線審　AB，CD
(2) その他の判定区分
　ア　正審　ツーバウンズ，ドリブル，キャリー，ダイレクト，インターフェア，ボディタッチ，タッチ，チップ，ネットオーバー，ネットタッチ，スルー，レット，ノーカウント，フットフォールト

（第8条付図）

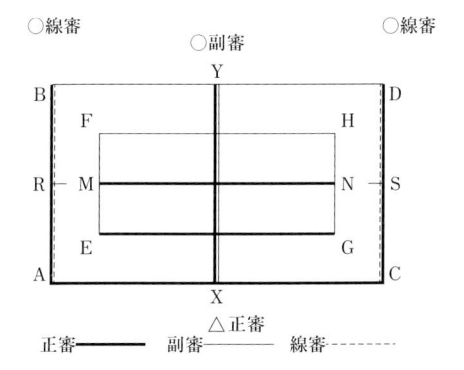

　　○線審　　　　○副審　　　　○線審
　　　　　　　　　　Y
　　B　　　　　　　　　　　　　　D
　　　　F　　　　　　　　H
　　R　M　　　　　　　　N　S
　　　　E　　　　　　　　G
　　A　　　　　　　　　　　　　　C
　　　　　　　　　　X
　　　　　　　　　△正審
　　正審━━━　副審━━━　線審┄┄┄

イ　副審　ツーバウンズ，ドリブル，キャリー，ダイレクト，インターフェア，ボディタッチ，タッチ，チップ，ネットオーバー，ネットタッチ，スルー，レット，ノーカウント，フットフォールト
ウ　線審　フットフォールト，ダイレクト，ボディタッチ，チップ
(3) 線審または副審を省略した場合は、それらの判定区分は正審が担当する。

（アンパイヤーの位置）

第9条　マッチ中のアンパイヤーの位置は、次のとおりとする。
(1) 正審は審判台上に位置する。
(2) 副審の定位置は審判台と反対側のサイドラインの外側で、ネットポストの後方約60 cm、正審と相対する場所に位置する。ただし、サービスの判定の時には、レシーブ側のサービスラインの仮想延長線上で、コートに入らないように位置し、判定後は直ちに定位置へ移動しラリーを見守る。
(3) 線審は原則として審判台の反対側のサイドラインの外側5 m以上で、ベースラインの仮想延長線上に位置し、椅子を置き、これに腰掛けるものとする。

（コール）

第10条　判定及びカウントのコールは、別表のとおりとする。
2　ポイント及びゲームのカウントは、正審がサービス側からスコアをコールする。
3　タイムの後プレーを再開する場合、正審は「ノータイム」とコールする。

［解説22］
　正審がカウントのコールを誤り、アンパイヤーもプレーヤーも気づかずにインプレーとなり、プレー中に誤りに気づいてもプレーを中断しない。第1サービスがフォールトになった時点、あるいは次のカウントのコールをする際に「コレクション」とコールし、訂正

のカウントをコールする。

　この場合、第1サービス時にレシーバーが気づきレシーブの態勢に入らず「タイム」と言って中断することは認められるが、レシーブ後は、中断したプレーヤー又はペアの失ポイントとする。

（サイン）

第11条　マッチ中のアンパイヤーの副審の構えとサインは、次のとおりとする。

(1)　アンパイヤーはインのボールに対しては、原則としてサインをしない。ただし、インであるがプレーヤーが判断に迷うと思われる場合は、掌を下にして片手を前方斜め下に差し伸べる。

(2)　正審は、原則としてサインをしない。ただし、必要と認めるときは、副審のサインに準じサインをすることができる。

(3)　副審のサービス時の構えとサインは、次のとおりとする。（付図参照）

　ア　サービスの判定時の構えは、付図（ア）のとおり、片足（レシーブ側）を前に出して腰を低くして構え、足を出した側の手は膝の上に軽く置く。フォールト（区画線の判定区分による、ネットにかかったものは除く）の場合は、付図（イ）のとおり、構えた姿勢のまま指を伸ばし片手を上に挙げる。レットの場合は、付図（ウ）のとおり、直立して片手を上に挙げるとともに、第1サービスにおいては指を2本、第2サービスにおいては指を1本立てて、「レット」とコールする。

　イ　打球がアウトした場合は、付図（エ）のとおり、ボールの落下点に正対して注目し、指を伸ばし外側の手を上に挙げる。

　ウ　その他の判定区分で失ポイントになる場合は、付図（オ）のとおり、片手で失ポイントに該当することを行ったプレーヤーを指して、当該失ポイントに該当するコールをする。

　エ　ノーカウントにすることを正審に通告する場合は、付図（カ）のとおり、両手を顔の前で交錯するように振り、「ノーカウント」とコールする。

　オ　タイムは、付図（キ）のとおり、掌を正審の方に向けて両手を挙げ、「タイム」とコールする。

(4)　線審のサインは、副審のサインを準用する。

［解説23］

1．インプレー中の判定について、区画線の判定は正審・副審（線審）がコール又はサインをもって行う。その他の判定は、第8条第2号の判定区分を各アンパイヤーが、該当するプレーヤーを指して、コールにより判定する。

2．第1号で、インのサインを行う場合は、プレー終了後プレーヤー及び観客が判定に迷うと思われる時に、インであることを知らせるために行うことが望ましい。

3．第1項第3号アについては、足を引いている側の手は腰の後ろに掌を外にして置く。フォールト（区画線の判定区分による、ネットにかかったものは除く）の場合は、足を出した側の手のみで指を伸ばしてそろえ、肘が直角になるように挙げる。この場合体は動かさない。

4．レシーブが行われた後は、速やかにネットポスト後方約60cmの定位置に移動し、直立してラリーを見守る。

5．第3号付図（エ）で、アウトのサインはボールの落下点に正対して注目し、サインをする手はコートに対し、外側の手で指を伸ばし真っすぐに挙げる。

6．第3号付図（オ）で、プレーヤーを指す手はネットに対し、左側のプレーヤーに対しては左手で、右側のプレーヤーに対しては右手で行う。

3. 審判規則　183

付　図

　　(ア)　副審の構えの姿勢　　　　(イ)　フォールト

　　(ウ)　レット　　　　　　　　　(エ)　アウト 　　　　　　　　(オ)　その他の判定区分
　　　　（コールもする）　　　　　　　　　　　　　　　　　　　　　　（コールもする）

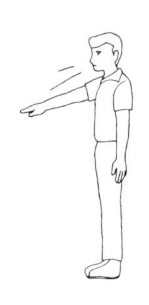

　　(カ)　ノーカウント　　　　　　(キ)　タイム
　　　　（コールもする）　　　　　　　　（コールもする）

（判定の確認）
第12条　アンパイヤーは自己の判定区分のボールの落下点が、イン、アウト又はフォールトであるか確信が持てない場合は、ボールの落下点の痕跡を確かめてから判定することができる。正審は副審に痕跡の確認を依頼し、又は副審が判断に迷う場合は、正審が審判台から降り自ら痕跡を確かめて判断することができる。

（判定の連携）
第13条　アンパイヤーが自己の判定区分の判定に迷う場合は、他のアンパイヤーの意見を求めて判断することができる。

　　［解説24］
　　　アンパイヤーの判定は、審判規則第8条により判定区分が定められているが、プレーヤー等により落下点が確認できない場合もあるので、他のアンパイヤーが、アンパイヤー間での小さなサイン又はアイコンタクト等により判定を補佐することが望ましい。

（再判定）
第14条　アンパイヤーはマッチ中に判定等についてプレーヤーから質問があった場合は、内容を確認の上、再度判定の結果を正審から通告する。以後、当該通告に関するプレーヤーからの問い合わせは異議とみなし、競技規則第41条及び第42条の規定により処理するものとする。

　　［解説25］
　　１．競技規則第40条において異議の申し立て等を禁止したが、プレーヤーから判定に対し質問等があった場合は、内容を確認し、判定に誤りがあれば勇気をもって判定の訂正等を行うこととする。
　　２．ポイントカウントの誤りについてはそのゲーム内に、ゲームカウントの誤りについてはそのマッチ内に再判定を行うものとする。

（判定の誤り）
第15条　アンパイヤーの判定が明らかに誤りであると認められる場合、正審はそのポイントに限りこれを訂正することができる。
　　［解説25］と同じ。

（プレーの停止）
第16条　インプレーにおいて、アンパイヤーが誤ってインプレーを停止するサイン又はコールをした場合は、直ちにプレーを中断させる。この場合において、正審はサイン又はコールがプレーに支障を与えたと判断した場合はノーカウント（レシーブを終わる前はレット）とし、プレーに支障がなかったと判断した場合は判定の訂正を行う。

（スコアの誤り）
第17条　アンパイヤーはポイントカウント及びゲームカウントのコールが明らかに誤りであると認められる場合は、第1サービスがフォールトになった時点又は次のカウントをコールする際に「コレクション」とコールして正しいカウントをコールし訂正する。インプレーにおいては誤りに気づいてもプレーを中断せず、そのプレーは有効とする。

（棄　権）
第18条　次のいずれかに該当したプレーヤー又はペアを棄権とし、相手方の勝ちを宣告する。負けとなった者が、すでに得たポイントとゲームは有効とする。
(1)　参加申込をした大会に参加しなかった場合。
(2)　プレーヤー又はペアからの特別の理由による申し出に対し、レフェリー（競技責任者）が認めた場合。
(3)　プレーヤーが身体上の故障によりタイムが認められ、許容時間内に回復ができなかった場合（タイムアップゲームセット）。
(4)　マッチ中にプレーヤーから身体上の故障により申し出があった場合。ただし、正審が認めた場合に限る（タイムアップゲームセット）。

(5) 大会運営規則第11条により競技ができなくなった場合（レフェリーストップゲームセット）。

[解説16]と同じ。

（注意の喚起）

第19条　正審はマッチの進行に支障があると認める行為等に対しては、関係者（プレーヤー、部長、監督、コーチ、当該チーム（ペア）等の総称）に注意を喚起することができる。

[解説26]
　応援団等は、「関係者」に含まれ、注意の対象となるが、第20条の警告の対象とはならない。必要がある場合は、大会委員長に連絡し対処を依頼する。
　大会委員長は、大会運営上支障があると認められる場合は、関係者に注意を喚起しあるいは退場させることができる。大会委員長から退場を宣告された者は、当該大会に関する一切の権能を主張することはできない。

（警　告）

第20条　正審はプレーヤー（団体戦の場合は部長、監督、コーチを含む）が明らかに競技規則第15条、第38条及び第40条に違反していると認める場合は、競技規則第41条に従い警告（イエローカード）を与える。なお、警告はカードを提示して行う。

[解説27]
　競技では、関係者（プレーヤー、部長、監督、コーチ、当該チーム（ペア）応援者の総称）の応援（発声）は、競技の盛り上がりとして認める方向であるが、それが行き過ぎ、不快感となり、プレーに支障があるとアンパイヤーが判断した場合は、第19条の注意の喚起、第20条の警告を適用する。

（失　格）

第21条　レフェリーは主催者の大会要項に示した参加条件に違反していることを発見した場合は、競技責任者と協議し、該当するプレーヤー（団体戦においてはチーム）の失格を宣告する（レフェリーストップゲームセット）。この場合は大会の最初にさかのぼって失格とし、順位は空位とする。

2　正審は次の各号に該当する場合には、レフェリー及び競技責任者と協議の上プレーヤー（団体戦においてはチーム）の失格とし相手方の勝ちを宣告する。(レフェリーストップゲームセット）。

(1) そのマッチの出場の通告を受けたプレーヤーがコートに出場しない場合。

(2) 団体戦においてあらかじめ提出されたオーダー順に出場しない場合。

(3) 1マッチにつき警告が3回目におよんだ場合（レッドカード）。

[解説18]と同じ。

（交替の禁止）

第22条　アンパイヤーは、マッチの途中で交替できない。ただし、次の各号に該当する場合を除く。

(1) 身体上審判の継続が不可能になった場合。

(2) 参加プレーヤーが審判を行っている場合で、大会の進行に支障をきたす場合。

(3) レフェリーがやむを得ないと認めた場合。

第4章　マッチの進行

（マッチの進行）

第23条　アンパイヤーはマッチの進行を次のとおり行う。

(1) 双方のプレーヤーがサービスラインの外側中央に立ち、ネットの方向に向かい合い整列する。

(2) 前号の状態の後、正審の合図「集合」によって双方がネットまで進み挨拶をし、次にアンパイヤーと挨拶を交わす。

(3) 挨拶の際のアンパイヤーの位置は、ネットをはさんで正審と副審が審判台側のサイドラインの外側に立ち、線審は正審及び副審のベ

(4) 挨拶が終った後、正審はプレーヤーの確認をする。
(5) 団体戦の場合は、双方のチーム全員が、ベースラインの外に横に1列になって、ネットの方向に向かって立ち、正審の合図「集合」によって、ネットに近寄り挨拶を行う。監督がいる場合は、最もアンパイヤー寄りの位置とする。チーム全体の挨拶後は、個々の対戦ごとに個人戦と同様に進める。
(6) （国際大会）
　マッチ開始前の挨拶が終った後、副審（副審を省略する場合は正審）はコインのA面とB面を双方のプレーヤーにそれぞれに示し、コインを投げる。コインのA両が上になった場合は正審の右側のペアが、コインのB面が上になった場合は正審の左側のペアがそれぞれ先取権を得る。先取権を得たペアは、サービスとレシーブのいずれか、又はサイドを選択する権利を得る。相手のプレーヤーは先取権を得たプレーヤーが選ばなかったものについて選択する権利を持つ。なお、進行の都合により、サービス若しくはレシーブ又はサイドの選択を事前に行っておくことができる。
　（国内大会）
　マッチ開始前の挨拶が終った後、双方のペアの片方のプレーヤーが「ジャンケン」を行い、負けた側がラケットの公認マーク（こちらが表となる）を相手に示してラケットをコート上に立てて回す。ラケットが静止する前にジャンケンに勝った側が「表」又は「裏」と言う。言い当てた場合先取権を得、言い当てなかった場合はジャンケンで負けた側が先取権を得る。先取権を得たプレーヤーは、サービスとレシーブのいずれか、又はサイドを選択する権利を得る。相手のプレーヤーは先取権を得たプレーヤーが選ばなかったものについて選択する権利を持つ。なお、進行の都合により、サービス若しくはレシーブ又はサイドの選択を事前に行っておくことができる。
(7) ボールが選択制の場合は、ジャンケンの勝者がボールを選ぶ。ただし、団体戦の場合は双方のチームの代表者により決定したボールで全対戦を行う。
(8) サービス及びレシーブ並びにサイドが決まった後、プレーヤーはマッチ開始前の練習をし、アンパイヤーは位置につく。練習時間は通常1分以内とする。ただし、レフェリーは、競技責任者と協議の上、試合進行の状況によりこれを短縮し、又は設けないことができる。この決定についてアンパイヤーに伝えるものとする。
(9) 所定の練習時間が終了した後、正審は「レディ」とコールしてプレーヤーをマッチ開始の位置につかせる。
(10) プレーヤーが位置についた後、正審は「サービスサイド○○（所属）○○・○○（ペア）、レシーブサイド○○（所属）○○・○○（ペア）、○ゲームマッチ、プレーボール」等とコールし、マッチを開始する。
(11) マッチの開始から終了までの間、アンパイヤーは競技規則及びこの規則の定めに従い、正確、かつ円滑に進行する。
(12) マッチが終了した後、正審は「ゲームセット」のコールをして直ちに審判台を降り、プレーヤーを待たせないようにプレーヤー及び他のアンパイヤーもネットの傍に寄る。正審が「○対○で○○の勝ち」等と勝敗の宣告をした後、プレーヤー同士、そしてプレーヤーとアンパイヤーが挨拶をして解散する。
(13) 団体戦の場合は試合前の挨拶と同様に、双方のチームがベースラインの後ろに整列して

から正審の合図「集合」というコールによりネットの傍により、正審が「○対○で○○の勝ち」等と試合の勝敗の宣告をした後、チーム同士、そして双方のチームとアンパイヤーが挨拶をして解散する。

（採点票の記入）

第24条 採点票は原則として定められた様式のものを使用し、記入要領にしたがってマッチ中に正審が記入する。ただし、マッチ終了の際、ゲームセットのコールをしてからプレーヤーとの挨拶をするまでに、時間的余裕がない場合は、挨拶をすませてから採点票の記入を完了するよう努めるものとする。

ダブルス・シングルス採点票記入の仕方

(1) 正審は、採点票に必要事項を正確に記入する。（コート番号及びプレーヤーの①番号、②所属、③名前は記録係又は進行係が記入することを原則とし、正審は必ず確認するとともに担当アンパイヤーの氏名及び開始時間を必ず記入する）

(2) サービスのプレーヤー及びペア（S）・レシーブのプレーヤー及びペア（R）が決まればS・R部分を○で囲む。

(3) ポイントの欄には、ポイントを得たのを○、失ったポイントは×を上段左から右に記入する。

(4) ゲームを終わるごとにそのゲームで得たポイント数を中央のスコアー欄に記入し、そのゲームを得た側の数を○で囲む。

(5) マッチ終了後は（スコアー）欄に得たゲーム数及び終了時間を必ず記入し、勝者の側のゲーム数を○で囲む。

(6) 警告欄に該当プレーヤー・ペア及び監督に対し出した警告（イエローカードY・レッドカードR）を○で囲み該当事項欄にその理由を記入する。

(7) タイム欄に身体上の故障の発生ごとに5を○で囲む。

(8) サイドを選択したペアのプレーヤー欄の下部のサイドを○で囲む。

188　第8章●ソフトテニスのルールと審判法

ダブルス・シングルス採点票

種別	男女	第	コート	正審	副審
第	回戦	開始　：　分 終了　：　分		線審	線審

No	所属	（スコアー）	No	所属
プレーヤー	A B	—	プレーヤー	A B
サイド			サイド	

S R		-①-	S R	
S R		-②-	S R	
S R		-③-	S R	
S R		-④-	S R	
S R		-⑤-	S R	
S R		-⑥-	S R	
S R		-⑦-	S R	
S R		-⑧-	S R	
S R	** ** ** ** **	-Ⓕ-	S R	** ** ** ** **

| （警告） | Y　Y　R | タイム
A　5・5
B　5・5 | タイム
A　5・5
B　5・5 | （警告） | Y　Y　R |
| 該当事項 | | | | 該当事項 | |

| 勝者No. | | 進行 | | 点検 | | 記録 | |

（財）日本ソフトテニス連盟

4.用語の意義

用語	意義
1 ソフトテニスコート	競技規則のうえでは、コート、アウトコート、ネット、ネットポスト及び審判台をいう。
2 コート	ベースラインとサイドラインで区画された平面の平坦なスペース縦23.77m、横10.97mの長方形とし区画するラインの外側を境界とし、その中央をネットポストで支えられたネットで二分された部分をいう。
3 アウトコート	競技を支障なく行うためのコートの周辺のスペースをいう。ベースラインから後方に8m以上・サイドラインから外側に6m以上を原則とする。
4 サーフェイス	アウトドアではクレー、砂入り人工芝を含む人工芝又は全天候ケミカル等。インドアでは木板、砂入り人工芝を含む人工芝、硬質ラバー、ケミカル等とする。
5 ライトサービスコート	レシーバー側からネットに向かって右側のサービスコートをいう。
6 レフトサービスコート	レシーバー側からネットに向かって左側のサービスコートをいう。
7 付帯する施設・設備	フェンス、観覧席、ベンチ、その他のソフトテニスコートに付帯する施設・設備をいう。
8 用具	ネット、ボール及びラケットをいう。
9 コール	アンパイヤーの判定、ポイント及びゲームのカウント等、アンパイヤーが発声をもって表示することをいう。
10 サイド	コートをネットで二分し、それぞれの片側をいう。
11 ポイント	スコアの最小単位をいう。
12 ゲーム	ポイントが集積されて規定に達することをいう。
13 セット	ゲームが集積されて規定に達することをいう。ソフトテニスでは通常1セットマッチである。
14 マッチ	1セットマッチの場合はゲームが集積されて規定に達することを、ロングマッチの場合はセットが集積されて規定に達することをいう。
15 試合	広義のトーナメント、リーグ戦、団体戦等マッチの集合をいう。
16 ショートマッチ	ファイナルと同じ方法で、15ポイントを先取することをいう。
17 ロングマッチ	15ポイント、3ゲーム、5ゲーム、7ゲーム又は9ゲームを1セットとし、3セット又は5セットマッチを行うことをいう。
18 ゲーム中	ゲームの開始から終了までをいう。インプレーのほか、ポイントとポイントの間やタイム中も含まれる。
19 マッチ中	プレーボールからマッチが終了までの間をいう。ゲーム中のほかにゲームとゲームの間も含まれる。
20 サーバー	サービスサイドのプレーヤー又はペアをいう。
21 レシーバー	レシーブサイドのプレーヤー又はペアをいう。
22 パートナー	ダブルスマッチで組むプレーヤーで、サービス（レシーブ）をするプレーヤーの他のプレーヤーをいう。2人はお互いにパートナーである。
23 サービス	ポイントの最初にボールを打つ行為をいう。
24 レシーブ	サービスされたボールを打ち返す行為をいう。
25 有効返球	インプレーで、失ポイントにもノーカウントにもならない打球をいう。
26 直接関係者	そのマッチのプレーヤー及びアンパイヤーをいう。
27 関係者	プレーヤー、部長、監督、コーチ（外部コーチを含む）、該当チーム（ペア）の応援団の総称をいう。
28 着衣	プレーヤーが身体につけている服装等をいう。帽子、タオル、眼鏡等を含む。
29 アンパイヤー	正審、副審、線審の総称をいう。
30 レフェリー	審判委員長、審判副委員長で競技規則の解釈と適用に対する権限を持つ者をいう。

31 レフェリー長	レフェリーの統括責任者をいう。	
32 コート主任	必要と認める場合に置かれ、担当するコートの進行を促し、必要により、アンパイヤーに指導及び助言を行う者をいう。	
33 提訴	アンパイヤーの判定に対し、競技規則及び審判規則の適用に疑義を持ち、レフェリーに判定を求めることをいう。レフェリーの判定は最終のもので、アンパイヤーもプレーヤーも従わなければならない。	
34 シード	組合せを作る時に強いプレーヤー、ペア又はチームを規定により要所に配置することをいう。大会運営規則第14条を参照	
35 不戦勝	組合せ上、相手が存在せず（無く）、又は相手が棄権し、若しくは失格となったためマッチを行うことなく勝ちと認められ、次回戦に進むことをいう。	
36 大会委員長	大会を総体的に管理し大会運営に関する一切の責任を負う大会役員をいう。	
37 競技責任者	競技上の運営に関する一切の問題に決定権を持つ大会役員をいう。	
38 トス	(1)マッチ開始に先立って、サービス（レシーブ）とサイドを決めることをいう。(2)サービスするために手からボールを放すことをいう。(2)の場合は、特に「サービスのトス」という。	
39 棄権	競技規則第38条及び審判規則第18条に該当する場合で相手方の勝ちとすることをいう。この場合、負けとなったプレーヤー、ペア又はチームがすでに得たポイント及びゲームは、有効とする。	
40 失格	競技規則第42条及び審判規則第21条に該当する場合で、大会の最初にさかのぼって出場資格を失うことをいう。大会運営規則第13条を参照	
41 警告	競技規則第15条、第38条及び第40条に明らかに違反したと認められる場合、正審はプレーヤー（団体戦の場合は監督を含む）に対し警告（イエローカード）を与えることをいう。	
42 ストリング	ラケットのフレームに張る糸のことをいう。（以前はガットといっていた。）	

5. 判定及びカウントのコール

	用語	意義
1	ready レディ	マッチ開始の前に練習をやめさせ、プレーヤーを位置につかせるコール
2	service side サービスサイド	サービスをする方の側を示すコール
3	receive side レシーブサイド	レシーブをする方の側を示すコール
4	seven-game match セブンゲームマッチ	ゲーム7のマッチを示すコール。他にファイブゲームマッチ、ナインゲームマッチ、スリーゲームマッチ、ショートゲームマッチ等がある。
5	play ball プレーボール	マッチ開始のコール
6	let レット	競技規則第21条に違反した場合又は、競技規則第26条第1項号に該当した場合に、そのサービスをやり直させるコール。この場合、正審は「レット」のあとに「ツーモア（ワンモア）サービス」とコールする。
7	foot fault フットフォールト	競技規則第25条第1項第7号を適用するコール。そのサービスは無効である。
8	fault フォールト	競技規則第23条及び第25条第1項各号に適用したコール。そのサービスは無効である。
9	double fault ダブルフォールト	第1及び第2サービスがともにフォールトとなった場合のコール。1ポイントを失う。
10	in play インプレー	サービスが行われてからレット若しくはフォールトになるか又はポイントが決まるまでの間をいう
11	in イン	インプレーでボールがライン内又はラインに触れてバウンドした場合のコール

5. 判定及びカウントのコール

12	out アウト	競技規則第35条第2号を適用した場合（打球がアウトコートにバウンドした場合、あるいは、審判台、付帯する施設・設備、アンパイヤーに直接当たった場合）のコール（失ポイント）
13	direct ダイレクト	(1)サービスボールがノーバウンドでレシーバーの身体、着衣、ラケットに触れた場合のコール。レシーバーの失ポイント (2)打たれたボールをアウトコートにおいて、ノーバウンドをラケットで止めた場合のコール（失ポイント）。ただし、ラケットで打ち返して有効返球となればプレーは続けられる。
14	no count ノーカウント	競技規則第36条を適用するコール。何等かの事故によりそのポイントを採点しないでやり直す。
15	time タイム	競技規則第37条を適用するコール。何等かの理由によってプレーを中断する場合
16	no time ノータイム	タイムが終わってプレーを再開する場合のコール
17	net touch ネットタッチ	競技規則第35条第5号イ、第10号又は第11号に該当した場合（インプレーでラケット、身体、着衣等がネット、ネットポストに触れた場合）のコール（失ポイント）
18	touch タッチ	競技規則第35条第5号ウ又は第11号に該当した場合（インプレーでラケット、身体、着衣等が審判台、アンパイヤーに触れた場合）のコール（失ポイント）
19	net over ネットオーバー	競技規則第35条第5号アを適用した場合（インプレーでラケット、身体、着衣等が一部でもネットを越えた場合）のコール（失ポイント）。ただし、打球後の惰性で越えてインターフェアーとならない場合は失ポイントとならない。
20	through スルー	競技規則第35条第1号を適用した場合（ボールがネットの破れ目、ネットの下、ネットとネットポストの間を通った場合）のコール（失ポイント）
21	body touch ボディタッチ	競技規則第35条第4号を適用した場合（インプレーのボールが身体、着衣等に触れた場合）のコール（失ポイント）
22	tip チップ	競技規則第35条第7号を適用した場合（ボールがラケットのフレームに触れて返球できなかった場合）のコール（失ポイント）
23	two bounds ツーバウンズ	競技規則第35条第3号を適用した場合（2回以上バウンドしたボールを打った場合）のコール（失ポイント）
24	dribble ドリブル	競技規則第25条第4号及び第35条第6号を適用した場合（打球のときボールが2回以上ラケットに当たった場合）のコール。インプレーのときは失ポイント、サービスのときはフォールトとなる。
25	carry キャリー	競技規則第35条第6号を適用した場合（ラケット上でボールが静止した場合）のコール（失ポイント）
26	interfere インターフェアー	競技規則第30条第3号、第4号、第5号及び第35条第5号エ、第8号、第9号、第12号を適用するコール（失ポイント）
27	correction コレクション	正審がコール又はカウントを誤ったとき訂正にあたって行うコール
28	change sides チェンジサイズ	競技規則第32条第1項、第2項及び第33条第1号の定めに従い、サイドを交替し、サービスを相手方と交替することを命ずるコール
29	change service チェンジサービス	競技規則第32条第1項、第2項及び第33条第1号の定めに従い、サービスを相手方と交替することを命ずるコール
30	rotation change ローテーションチェンジ	パートナーと交替することを命ずるコール又は、サービスコートの順序が誤っていることを知らせるコール
31	let's play レッツプレイ	連続的にプレーすることを命ずるコール
32	referee's stop game set レフェリーストップゲームセット	競技規則第39条第5号及び第42条に該当した場合のコール。該当したプレーヤー、ペア又はチームの負け。相手側の勝ちを宣告する。

33	time is up game set タイムアップゲームセット	競技規則第39条第3号及び第4号に該当した場合のコール。相手プレーヤー又はペアの勝ちを宣告する。	44	one all ワンオール	双方が1ポイントずつ得たときのコール
34	retirement リタイヤメント	競技規則第39条及び審判規則第18条により棄権を宣告するコール。「レフェリーストップゲームセット」又は「タイムアップゲームセット」につづけてコールする。	45	two all ツーオール	双方が2ポイントずつ得たときのコール
			46	three all スリーオール	双方が3ポイントずつ得たときのコール
			47	three four (four three) スリーフォー (フォースリー)	サーバー（レシーバー）が3ポイント、レシーバー（サーバー）が4ポイントを得たときのコール
35	disqualification ディスクオリフィケイション	競技規則第42条及び審判規則第21条により失格を宣告するコール。「レフェリーストップゲームセット」につづけてコールする。	48	three five (five three) スリーファイブ (ファイブスリー)	サーバー（レシーバー）が3ポイント、レシーバー（サーバー）が5ポイントを得たときのコール
36	one more service ワンモアサービス	レットのあと、サービスをするプレーヤーに第2サービスを指示するコール	49	four zero (zero four) フォーゼロ (ゼロフォー)	サーバー（レシーバー）が4ポイントを得たときのコール
37	two more service ツーモアサービス	レットのあと、サービスをするプレーヤーに第1サービスを指示するコール	50	four one (one four) フォーワン (ワンフォー)	サーバー（レシーバー）が4ポイント、レシーバー（サーバー）が1ポイントを得たときのコール
38	one zero (zero one) ワンゼロ (ゼロワン)	サーバー（レシーバー）が1ポイントを得たときのコール	51	four two (two four) フォーツー (ツーフォー)	サーバー（レシーバー）が4ポイント、レシーバー（サーバー）が2ポイントを得たときのコール
39	two zero (zero two) ツーゼロ (ゼロツー)	サーバー（レシーバー）が2ポイントを得たときのコール	52	five zero (zero five) ファイブゼロ (ゼロファイブ)	サーバー（レシーバー）が5ポイントを得たときのコール
40	three zero (zero three) スリーゼロ (ゼロスリー)	サーバー（レシーバー）が3ポイントを得たときのコール	53	five one (one five) ファイブワン (ワンファイブ)	サーバー（レシーバー）が5ポイント、レシーバー（サーバー）が1ポイントを得たときのコール
41	two one (one two) ツーワン (ワンツー)	サーバー（レシーバー）が2ポイント、レシーバー（サーバー）が1ポイントを得たときのコール	54	five two (two five) ファイブツー (ツーファイブ)	サーバー（レシーバー）が5ポイント、レシーバー（サーバー）が2ポイントを得たときのコール
42	three one (one three) スリーワン (ワンスリー)	サーバー（レシーバー）が3ポイント、レシーバー（サーバー）が1ポイントを得たときのコール	55	four all フォーオール	双方が4ポイントずつ得たときのコール
43	three two (two three) スリーツー (ツースリー)	サーバー（レシーバー）が3ポイント、レシーバー（サーバー）が2ポイントを得たときのコール	56	five all ファイブオール	双方が5ポイントずつ得たときのコール

5. 判定及びカウントのコール

57	six zero (zero six) シックスゼロ (ゼロシックス)	サーバー（レシーバー）が6ポイントを得たときのコール	67	game count (one zero) ゲームカウント (ワンゼロ)	次のゲームの開始前にサーバー側からその得たゲームのスコアをポイントカウントと同じ要領で示すコール。ただし、ゲームカウントが3-3、4-4等となったときデュースやデュースアゲンといわずスリーオール、フォーオールなどとコールする。
58	six one (one six) シックスワン (ワンシックス)	サーバー（レシーバー）が6ポイント、レシーバー（サーバー）が1ポイントを得たときのコール	68	final game ファイナルゲーム	7ゲームマッチの場合ゲームカウントが3-3になり、最終のゲームであることを示すコール。ゲームカウントにつづけてコールする。
59	six two (two six) シックスツー (ツーシックス)	サーバー（レシーバー）が6ポイント、レシーバー（サーバー）が2ポイントを得たときのコール	69	game set ゲームセット	ゲームが終わり、同時にマッチも終わったときのコール
60	six three (three six) シックススリー (スリーシックス)	サーバー（レシーバー）が6ポイント、レシーバー（サーバー）が3ポイントを得たときのコール			
61	six four (four six) シックスフォー (フォーシックス)	サーバー（レシーバー）が6ポイント、レシーバー（サーバー）が4ポイントを得たときのコール			
62	six five (five six) シックスファイブ（ファイブシックス）	サーバー（レシーバー）が6ポイント、レシーバー（サーバー）が5ポイントを得たときのコール			
63	deuce デュース	双方が3ポイントずつ得たとき。又ファイナルゲームの場合は6ポイントずつを得たときのコール			
64	advantage server (receiver) アドバンテージサーバー（レシーバー）	デュース後サーバー（レシーバー）が、1ポイントを得たときのコール			
65	deuce again デュースアゲン	アドバンテージを得た側が次のポイントを連取できなくて（相手がポイントを得て）同ポイントになったときのコール			
66	game ゲーム	ゲームが終了したときのコール			

6. 公認審判員規程

（目　的）
第1条　財団法人日本ソフトテニス連盟（以下連盟という）は連盟及び連盟の支部（以下支部という）が主催する大会が円滑に運用され、その権威が保持されることを目的として公認審判員を置く。

（級　別）
第2条　連盟の公認審判員は、次の級別に区分する。
ア　マスターレフェリー
イ　マスターアンパイヤー
ウ　1級審判員
エ　2級審判員
オ　ジュニア審判員

（職　務）
第3条　公認審判員の職務は、次のとおりとする。
(1)　マスターレフェリーは、連盟又は支部の主催する大会に主催者の委嘱によりレフェリーとなるほか、2級審判員及びジュニア審判員の養成及び指導を行い、審判員の資質の向上に努める。
(2)　1級審判員は、連盟又は支部の主催する大会に主催者の委嘱によりレフェリー又は、アンパイヤーとなるほか、2級審判員及びジュニア審判員の養成及び指導を行う。
(3)　マスターアンパイヤーは、連盟又は支部の主催者の委嘱によってアンパイヤーとなる。
(4)　2級審判員は、連盟又は支部の主催する大会に主催者の委嘱によりアンパイヤーとなる。
(5)　ジュニア審判員は、連盟又は支部の主催する大会に主催者の委嘱によりアンパイヤーとなる。

（認　定）
第4条　公認審判員の認定は第5条に定める条件に該当する者について、次のとおり行う。
(1)　マスターレフェリーは、50歳以上の人格見識に優れた1級審判員の有資格者とし、支部長の申請に基づいて適当と認めた者を、連盟の会長が認定する。
(2)　1級審判員は、支部長の推薦により、1級審判員養成のため検定会に参加した者について、連盟の審判委員会が筆記及び実技の試験を実施の上審査し、適当と認めた者を支部長の申請に基づいて、連盟の会長が認定する。
(3)　マスターアンパイヤーは、50歳以上の人格見識に優れた2級審判員の有資格者とし、支部長の申請に基づいて、適当と認められた者を連盟の会長が認定する。
(4)　2級審判員は、支部が開催する2級審判員養成のための検定会に参加した者について、支部が筆記及び実技の試験を実施の上審査し、適当と認めた者を支部長の申請に基づいて、連盟の会長が認定する。
　　ただし、2級審判員養成のための検定会に参加した者のうち、高校生については次号(5)に準じて認定することができる。
(5)　ジュニア審判員は、支部が開催するジュニア審判員養成のための検定会に参加した者について、支部が適当と認めた者を支部長の申請に基づいて、連盟の会長が認定する。

2　公認審判員として認定されるためには、別に定める手続きを行わなければならない。

（資格条件）
第5条　公認審判員は、次の条件をそなえなければならない。
(1)　マスターレフェリー
ア　連盟又は支部が主催する大会のレフェリーとして、審判に関することを統括してその責を果たす知識と能力がある。
イ　ハンドブック及び審判の能力に精通し、2級審判員及びジュニア審判員の指導並びに養成を行う能力がある。

ウ　1級審判員に認定されており、50歳以上の人格見識に優れた者。
(2)　1級審判員
　　ア　連盟又は支部が主催する大会のレフェリーとして、審判に関することを統括してその責を果たす知識と能力がある。
　　イ　ハンドブック及び審判の能力に精通し、2級審判員及びジュニア審判員の指導並びに養成を行う能力がある。
　　ウ　2級審判員として4年を越える経験がある。
　　　　ただし、原則として現在2級審判員として認定されている者。
(3)　マスターアンパイヤー
　　ア　連盟又は支部が主催する大会のアンパイヤーとして、その責任を果たす能力がある。
　　イ　2級審判員として認定されており、50歳以上の人格見識に優れた者。
(4)　2級審判員
　　ア　連盟又は支部が主催する大会のアンパイヤーとして、その責を果たす能力がある。
　　イ　認定される日現在で、年齢満15歳以上である。
(5)　ジュニア審判員
　　ア　連盟又は支部が主催する大会のアンパイヤーとしての能力がある。なお、認定される日現在中学生である。

（登　録）
第6条　公認審判員として認定された者は、連盟の公認審判員名簿に登録する。
2　マスターレフェリー及びマスターアンパイヤーとして登録した者には、認定証及び徽章を交付する。
3　1級・2級審判員として認定した者には、公認審判員手帳及び徽章を交付する。
4　ジュニア審判員として登録した者には、認定証及び徽章を交付する。

（有効期間）
第7条　マスターレフェリー及びマスターアンパイヤーの資格は終身とする。
2　1級・2級審判員の資格の有効期間は、認定された日から6年とする。ただし、手続き上年度途中に認定された者も、4月1日認定された者と同様に扱う。
3　ジュニア審判員資格の有効期間は、その生徒の期間中のみとし、中学生（3年間）の範囲内とする。
4　移行期間においては、前資格をもって有効とみなす。

（資格の更新及び切り替え）
第8条　公認審判員はその資格の有効期間が終わるにあたり、別に定める手続きを行うことにより新たに認定されたものとみなされる。ただし、ジュニア審判員は2級審判員に切り替えて認定されるものとする。
2　資格の更新及び切り替えは、その前の有効期間と連続しなければならない。
3　ジュニア審判員の資格更新は、ないものとする。

（資格の停止）
第9条　公認審判員で適性を欠く行為のあった者は、その資格を停止する。

　　附　　則
1．この規程は、昭和50年4月1日から施行する。
2．この規程は、昭和53年1月1日から施行する。
3．この規程は、1989年1月1日から施行する。
4．この規程は、1993年4月1日から施行する。
5．この規程は、1994年6月4日から改訂する。
6．この規程は、1995年4月1日から改訂する。
7．この規程は、1999年4月1日から改訂する。
8．この規程は、2001年4月1日から改訂する。
9．この規程は、2004年4月1日から改訂する。
10．この規程は、2005年4月1日から改訂する。

7. 公認審判員規程施行細則

（目　的）
第1条　この規則は、財団法人日本ソフトテニス連盟公認審判員規程を運用するために必要な事項を定めることを目的とする。

（検定会及び研修会）
第2条　財団法人日本ソフトテニス連盟（以下連盟という）の公認審判員を認定するための検定会（以下検定会という）又は、公認審判員の資質を高めるための研修会（以下研修会という）は、1級審判員については連盟が主催し、2級審判員及びジュニア審判員については、連盟の支部（以下支部という）が主催することを原則とする。

（講　師）
第3条　前項に定める検定会又は研修会の講師は、1級審判員については連盟の審判委員長が選任し、2級審判員及びジュニア審判員については支部長が選任する。

（公認審判員手帳携行義務）
第4条　連盟の主催する大会並びに検定会及び研修会に参加の場合は、必ず公認審判員手帳を携行すること。ただし、ジュニア審判員は認定証を携帯すること。

（推薦及び申請）
第5条　1級審判員に関する検定会又は研修会に参加するための推薦は、別表1の様式1によるものとする。

2　公認審判員として認定されるための申請は、別表1の様式2、様式3又は様式5（ジュニア審判員専用）によるものとする。ただし、2級審判員及びジュニア審判員は様式3は不要とする。

（資格の更新及び切り替え）
第6条　公認審判員がその資格を更新又は切り替えするためには、次の各号に該当しなければならない。

(1)　マスターレフェリー及びマスターアンパイヤー
　ア　終身の資格であり、更新は不要とする。
　イ　研修会への参加は、本人の意志をもってできる。
(2)　1級審判員
　ア　年間3日以上連盟又は支部が主催する大会のレフェリー又はアンパイヤーとして従事すること。
　イ　連盟の審判委員会が指定する研修会に参加して、審査を受け適当と認められること。
(3)　2級審判員
　ア　年間3日以上連盟又は支部が主催する大会のアンパイヤーとして従事すること。
　イ　支部が指定する研修会に参加して、審査を受け適当と認められること。
(4)　ジュニア審判員
　ジュニア審判員の資格更新は行わない。

2　支部は公認審判員が前項第1号から第3号までのいずれかに該当する場合は、公認審判員手帳によりこれを証明するものとする。

3　1級審判員の中で連盟の審判委員長が特に認める者は、第1項第1号の規程にかかわらず資格を更新することができる。

4　公認審判員が資格を更新及び切り替えする場合は、別表1の様式3、4により申請するものとする。
　ただし、2級審判員及びジュニア審判員は、様式3は不要とする。

（申請・認定及び切り替えの時期）
第7条　公認審判員（ジュニア審判員を含む）の認定は、当該年度の4月1日とする。ただし、申請については随時受付を行うものとする。

2　資格更新による公認審判員の認定されるための申請は4月1日1回とする。

（経費の徴収）
第8条　連盟又は支部は、検定会若しくは研修会への参加又は公認審判員の認定若しくは資格の

更新について、別表に示す経費を参加者又は被認定者から徴収することができる。

（諸費の支給）
第9条 連盟が特に指定した大会のアンパイヤーとして従事した場合、又は、連盟若しくは支部が主催する検定会又は研修会に講師として従事した場合は、諸費を支給される。

附　則

1．この細則は、昭和50年4月1日から施行する。
2．この細則は、昭和53年1月1日から施行する。
3．この細則は、1989年1月1日から施行する。
4．この細則は、1993年4月1日から施行する。
5．この細則は、1994年6月4日から施行する。
6．この細則は、1995年4月1日から施行する。
7．この細則は、1999年4月1日から施行する。
8．この細則は、2001年4月1日から施行する。
9．この細則は、2004年4月1日から施行する。
10．この細則は、2005年4月1日から施行する。

㈶日本ソフトテニス連盟公認用具用品及び施設造成会社一覧

1．ボール
　昭和ゴム㈱　ナガセケンコー㈱
　（上記のマークが昭和ゴムは赤色、ナガセケンコーは桜桃色のものを公認球とする。）

2．ラケット……（連盟の公認マーク添付の製品）
　㈱カワサキ、ミズノ㈱、昭和ゴム㈱、ヨネックス㈱、㈱ゴーセン、ヒロウン㈱、ＳＲＩスポーツ㈱

3．シューズ……（連盟公認メーカーの製品）
　㈱アシックス、ミズノ㈱、ヨネックス㈱、㈱ディアドラ・ジャパン、㈱ナイキジャパン、㈱ゴーセン、ＳＲＩスポーツ㈱、ダイワ精工㈱、アディダスジャパン㈱

4．ストリング……（連盟公認メーカーの製品）
　㈱ゴーセン、東亜ストリング㈱、ヨネックス㈱、ＳＲＩスポーツ㈱、ミズノ㈱

5．ネット……（連盟の公認証布の添付製品）
　鐘屋産業㈱、㈱アシックス、松本製網㈱、㈱寺西喜商店、㈲ミセキネット製作所、昭和ゴム㈱、高須賀㈱、テイエヌネット㈱、鵜沢ネット㈱

6．ユニフォーム……（連盟公認メーカーの製品）
　㈱カワサキ、ミズノ㈱、ヨネックス㈱、㈱ゴーセン、㈱アシックス、㈱ナイキジャパン、ＳＲＩスポーツ㈱、昭和ゴム㈱、㈱ゴールドウイン、アディダスジャパン㈱

7．施設造成業者公認業者及び製品一覧表
　(1)施設造成業者
　　奥アンツーカ㈱、㈱ＮＩＰＰＯコーポレーション、ＳＲＩハイブリッド㈱
　(2)砂入り人工芝製造業者（製品名）
　　ＳＲＩハイブリッド㈱（オムニコート）、積水樹脂㈱（サンドグラス）、大塚家具製造販売㈱（スティングレイ）、㈱エスディーテック（ダイヤアリーナサンド）、東和織物㈱（スパックサンド）

※ 公認審判員制度
◎ 公認審判員制度に関する早見表

I 公認審判員の資格条件	
マスターレフェリー	1．連盟又は支部が主催する大会のレフェリーとして審判に関することを統括してその責を果たす知識と能力がある。 2．ハンドブックに精通し、2級審判員及びジュニア審判員の指導並びに養成を行う能力がある。 3．1級審判員と認定されており、50才以上の人格見識に優れた者。
マスターアンパイヤー	1．連盟又は支部が主催する大会のアンパイヤーとしてその責を果たす能力がある。 2．2級審判員と認定されており、50才以上の人格見識に優れた者。
1 級	1．連盟又は支部が主催する大会のレフェリーとしての能力がある。 2．ハンドブックに精通し、2級審判員及びジュニア審判員の指導並びに養成を行う能力がある。 3．2級審判員としての経験が4年を越える。
2 級	1．連盟又は支部が主催する大会のアンパイヤーとしての能力がある。 2．認定される日現在で年齢満15才以上である。
ジュニア	1．中学生大会でアンパイヤーとしての能力がある。 2．認定される日現在で中学生である。

II 資格更新の条件（その前の有効期間から連続しなければならない。）	
マスターレフェリー・アンパイヤー	1．終身の資格であり更新は不要とする。 2．研修会への参加は本人の意思でもってできる。
1 級	1．年間3回以上、連盟又は支部が主催する大会のレフェリー・アンパイヤーをつとめること。 2．連盟が指定する研修会に参加して審査を受けて適当と認められること。
2 級	1．年間3回以上、連盟又は支部が主催する大会のアンパイヤーをつとめること。 2．支部が指定する研修会に参加して審査を受けて適当と認められること。

III 検定会・研修会の参加、認定・更新の手続きと経費

	検定会・研修会の参加		認定の申請		更新の申請		連盟本部へ申請者
	様式	料金	様式	料金	様式	料金	
マスターレフェリー		2,500円以上	2・3	30,000円			支部長
マスターアンパイヤー		2,500円以上	2・3	20,000円			支部長
1 級	1	2,500円以上	2・3	5,000円	3・4	3,000円	支部長
2 級		1,500円以上	2	ただし3,000円 高校生2,000円	4	3,000円	支部長
ジュニア		1,500円以上	5	1,000円		2級審判員切り替え 1,000円	支部長

IV 有効期間
　公認審判員の資格の有効期間は認定された年度から6年である。なお、ジュニア審判員は中学を卒業すると同時に2級審判員の切り替え手続きをしなければならない。

平成16年度　公認審判員認定者数

(平成17年3月31日現在)

	支部	2級 新規	2級 更新	2級 高校	ジュニア	1級 新規	1級 更新	マスター レフェリー	マスター アンパイヤー	合計
1	北海道	478	274	336	1,319	2		2		2,411
2	青森	119	67	33	16					235
3	岩手	232	90	945	2,193	2	5	1	1	3,469
4	宮城	85	88	205	47	2	3	6		436
5	秋田	86	144	572	893	5	2	2		1,704
6	山形	34	44	536	238	2	3			857
7	福島	64	112	511	246	1	12			946
8	茨城	85	148	588	25	4	5	1		856
9	栃木	124	71	523	16	5	8	6		753
10	群馬	86	82	493	385	2	7	1		1,056
11	埼玉	361	391	3,307		2	9	4	1	4,075
12	千葉	246	266	1,481	29	14	18	18		2,072
13	東京	203	64	183	138	5	4	4	8	609
14	神奈川	258	76	388	3,308		1			4,031
15	山梨	70	50	182	300			1	6	609
16	新潟	121	73	1,256		5			2	1,457
17	長野	151	496	1,097	16		3	3		1,766
18	富山	3	91	479	13		23			609
19	石川	48	75	104	783		10	1		1,021
20	福井	67	30	22	13			1		133
21	静岡	60	75	584	291	1	2	4	2	1,019
22	愛知	235	252	41	16	4	15	7	6	576
23	三重	37	135	60	27	4	2			265
24	岐阜	64	117	264	73	2	5	1		526
25	滋賀	26	25	1,453	2	2				1,508
26	京都	36	57			2	15			110
27	大阪	149	162	293	14	3	10			631
28	兵庫	274			42	1	5			322
29	奈良	61	124	258	1			1		445
30	和歌山	85	55	20		60				220
31	鳥取	45	58	24		1	11	2		141
32	島根	20	91	312	28	4	1	5		461
33	岡山	65	42	38	12	5	8		1	171
34	広島	133	166	915	16	2	20	1	1	1,254
35	山口	75	108	588	35	2	6			814
36	徳島	35	24	220	12		15	7		313
37	香川	33	21	222	16					292
38	愛媛	59	126	146	66		12	7		416
39	高知	24	5	130	14	3	6	2		184
40	福岡	212	60	301	17	1			1	592
41	佐賀	41	5	18	17	2	3			86
42	長崎	95	58	262	11					426
43	熊本	91	77	528	43		3			742
44	大分	63	34	103	16	3	7			226
45	宮崎	10			24	16				50
46	鹿児島	168	73	122	28					391
47	沖縄	36	50	37	38		3			164
48	日本学連	346	91							437
	合計	5,499	4,823	20,246	10,787	153	262	88	29	41,887

ソフトテニス指導教本　　1995年5月30日　初版発行

新版 ソフトテニス指導教本
しんぱん　　　　　　　しどうきょうほん
Ⓒ Japan Soft Tennis Association 2004　　　　　　NDC783 200p 24cm

初版第1刷──2004年7月10日
　第3刷──2009年9月1日

著者─────財団法人日本ソフトテニス連盟
　　　　　　ざいだんほうじん にほん　　　　　　　れんめい
発行者────鈴木一行
発行所────株式会社　大修館書店
　　　　　　〒101-8466　東京都千代田区神田錦町3-24
　　　　　　電話03-3295-6231（販売部）03-3294-2359（編集部）
　　　　　　振替00190-7-40504
　　　　　　［出版情報］http://www.taishukan.co.jp
装丁─────佐々木哲也
レイアウト──荻原　健
組版・製版──写研
印刷所────八光印刷
製本所────ブロケード

ISBN978-4-469-26557-6　　　Printed in Japan
Ⓡ本書の全部または一部を無断で複写複製（コピー）することは、
著作権法上での例外を除き禁じられています。